Thomas Rathsack

Jäger

THOMAS RATHSACK

JÄGER

MEINE KRIEGSEINSÄTZE ALS ELITESOLDAT

riva

Bibliografische Information der Deutschen Nationalbibliothek:
Die Deutsche Nationalbibliothek verzeichnet diese Publikation in der Deutschen National-bibliografie; detaillierte bibliografische Daten sind im Internet über http://d-nb.de abrufbar.

Für Fragen und Anregungen:
info@rivaverlag.de

1. Auflage 2016
© 2016 by mvg Verlag, ein Imprint der Münchner Verlagsgruppe GmbH
Nymphenburger Straße 86
D-80636 München
Tel.: 089 651285-0
Fax: 089 652096

© der Originalausgabe 2009 Thomas Rathsack, Dennis Drejer og People'sPress, Dänemark

Die dänische Originalausgabe erschien 2009 bei People's Press unter dem Titel *Jæger – Missionerne og målene i mit liv.*

Übersetzung: Stephan Gebauer
Redaktion: Sebastian Brück
Umschlaggestaltung: Laura Osswald
Umschlagabbildung: Thomas Rathsack
Abbildungen Bildteil: Wenn nicht anders angegeben, sind die Bilder von Thomas Rathsack
Satz: Carsten Klein, München
Druck: GGP Media GmbH, Pößneck
Printed in Germany

ISBN Print 978-3-86883-758-2
ISBN E-Book (PDF) 978-3-95971-009-1
ISBN E-Book (EPUB, Mobi) 978-3-95971-010-7

Weitere Informationen zum Verlag finden Sie unter

www.rivaverlag.de

Beachten Sie auch unsere weiteren Imprints unter
www.muenchner-verlagsgruppe.de

INHALT

VORWORT

Wenn du deine Träume verlierst, kannst du den Verstand verlieren.

Die Rock-'n'-Roll-Legende Mick Jagger spricht mir aus der Seele. Ich wollte ein Elitesoldat werden, seit ich als Junge durch die Wälder streifte und Soldat spielte. An diesem Traum hielt ich als Teenager und als Infanterist in der königlich-dänischen Garde fest. Für mich gab es nur ein Lebensziel: Ich wollte ein Jäger sein.

Ich war 16 Jahre alt, als ich begann, intensiv zu trainieren, um mir diesen Traum zu verwirklichen. Sieben Jahre später wurde ich nach fünf Jahren als Feldwebel in der königlichen Garde belohnt. Die vielen Tausend Stunden, die ich in mein einsames Training gesteckt hatte, hatten sich bezahlt gemacht: Ich war im Rekordtempo durch das Ausleseverfahren des Jægerkorpset gestürmt und durfte mir endlich das burgunderrote Barett der Jäger aufsetzen und die Messingspange mit dem Jagdhorn anstecken. Nie werde ich die Worte vergessen, die der Ausbildungsleiter nach einer weiteren zermürbenden Woche im Selektionskurs aussprach. Nach der abschließenden Bewertung waren von 94 Bewerbern acht ausgewählt worden, und er sagte: »Rathsack, es ist zu schön, um wahr zu sein.«

Ich schreibe das nicht, weil ich mich für einen überlegenen Menschen halte oder davon träume, ein Supermann zu sein. Ich bin mir meiner vielen Schwächen und meiner negativen Impulse bewusst. Aber der Traum von einem Leben als Elitesoldat förderte das Beste in meinem Wesen zutage. Ich hatte das Privileg, ein klares Ziel zu haben, und konnte meine ganze Energie darauf richten. Keine Ablenkungen durch das Alltagsleben, keine Probleme, keine Sorgen. Ich lebte in einer Welt, in der Klarheit herrschte, und mein Tag bestand daraus, zu essen, zu schlafen und zu trainieren. So konnte ich mich vollkommen auf meine Aufgaben konzentrieren und mein gesamtes Potenzial ausschöpfen.

Ich habe nie Interesse an einem herkömmlichen, vorhersehbaren Leben gehabt. Ich wollte immer Entdeckungen machen und neue Erfahrungen sammeln. Nur so fühle ich mich lebendig. Das macht in meinen Augen das Leben aus. Ich weiß, dass ich unglücklich wäre, würde ich auf ein Leben zurückblicken, in dem es an Intensität und Aufregungen fehlte. Ich bin dankbar dafür, dass ich als Soldat im Jäger-Korps das Leben führen durfte, das ich mir gewünscht hatte.

Aber auf dem Weg dahin musste ich eine Zeit der Enttäuschungen überstehen. Ich musste erkennen, dass das Jäger-Korps und die dänischen Streitkräfte nach drei Jahrzehnten des Kalten Kriegs einfach nicht für reale Einsätze vorbereitet waren. Es dauerte eine Weile, bis ich mir das eingestand, aber als es so weit war, hängte ich meine Uniform an den Nagel, um mir neue Herausforderungen zu suchen. Mehrere Jahre reiste ich als Fotograf durch Südamerika, leitete im Auftrag von Hilfsorganisationen Minenräumprojekte im Kaukasus und in Afghanistan und versuchte mich sogar kurzzeitig als Computerverkäufer.

Dann kam der 11. September 2001. Der Terrorangriff auf das World Trade Center und die westliche Zivilisation bewegten mich dazu, erneut in die Jäger-Uniform zu schlüpfen. Ich wurde mit dem Korps nach Afghanistan geschickt, wo ich als Teil der Task Group Ferret in der von den amerikanischen Spezialeinheiten geleiteten internationalen Task Force K-Bar zum Einsatz kam. Ich nahm in den atemberaubend schönen und feindseligen Bergen im Osten des Landes an Search-and-Destroy-Operationen (Aufstöbern und Zerstören) gegen die Taliban und al-Qaida teil. Als Afghane verkleidet, beteiligte ich mich an unkonventionellen verdeckten Einsätzen. Später verbrachte ich mehr als ein Jahr im Irak, wo ich an Einsätzen gegen die berüchtigte Mahdi-Miliz teilnahm. Auch gehörte ich zu den ersten Jägern (und zu den ersten dänischen Soldaten), die in einem Kriegsgebiet als Personenschützer eingesetzt wurden.

Eine weitere Legende der Musikwelt – Bono von U2 – sagte einmal, er habe nicht besonders viel Respekt vor Medaillen oder Orden, wohl aber vor Narben. Ich habe mich nie für Medaillen, Auszeichnungen oder verzierte Uniformen interessiert. Dennoch gibt es eine Auszeichnung, auf die ich stolz bin: den Presidential Unit Citation Award, der dem Jäger-Korps für seinen Einsatz in Afghanistan im Jahr 2002 verliehen wurde. Dies ist die höchste Auszeichnung für Militäreinheiten, und der damalige amerikanische Präsident George W. Bush verlieh sie persönlich meinem Kommandeur, Oberstleutnant Frank Lissner. Als Soldat aus einem kleinen Land war ich sehr stolz darauf, einer Einheit anzugehören, der eine so außergewöhnliche Ehre zuteilwurde.

Und Dänemark mit seinen knapp sechs Millionen Einwohnern ist ein sehr kleines Land. Aber obwohl es eines der kleinsten NATO-Mitglieder ist, hat Dänemark wichtige Beiträge zu den Einsätzen der Koalitionstruppen auf den Schlachtfeldern des Irak und vor allem Afghanistans geleistet. Zwischen 2001 und 2013 wurden in Afghanistan 43 dänische Soldaten getötet, weitere 211 wurden verwundet. Verglichen mit den Verlusten der Amerikaner ist das nicht viel, aber Dänemark war in dieser Zeit das NATO-Land mit den höchsten Verlusten gemessen an den Streitkräften, und gemessen an der Bevölkerungszahl zählte es zu den Ländern, die am meisten zur Wiederaufbaumission der ISAF (International Security Assistance Force, Internationale Sicherheitsunterstützungstruppe) beitrugen. Ein 750 Mann starkes dänisches Bataillon ist ein Jahrzehnt lang in der Unruheprovinz Helmand im Einsatz gewesen. Dänemark hat auch F-16-Kampfflugzeuge, Leopard-2-Kampfpanzer, medizinische Einrichtungen, mobile Luftwaffenradareinheiten und logistische Einheiten zur Verfügung gestellt. Und seit 2001 waren dänische Spezialeinheiten vom Frømandskorpset (Kampfschwimmer) und vom Jægerkorpset in Afghanistan im Einsatz.

Als Jäger habe ich mit einigen der besten Eliteeinheiten der Welt zusammengearbeitet. Ich habe viele vorzügliche Soldaten aus anderen Ländern kennengelernt und gute Freunde unter ihnen gefunden. Ich darf behaupten, dass meine Kameraden vom Jäger-Korps zu den besten Soldaten der

Welt gehören. Wir haben nicht die beste Ausrüstung und verfügen nicht über die größten Mittel, aber die Integrität, Kompetenz und mentale Stärke meiner Kameraden sind meiner Erfahrung nach unvergleichlich. Ich empfinde es als Privileg und bin sehr stolz, Seite an Seite mit diesen Männern gedient zu haben.

Ich habe mein Bestes gegeben, um das Leben eines Jägers realistisch und ehrlich zu schildern, ohne die Sicherheit meiner Kollegen oder anderer Mitglieder der Koalitionsstreitkräfte in Afghanistan und im Irak zu gefährden. Wo es ratsam scheint, habe ich darauf verzichtet, die Identität der Personen und die Bezeichnungen von Ausbildungsmissionen, Einsätzen und Orten zu nennen.

Dieses Buch ist all denen im Jäger-Korps gewidmet, die immer noch aktiv sind. Ihr wisst, wer gemeint ist. Ich danke euch, Jungs.

Thomas Rathsack

KAPITEL 1: ICH LEBE MEINEN TRAUM

Wir rasen in fünf Metern Höhe mit 250 Stundenkilometern über der irakischen Wüste dahin. Ich sitze am Rand der Bank in unserem Transporthubschrauber und fühle die Hitze des Auspuffs an meinem linken Arm. Die Nacht ist finster, aber überall in der weiten Ebene leuchten die Gasfackeln der Ölförderanlagen. In der Kabine sitzen sieben weitere Jäger. Im trüben Licht meiner Nachtsichtbrille glühen ihre Augenhöhlen grün. Wie immer wirken sie ruhig und entspannt.

Ich überprüfe ein letztes Mal meine Ausrüstung und meine Waffe, einen C8-Karabiner. Der Lademeister des Hubschraubers, dessen Aufgabe es ist, uns in die Kabine und hinaus zu leiten, hebt die Hand und hält zwei Finger hoch: noch zwei Minuten bis zum Ziel.

Wir waren Teil der »Operation Viking«. Wir sollten den Feind aufspüren, Informationen über ihn sammeln und ihn gegebenenfalls ausschalten. In jener Nacht hatten wir die Mission, ein Waffenlager zu zerstören. Seit einigen Monaten war das Leben auf dem Luftwaffenstützpunkt Basra die Hölle. Basra war zu Saddam Husseins Zeit ein Zivilflughafen gewesen und wurde während der »Operation Irakische Freiheit« von den Koalitionsstreitkräften genutzt. Dort war auch das 500 Mann starke dänische Bataillon DAN-BAT untergebracht, das Teil einer 4000 Mann starken britischen Brigade war. Im Winter und Frühjahr 2007 war der Stützpunkt unentwegt attackiert worden: Die von dem radikalen schiitischen Geistlichen Muktada al-Sadr geführte Mahdi-Miliz (Dschaisch al-Mahdi) feuerte aus einer Entfernung von fünf bis zehn Kilometern täglich bis zu 25 Raketen auf die Basis ab.

Nun wollte die Koalition das Problem in Angriff nehmen und die Waffen-lager der Mahdi-Miliz aufspüren. Dem Einsatzkommando gehörten auch einige Jäger-Soldaten an. In den vergangenen 24 Stunden war unser Lager mit 16 Raketen angegriffen worden. Eine 107-mm-Rakete chinesischer Herkunft hatte ein Quartier der britischen Truppen getroffen und die Unterkunft in ein blutiges Gemenge aus Knochen, Blut und verbogenen Metallteilen verwandelt. Ein Soldat war getötet und zwei weitere schwer verletzt worden. Als ein Aufklärungstrupp knapp 20 Kilometer entfernt auf ein Waffenlager gestoßen war, in dem mehrere 107-mm-Raketen ver-steckt waren, wollten wir sofort aufbrechen und das Depot zerstören.

Mein Team war gerade von einem sechstägigen Einsatz heimgekehrt und wollte sich erholen, als der Kommandant unseres Zugs, den wir nur »Bi-zeps« nannten, auftauchte und uns mitteilte, dass wir sofort zu einer wei-teren Mission aufbrechen würden. Innerhalb einer Stunde hatten wir das Gebiet studiert, in dem sich das Waffenlager befand, die Maßnahmen für den Notfall geplant und eine unbemannte Aufklärungsdrohne organi-siert, die vor, während und nach dem Einsatz aus gut 2700 Metern Höhe jegliche Aktivität am Boden filmen und melden würde.

Ich war nicht der Sprengstoffexperte unserer Einheit, aber da ich Erfah-rung in der Minenräumung besaß und vier Jahre bei den Pionieren ge-wesen war, erhielt ich die Aufgabe, Informationen über die Raketen zu sammeln, eine Sprengladung vorzubereiten und ein Verfahren zu entwi-ckeln, um die Waffen unschädlich zu machen.

So sitze ich also in dem Hubschrauber, der in zwei Minuten den Einsatz-ort erreichen wird, dessen Koordinaten die Aufklärungseinheit durchge-geben hat. In der Gegend wimmelt es von Kämpfern der Mahdi-Miliz, die als die aggressivste im Irak gilt. Wir haben keine Lust, ihnen unsere Gegenwart zu verraten.

Das Aufklärungsteam ist noch in der Gegend und teilt uns mit verschlüs-selten Funksprüchen mit, dass der Landeplatz sicher ist. Noch eine Mi-nute bis zur Landung. Ich mache mich bereit, um als Erster hinauszu-springen, denn ich bin der Kundschafter der Einheit. Ich beuge mich vor und warte auf das Zeichen des Lademeisters. Los, los, los! Ich springe hinaus in die Nacht und laufe schnell aus der vom Rotor aufgewirbelten Wolke aus Sand und Schotter hinaus. Meine sieben Kameraden folgen mir. Wir schwärmen aus und bilden einen Kreis, um die Landezone zu sichern. Keine Bedrohung in Sicht.

Der Hubschrauber steigt sofort wieder auf, um zum Stützpunkt zurückzukehren. Ich gebe meinen Kameraden Signale mit meiner weißen Lampe, einem Passivlicht an meiner Waffe, das nur mit einer Nachtsichtbrille sichtbar ist. Sie antworten, und wir sammeln uns. Die Shadow-Drohne meldet keinerlei Feindbewegungen in der Umgebung.

Wir befinden uns nur fünf bis sechs Kilometer von einer Ortschaft entfernt, von der aus man das Waffenlager über zwei Straßen erreichen kann. Wenn jemand den Hubschrauber gehört hat, werden wahrscheinlich in kürzester Zeit Mahdi-Kämpfer auf einer dieser Straßen anrücken. Wir müssen uns beeilen. Der Sprengstoffexperte und ich machen uns auf den Weg zu dem Depot, das etwa 50 Meter vom Landeplatz entfernt ist. Die übrigen Teammitglieder beziehen hinter den Sanddünen Stellung und sichern unsere Position. Eine der Raketen, die wir zerstören sollen, liegt für den Einsatz bereit und zeigt in die Richtung unseres Lagers. Um sie abzufeuern, brauchen die Kämpfer nur einen selbst gebauten Raketenwerfer, vielleicht genügen auch ein paar Sandsäcke, um sie auszurichten. Wir bringen Sprengladungen an den Raketen an und befestigen sie mit elastischen Bändern am Zünder. Wenn man das Herzstück der Waffe zerstört, wird sie vollkommen unbrauchbar.

Ich überprüfe alles und melde unserem Kommandanten Kenneth, dass alles bereit ist. Auf sein Zeichen mache ich die Sprengladung scharf, die mit einer Verzögerung von zwei Minuten explodieren wird. Ich zähle von fünf rückwärts, und auf meinen Befehl »Feuer« löst mein Kamerad Rasmus die Zündung aus. Wir schalten unsere Stoppuhren ein.

Ich melde über Funk, dass die Sprengladungen gezündet sind. Wir laufen los und gehen etwa 30 Meter entfernt hinter einer Sanddüne in Deckung. Die übrigen Mitglieder der Einheit sind vielleicht 300 Meter entfernt und sichern unsere Position in allen Richtungen ab.

Ich gebe durch, dass es noch eine Minute bis zur Detonation dauert. Dann 30 Sekunden. »Zehn Sekunden … fünf Sekunden.« Ich drücke meinen Kopf in den Sand und lege die Hände in den Nacken, um ihn zu schützen.

Ein hohles Krachen durchbricht die Stille der Nacht. Die Erschütterung hebt Rasmus und mich vom Boden. Metallsplitter fliegen über unsere Köpfe hinweg. Ein Fragment von der Größe einer Bratpfanne landet direkt hinter uns im Sand. Von der Gewalt der Explosion überrascht, aber ansonsten unversehrt, melden wir Kenneth, dass wir eine Schadensbeurteilung vornehmen werden, um sicherzugehen, dass die Raketen zerstört sind. Wir nähern uns dem Ort der Sprengung und begutachten den großen, mit glühenden Metallteilen gefüllten Krater. Die Überreste der Raketen sind im Umkreis von gut hundert Metern verstreut. Wir kehren zu unseren Kameraden zurück, die bereits den Hubschrauber angefordert haben und die Zone sichern, in der er in fünf Minuten landen soll.

Dies ist die gefährlichste Phase des Einsatzes. Die Explosion hat unsere Anwesenheit verraten. Während wir auf den Hubschrauber warten, beobachte ich die Straßen und halte nach Aufständischen Ausschau, die jeden Augenblick auftauchen können. Ich versuche, meine beschleunigte Atmung zu beruhigen. Der britische Hubschrauberpilot teilt uns über Funk mit, dass er in zwei Minuten landen wird. Kurze Zeit später hören wir den beruhigenden Klang der Rotorblätter, die die Nachtluft zerhacken.

Über Funk kommt die Mitteilung, dass in unserem Gebiet Aktivität beobachtet worden ist. Dann hören wir Schreie des Aufklärungstrupps. Es wäre sehr gefährlich, wenn es jetzt zu einem Gefecht käme: In einer »heißen« Landezone könnte der Hubschrauber nicht landen, und dann wären wir in ernsten Schwierigkeiten.

»Landung in einer Minute«, meldet der Pilot. Wir schalten unsere kleinen Infrarotlampen ein, um ihm unsere Position zu zeigen.

Die Meldung von Feindaktivität in der Umgebung hat uns verunsichert, aber da wir keine klare Identifizierung haben, beschließen wir, das Bergemanöver durchzuziehen. Der Hubschrauber kommt in Sicht. Er nähert sich mit großer Geschwindigkeit in geringer Höhe. Dann verringert er plötzlich das Tempo und hüllt uns in eine Staubwolke. Der Druck der sich drehenden Rotorblätter zwingt uns, uns vorzubeugen, um nicht hinzufallen.

Der Lademeister blinkt zweimal mit seiner Infrarotlampe, um uns zu signalisieren, dass wir an Bord gehen können. Ich bin der Erste in der Formation und laufe mit aller Kraft gegen den Wind, um zur Laderampe des Hubschraubers zu gelangen, springe hinein und werfe mich auf meinem Platz gegen die Kabinenwand. In dem Augenblick, als der letzte Mann an Bord ist, hebt der Hubschrauber mit heulendem Triebwerk ab. Er fliegt eine scharfe Wende und nimmt Kurs auf den Stützpunkt.

Der Einsatz läuft wie geplant. Das Munitionslager ist zerstört, und wir wurden nicht in Kampfhandlungen verwickelt. Ohne unsere Sicherheit aufs Spiel zu setzen haben wir den Geschosshagel, der das Leben im Lager zuletzt so nervenaufreibend gemacht und uns oft gezwungen hat, in den Bunkern zu übernachten, teilweise unterbunden. Natürlich haben wir die Mahdi-Miliz nicht ausgeschaltet; sie wird weiter versuchen, den Südirak zu destabilisieren und die Macht zu übernehmen. Aber wir haben ihre Fähigkeiten eingeschränkt, uns zu bekämpfen.

Ich sehe mich in der Kabine um und schaue in sieben verschwitzte, lächelnde, mit Tarnschminke beschmierte Gesichter. Ich lächele ebenfalls. Ich habe dazu beigetragen, die Sicherheit unserer Truppen zu erhöhen, und ich habe das Gefühl, dass die »Operation Viking« meine Entscheidung für das Jægerkorpset bestätigt.

Das ist, wonach ich mich gesehnt habe: Nach einer jahrelangen, extrem harten Ausbildung will ich mit meinen Kameraden im Jäger-Korps an einem richtigen Kriegseinsatz teilnehmen. Das war schon mein Traum, als ich mich im Alter von neun Jahren nachts im Tarnanzug aus dem Haus schlich, um in der alten Festung in der Nähe meines Kopenhagener Elternhauses zu spielen. Und ich träumte ihn weiter, als ich mit 14 Jahren hart zu trainieren begann, um in die königliche Garde zu kommen. Ich denke an das zermürbende Ausleseverfahren und an die Erleichterung zurück, die ich empfand, als ich endlich das burgunderrote Barett und das Jäger-Schulterstück erhielt. Ich erinnere mich auch noch an meine Enttäuschung und mein Ausscheiden aus dem Korps.

Und ich erinnere mich daran, warum ich acht Jahre später in die Einheit zurückkehrte. Ich tat es wegen Einsätzen wie diesem.

KAPITEL 2: VOM KAJAK ZUM BURGUNDERROTEN BARETT

Ich war ein Teenager, als ich zum ersten Mal auf das Jäger-Korps stieß. Auf der Titelseite einer Zeitung war ein verdreckter, bärtiger Mann zu sehen, an dessen Mundwinkel eine Zigarette hing. In der Geschichte ging es um einen Jäger namens Carsten Morch, der bei den U.S. Rangers zum Elitesoldaten ausgebildet worden war. Ich las von den harten Bedingungen in dem Ausbildungslager und von den Prüfungen, die Morch hatte bestehen müssen.

Es war der 24. Oktober 1984, und meine Leidenschaft war entfacht.

Ich war seit Langem fasziniert vom Soldatenleben, aber nachdem ich über den Jäger Nummer 172 gelesen hatte, wusste ich, dass ich ein Jäger sein wollte. Ich wollte zu dieser Elitetruppe gehören, ihre Geheimnisse kennenlernen, einer dieser Supermänner sein. Ich war sicher, dass ich als Jäger auf dem Wasser gehen könnte. Mein Leben würde ein Abenteuer sein. Von da an lebte ich dafür, einer dieser Elitesoldaten zu werden, und die nächsten sechs Jahre meines jungen Lebens widmete ich vollkommen diesem Ziel. Nichts anderes hatte Sinn für mich. Der Traum vom burgunderroten Barett trieb mich an.

Ich wurde im Jahr 1967 geboren und wuchs in Charlottenlund nördlich von Kopenhagen auf. Mein Vater war ein Jurist und Historiker und unterrichtete an der Universität Kopenhagen. Meine Mutter war eine medizinische Sekretärin, aber ich und mein fünf Jahre älterer Bruder, der heute Anwalt ist, waren glücklich, weil sie die meiste Zeit zu Hause war.

Wir wuchsen in einer entspannten Geborgenheit auf. Unsere Eltern setzten uns kaum Grenzen und richteten kaum Forderungen an uns. Aber sie unterstützten uns stets bei den Entscheidungen, die wir trafen. Gemessen an heutigen Maßstäben war meine Erziehung ein wenig konservativ – insbesondere, was die Manieren und die Umgangsformen betraf. Mir wurde das eine oder andere Mal der Hintern versohlt, aber normalerweise hatte ich es verdient, und ich denke nicht, dass mich die Züchtigung traumatisierte. Alles in allem war ich ein glückliches und unbekümmertes Kind.

Von frühester Kindheit an liebte ich die Natur und verbrachte viele Stunden im Freien. Ich studierte immer den Kies vor dem Haus, was bei meinen Eltern die Sorge weckte, ich hätte einen Sehfehler. Tatsächlich hatte ich sehr gute Augen – ich wollte nur nicht auf die Ameisen treten. Ich wollte Tiere schützen, ein Wunsch, der in all den Jahren nicht schwächer geworden ist.

Ich war sehr sportlich. Ich schwamm, spielte Badminton, Tennis und Fußball, lief, stemmte Gewichte und war Sportschütze. Die übrige Zeit verbrachte ich damit, Krieg zu spielen. Im Alter von acht oder neun Jahren kaufe ich mir von meinen Ersparnissen einen portugiesischen Tarnanzug und begann gemeinsam mit meinem Freund Frederick, nächtliche Ausflüge zu unternehmen. Meine Eltern wissen bis heute nicht, dass ich mitten in der Nacht im Tarnanzug aus dem Haus schlich und mit Frederick in den Wald wanderte, wo wir Lager und Höhlen bauten und Patrouillengänge unternahmen. Wir hatten auch einen mit »indianischen Mustern« versehenen Kajak, den wir mit grüner Farbe besprühten, um damit den Festungsgraben von Charlottenlund zu überqueren und Kommandoaktionen gegen die Touristen auf dem Campingplatz durchzuführen.

Wir bauten uns aus Krachern kleine Sprengladungen und verlängerten die Zündschnüre, um zehn bis fünfzehn Sekunden Zeit für den Rückzug ins Gebüsch zu haben, wo wir vor den wütenden Campern in Sicherheit waren, die wir um ihren Schlaf gebracht hatten.

Ich hatte zu viel Spaß, um mir große Gedanken über die Schule zu machen. Ich war ein bestenfalls mittelmäßiger Schüler und träumte im Unterricht die meiste Zeit vor mich hin. Ich saß da, schaute aus dem Fenster und dachte über die Natur, den Sport und das Soldatenleben nach. Doch dann, im achten Schuljahr, erhielten meine Klassenkameraden und ich die Aufgabe, einen Praktikumsplatz zu finden. Meine Einstellung zur Ausbildung änderte sich augenblicklich. Ich würde eine Woche bei der königlichen Garde in Kopenhagen verbringen, und ich war fest entschlossen, meine Sache gut zu machen. Mehrere Monate vor Beginn des Praktikums begann ich, mich in Form zu bringen. Ich trainierte Geländelauf, ging mit einem schweren Rucksack bepackt laufen und übte Hindernisläufe. Unser Nachbar, ein ehemaliges Mitglied der Heimwehr, borgte mir seine alte Uniform und ein Paar abgetragene Stiefel, die ich von da an immer beim Training im Wald trug.

Meine Freunde und meine Familie erinnerten mich immer wieder daran, dass es nur ein Praktikum war.

Aber ich war überzeugt, dass ich in dieser Woche unbedingt gute Leistungen zeigen musste.

Es wurde eine wunderbare Woche.

Ein Stabsgefreiter führte mich und fünf weitere Praktikanten durch die täglichen Übungen. Als Erstes gingen wir auf den Schießstand und übten mit G3-Gewehren, die einen sehr viel größeren Rückstoß hatten als alle Waffen, mit denen ich bis dahin geschossen hatte. Meine Schulter war rasch taub von den Schmerzen. Nach dem Schießstand ging es zum Laufen auf den Panzerübungsplatz, Hügel rauf, Hügel runter, und der Stabsgefreite fuhr in einem Jeep hinter uns her und trieb uns schreiend an. Bei diesen Übungen konnte ich glänzen: Mein hartes Training machte sich bezahlt, und ich konnte meine ausgezeichnete körperliche Verfassung unter Beweis stellen. Wir nahmen jeden Tag am Morgentraining der Leibgarde teil, und obwohl ich erst 13 Jahre alt war, konnte ich mit den Berufssoldaten mithalten. Ich war sogar besser als die meisten von ihnen und gehörte zu den besten 25 Prozent.

Nun war ich sicher, auf dem richtigen Weg zu sein. Eines Tages würde ich ein Berufssoldat sein.

Doch erst als ich als 17-Jähriger jenen Artikel über Carsten Morch sah, wurde mir klar, welches mein eigentliches Ziel sein würde. Der Traum vom Jäger-Korps war das Einzige, was mir wichtig war. Ich stürzte mich in ein systematisch geplantes Training, das ich Tag für Tag, Woche für Woche, Jahr für Jahr durchhielt. Ich lief Hunderte Kilometer in Uniform und Stiefeln. Ich unternahm Gelände- und Orientierungsläufe in voller Montur, beladen mit einem Rucksack, den ich mit Ziegelsteinen, Büchern und 30 Kilo schweren Salzsäcken gefüllt hatte. Ich wanderte in meiner alten geborgten Heimwehruniform und in den abgetragenen Lederstiefeln auf den Straßen und durch die Wälder des nördlichen Seeland, gleichgültig, ob es regnete oder die Sonne schien. Manchmal marschierte ich von Kopenhagen aus 100 Kilometer durch Wälder und Dörfer zur Nordküste und zurück. Ich schwamm im eiskalten Meer und schlief mehrere Nächte am Stück in den Wäldern von Seeland, um mich an Dunkelheit und Einsamkeit zu gewöhnen. Es wurde vollkommen normal für mich, vier bis sechs Stunden am Tag zu trainieren, und obwohl ich immerzu müde und hungrig war, obwohl ich fror und durchnässt war, setzte ich meinen Weg mit blutenden Füßen fort. Ich würde ein Jäger werden.

Schon als Junge wusste ich, dass das konventionelle bürgerliche Leben mit seiner Vorhersehbarkeit und seinen festen Regeln nichts für mich war. Ich wollte die Welt fühlen und schmecken.

Neben dem Training und der Schule verdiente ich mir ein wenig Geld als Tellerwäscher in einem Restaurant. Außerdem trug ich Zeitungen aus und arbeitete an einem Zeitungsstand am Bahnhof meines Heimatorts. Aber erst als ich im Alter von 18 Jahren in die Armee eintrat, hatte ich das Gefühl, eine richtige Arbeit zu haben.

Ich begann meine Ausbildung in der Offiziersschule Sønderborg und besuchte anschließend die Reserveoffiziersschule in Oksbøl. Dort musste ich den ersten Rückschlag hinnehmen: Ich bestand das Abschlussexamen in militärischer Taktik nicht. Dennoch setzte ich meine Laufbahn als Feldwebel der königlichen Leibgarde in Kopenhagen vier Jahre fort.

Meine Karriere nahm eine Wende, als ich im Januar und Februar 1990 unter Aufsicht des Ausbildungsoffiziers eine Reihe körperlicher Eignungstests absolvierte, die man bestehen musste, um in den Ausbildungskurs für das Jægerkorpset aufgenommen zu werden. Heute werden die Rekruten einmal im Jahr auf dem Luftwaffenstützpunkt Værløse ausgewählt und absolvieren vorher ein zehntägiges Seminar, das es im Jahr 1990 noch nicht gab.

Zu der Zeit, als ich mit dem Auswahlkurs begann, waren die Anforderungen noch dieselben wie im Jahr 1961: Ein Jäger ist ein besonders gut ausgebildeter Soldat, der eine Vielzahl anspruchsvoller Aufgaben bewältigen kann. Von einem Jäger wird viel verlangt, vor allem muss er Patrouillentechniken und -taktiken beherrschen, Selbstbeherrschung und Selbstvertrauen besitzen und einfallsreich sein. Er braucht Moral, Disziplin und Beharrungsvermögen und muss in der Lage sein, unter oft schweren Bedingungen im Team zu arbeiten. Daher erhalten nur jene Soldaten, die die erste Ausbildungsphase sehr überzeugend bewältigen, das burgunderrote Barett und später das charakteristische Schulterstück der Jäger. Es versteht sich von selbst, dass ein Jäger kerngesund sein muss. Er muss ein perfektes Gehör und gute Augen haben und darf nicht farbenblind sein. Seine körperliche Leistungsfähigkeit muss außergewöhnlich hoch sein. Ebenso wichtig ist, dass er mental stark ist, seine Aufgaben unter Druck gut bewältigt, aufrichtig und vertrauenswürdig ist, große Willenskraft besitzt, kooperativ ist, Respekt für seine Kameraden empfindet und seine Arbeit immer mit absoluter Professionalität in Angriff nimmt.

Viele Leute glauben, man müsse ein muskelbepackter Machotyp sein, um ein Jäger werden zu können, aber das stimmt nicht. Es werden auch kleine Jäger gebraucht, und die Mitglieder der Einheit wiegen zwischen 70 und 100 Kilo und haben Schuhgrößen zwischen 36 und 48. Ich selbst wiege 82 Kilo, bin 1,83 Meter groß und habe Schuhgröße 44.

Damit Sie sich ein Bild davon machen können, wie wählerisch das Militär bei der Selektion der Jäger ist, hier ein paar Zahlen: Zwischen 1961 und 2009 wurden nur 362 Jäger ausgewählt, das heißt im Durchschnitt acht pro Jahr. In einem Jahr wurde nur ein einziger Mann als tauglich für die Schwadron von 50 bis 60 Jägern eingestuft. Die Hauptaufgabe des Korps besteht in Spezialeinsätzen im In- und Ausland, für die herkömmliche Truppen nicht geeignet sind, weil ihnen die nötige Ausbildung fehlt und weil sie nicht über die Ausrüstung verfügen, um unter oft ungewöhnlichen und gefährlichen Bedingungen zu arbeiten.

Bei den Einsätzen der Jäger geht es normalerweise darum, unentdeckt zu bleiben. Probleme zu lösen, ohne in Kampfhandlungen verwickelt werden, ist das höchste Ziel eines Jägers, und das ist am leichtesten zu erreichen, indem man kleine Teams von sechs bis acht Mann einsetzt.

Ich begann meine neunwöchige Ausbildung an meinem 23. Geburtstag. In dem Kurs sollten wir grundlegende Einsatztechniken üben und lernen, in kleinen Teams zusammenzuarbeiten: Wir lernten, ein Gummiboot zu segeln, übten Hubschraubereinsätze, bauten Seilbrücken, schwammen in kaltem Wasser, probten Nachteinsätze und das unbemerkte Anschleichen an Ziele. In diesen neun Wochen waren wir die meiste Zeit draußen. Wir waren immerzu erschöpft und hungrig. Wir waren durchnässt und froren. In dieser Zeit absolvierten wir eine große Zahl von Gewaltmärschen. Zu meinem Glück war ich gut vorbereitet, nachdem ich mich fast zwei Jahre lang selbst einem harten Training unterzogen hatte. Ich hatte alleine Märsche unternommen, die schlimmer gewesen waren als die, an denen ich im Jägerkurs teilnahm, und zu Beginn der Ausbildung war ich in fast zu guter Verfassung. Ich gehörte immer zum besten Viertel meiner Klasse und hatte keine großen Schwächen – ich hatte nie Zweifel, eine Aufgabe bewältigen zu können.

Ich war einer von 94 hoffnungsvollen jungen Männern, aber man musste die Aufgaben mit »vollkommen zufriedenstellenden« Bewertungen bewältigen, um den Sprung in den Selektionskurs schaffen zu können. 38 von 94 Bewerbern bestanden den Grundkurs, aber nur 25 schafften ein »vollkommen zufriedenstellendes« Ergebnis. Ich gehörte zu diesen 25 Männern. Nach einer einwöchigen Pause waren wir bereit für den achtwöchigen Selektionskurs. Dort gesellten sich zehn weitere Kandidaten aus dem Vorjahr zu uns. Im Selektionskurs wird vor allem die individuelle Eignung geprüft: Auch dort ist die Fähigkeit gefordert, mit anderen zusammenzuarbeiten, aber 70 Prozent der Zeit arbeitet man allein. Ziel ist es, den Einzelnen bis zum Zusammenbruch zu treiben und seine Reaktion auf extremen körperlichen und psychischen Druck zu testen. Diese acht Wochen waren eine harte Prüfung, nur unterbrochen von einem einzigen freien Wochenende. Das Schlimmste war die Ungewissheit. Man wusste nie, was einen als Nächstes erwartete, und alles musste schnell erledigt werden. Wenn wir uns in der Kantine etwas zu essen besorgten, verschlangen wir es schon in der Warteschlange an der Kasse. Alles, was wir zwischen den Übungen zu erledigen hatten, mussten wir im Laufschritt erledigen, selbst das Essen und den Gang zur Toilette. Die anderen Soldaten hatten sicher ihren Spaß beim Anblick der Jäger-Kandidaten, die unentwegt auf dem Luftwaffenstützpunkt umherliefen, aber da ich selbst einer dieser Bewerber war, fühlte ich mich zu erschöpft und ausgelaugt, um das Komische darin zu sehen. Vergaß man, sich im Laufschritt zu bewegen, so wurde man augenblicklich mit 40 Liegestützen »belohnt«. Vergaß man erneut, sich im Laufschritt zu bewegen, so war die Belohnung ein abendlicher Langstreckenlauf von zwölf Kilometern um den Stützpunkt, während die Kameraden ihre verdiente Ruhepause genossen.

Die körperlich zermürbendste Übung war die sogenannte Kaltwassergewöhnung: Jeden Morgen mussten wir in Uniform und Stiefeln ins eiskalte Meer springen und in der Bucht von Aalborg oder im Freiluftbecken nach Bleigürteln tauchen.

Eine weitere brutale Prüfung war die »nasse Woche«, in der wir fünf Tage lang unentwegt durchnässt waren. Alle zwei Stunden mussten wir zum Damm laufen und uns am Ufer ins Wasser legen. Und wir mussten die nasse Kleidung anbehalten.

Dann gab es den Ausscheidungslauf, bei dem wir so lange in einer Kiesgrube auf und ab liefen, bis ein Teil der Bewerber zusammenbrach. Für diese Kameraden war der Kurs beendet. Diejenigen, die sich auf den Füßen halten konnten, hatten bestanden. Einfach, aber brutal.

Eine weitere Auslesemethode war der wöchentliche Selbstwerttest. Dabei mussten wir unter anderem auf einen 140 Meter hohen Mast klettern und auf einem nur 18 Zentimeter breiten Balken balancieren. Anschließend mussten wir die »Todesmauer« bewältigen, wie wir sie liebevoll nannten. Wir mussten uns mit an den Körper angelegten Armen vornüber aus zehn Metern in ein Schwimmbecken fallen lassen. Das Resultat waren oft schmerzhafte Bauchklatscher. Diese Tests des Selbstwertgefühls oder des Selbstvertrauens dienten dazu, jene Bewerber auszusortieren, denen in bestimmten Situationen Zweifel kamen – denn ein Jäger sollte niemals Zweifel hegen. Ich muss gestehen, dass ich jedes Mal eine Art von zynischer Befriedigung empfand, wenn im Lauf des Kurses ein Mann aussortiert wurde. Ich war immer noch auf den Beinen.

Und ich war vollkommen sicher, dass ich auf den Beinen bleiben und den Kurs bestehen würde, wenn es mir gelang, Verletzungen zu vermeiden. Nachdem unsere Körper vier Wochen lang malträtiert worden waren, waren Verletzungen jedoch nicht zu vermeiden. Ich begann, unter schweren Entzündungen beider Schienbeine zu leiden. Sie wurden so schlimm, dass sich an den Schwellungen Abszesse bildeten. Beulen von der Größe eines Tennisballs hingen über meine Stiefelränder. Ich bekam zwei Nachmittage frei, um zum Arzt zu gehen, der mir Druckverbände anlegte, und ich erhielt sogar die Erlaubnis, Schmerzmittel zu nehmen. Aber es war nicht gratis: Ich musste die Übungen, die meine Kameraden in meiner Abwesenheit gemacht hatten, in der Nacht nachholen. Da ich mich nicht ausruhen konnte, verschwand die Entzündung nicht vollkommen, sondern blieb mir bis zum Ende des Kurses erhalten, wenn sie auch nicht mehr ganz so schmerzhaft war wie zu Beginn. Natürlich machte ich mir Sorgen, aber ich dachte keinen Augenblick ans Aufgeben. Ich war derart auf mein Ziel fixiert, dass mir das Schicksal nichts anhaben konnte: Ich würde es besiegen. Das hier war seit Jahren mein Traum, und es gab nichts, das ihn zerstören konnte. Natürlich zehrte die fortgesetzte Misshandlung meines Körpers und meines Geistes an meiner Substanz. Spitzensportler führen ein harmonisches Leben mit ausreichend Schlaf und der richtigen Ernährung. Sie frieren nie längere Zeit oder sind durchnässt, ihre Muskulatur wird massiert, bei Verletzungen bekommen sie Physiotherapie und eine ausreichende Erholungszeit. Wir hingegen bekamen bestenfalls das erforderliche Mindestmaß an Schlaf, und manchmal kamen wir überhaupt nicht zur Ruhe. Im Normalfall schliefen wir von Montag bis Freitag insgesamt nur fünf bis zehn Stunden, und da wir unentwegt großem körperlichem und geistigem Druck ausgesetzt waren, hatten wir keine Chance, die leeren Batterien wieder aufzuladen.

Im Lauf des Grundkurses lief und marschierte ich 850 Kilometer. Im Selektionskurs kam ich auf 1100 Kilometer, und einmal legte ich in weniger als zwölf Stunden mit 40 Kilo schwerer Ausrüstung auf dem Rücken 65 Kilometer zurück. Bei einer anderen Gelegenheit lief ich innerhalb von 48 Stunden zweimal 45 Kilometer. Und ich schwamm 45 Kilometer. Ich bewältigte all diese Herausforderungen und landete wie schon im Grundkurs unter den besten fünf Kandidaten. Meine außergewöhnlich gute körperliche Verfassung und meine Anpassungsfähigkeit halfen mir, auf Kurs zu bleiben. Es gelang mir, negative Gedanken auszublenden und mich auf das Positive zu konzentrieren. Ich sagte zu mir selbst: »Es sind nur Schmerzen.« Oder: »Das wird dich nicht umbringen.« Oder: »In vier Wochen ist es vorbei, und dann beginnt ein neues Leben.« Ich bemühte mich sehr, meiner Umgebung in jedem Augenblick zu demonstrieren, dass ich unter keinen Umständen aufgeben würde. Ich zögerte nie. Ich wollte, dass den Ausbildnern kein Zweifel an meiner Tauglichkeit kam. Gleichzeitig versuchte ich, persönliche Demut zu bewahren, denn mir war klar, dass das Korps Männer mit großem Ego und dominantem Charakter aussortierte. Ich beging einen einzigen schweren Fehler: Einmal vergaß ich meinen Schlüssel im Zimmer. In neun von zehn Fällen wäre das unbemerkt geblieben, aber ich hatte das Pech, dass ich ausgerechnet an diesem Tag aufgefordert wurde, etwas aus meinem Spind zu holen, und da der Kamerad, mit dem ich mir das Zimmer teilte, nicht da war, konnte ich nicht ins Zimmer. Zur »Belohnung« durfte ich fünf Tage lang einen fast 1,80 Meter langen und etwa 20 Kilo schweren Schlüssel mit mir herumschleppen. Bei den Patrouillen. Auf die Toilette. Überallhin. Was mich an dieser Sache am meisten ärgerte, war, dass ich jetzt negativ aufgefallen war. Natürlich war es auch sehr störend, eine zusätzliche Last mit mir herumschleppen zu müssen, aber die Strafe rückte mich als einen Mann ins Rampenlicht, der nicht zu den Besten gehörte. Ich konnte es kaum ertragen. Genau darum ging es. So wie ein Mann, der seine

Karte verloren hatte und gezwungen wurde, eine fast zwei Meter große Pappe mit sich herumzutragen, so wie der langsamste Läufer, der einen gelben Schutzhelm und eine Sicherheitsweste tragen musste, lernte ich eine wertvolle Lektion. Im Rückblick scheint mir das eine gute Art von Strafe zu sein. Zweifellos war sie sehr wirksam: Ich habe nie wieder einen Schlüssel vergessen.

Am Ende des Kurses mussten wir einen letzten Selbstvertrauenstest bestehen: Einen Sprung aus 20 Metern Höhe in einen See, gefolgt von 40 Liegestützen und einem Glas der »ärztlichen Spezialmischung«, eines aus verschiedenen Schnapssorten gemischten Cocktails. Ich bestand den Kurs gemeinsam mit sieben anderen Kandidaten. Die übrigen 28 Männer waren gescheitert. Nie zuvor war ich so stolz gewesen wie in dem Augenblick, als der leitende Ausbildner die Worte aussprach, die ich mein Leben lang nicht vergessen werde: »Rathsack, es ist zu schön, um wahr zu sein.« Ich erhielt das Abzeichen des Jäger-Korps, ein Anstecknadel in Form eines Jagdhorns, die ich an meinem schwarzen Barett anbrachte. Auf das burgunderrote Barett würde ich noch warten müssen, bis ich weitere Hürden überwunden hatte.

Kurze Zeit später schloss ich einen zweiwöchigen Fallschirmspringerkurs und einen dreiwöchigen Kampfschwimmerkurs im Frømandskorpset (Froschmannkorps) ab. Obwohl ich kein Kampfschwimmer werden würde, durfte das Wasser bei einer Mission kein Hindernis sein. In diesem Kurs wurde ich auf offener See ins Wasser geworfen und musste eine Strecke von zehn Kilometern schwimmen, zehn Meter tief tauchen und verschiedene Aufgaben bewältigen – etwa jene, unter Wasser verschiedene Knoten zu binden. Ich machte auch Bekanntschaft mit Maren, einem mehr als 250 Kilo schweren Baumstamm, den meine Kameraden und ich während der Übungen durch den Wald tragen mussten. An einem warmen und sonnigen Morgen im Sommer 1990 nahm ich nach drei Wochen im Froschmannkorps sonnengebräunt mit meinen Kameraden auf dem Luftwaffenstützpunkt Aalborg Aufstellung für die Abschlusszeremonie. Auf diesen Augenblick hatte ich zehn Jahre gewartet. Es war der größte Moment in meinem Leben, als mir mein Vorgesetzter zum ersten

Mal das burgunderrote Barett aufsetzte. Ich war als Jäger Nummer 229 in die Einheit aufgenommen worden. Aber die Anerkennung war mit Bedingungen verbunden: Ich galt immer noch als Lehrling. Ich würde noch ein weiteres Ausbildungsjahr hinter mich bringen müssen, bevor meine Kameraden mich als vollwertigen Jäger betrachten würden. Erst dann würde ich das eigentliche Kennzeichen des Jägers tragen dürfen: das Schulterstück mit dem Schriftzug »JÄGER«. Erst dann würde ich an Einsätzen des Korps teilnehmen können.

KAPITEL 3: KEIN SAUERSTOFF

Ich hatte das Gefühl zu fliegen. Das burgunderrote Barett zu tragen und mein Ausbildungsjahr fast absolviert zu haben verlieh mir geradezu Flügel. Nach Abschluss meiner Jäger-Ausbildung nahm ich an verschiedenen Lehrgängen im Ausland teil, um meine Fähigkeiten in den Bereichen Funktechnik, medizinische Notfallhilfe, Sprengtechnik und Bedienung von Spezialwaffen zu verbessern. Jeder Tag brachte mich meinem Ziel näher, ein echter Jäger zu werden.

Die Jäger zeichnen sich besonders durch ihre Fähigkeiten als Fallschirmjäger aus und genießen weltweite Anerkennung bei den Spezialkräften. Und im Sommer 1991 bekam ich in Aalborg zum ersten Mal die Gelegenheit zum »Sauerstoff-Sprung«, der eine Spezialität unseres Korps ist und höchste technische Anforderungen stellt.

Ich liebte das Fallschirmspringen. Ich nutzte jede Gelegenheit zu einem Sprung. Abgesehen von den vier bis fünf Wochen pro Jahr, die wir beim Jäger-Korps Fallschirmsprünge übten, nahm ich auch an den Trainingseinheiten der Militärnationalmannschaft und an militärischen Veranstaltungen wie Jubiläumsfeiern sowie an zivilen Fallschirmspringertreffen, Sportveranstaltungen, Festivals und so weiter teil.

Ein Sprung an einem warmen Sommertag mit einem leichten Fallschirm und ohne schweres Gepäck ist eine Sache. Der militärische Fallschirmsprung mit Sauerstoff ist etwas ganz anderes. Man springt aus der dreifachen Höhe wie bei einem normalen Sprung ab. Ein Sprung wie dieser in einer kalten, dunklen Winternacht, ausgerüstet mit einer Sauerstoffflasche und schwerem Gepäck, über einem fremden Landegebiet ist eine Reise ins Unbekannte. Er ist extrem anstrengend – und riskant.

Es gibt zwei Arten von Sauerstoffsprüngen: HAHO und HALO. HAHO steht für »High Altitude, High Opening« (große Absprunghöhe, große Öffnungshöhe) und bedeutet, dass der Sprung aus der maximalen Flughöhe des Flugzeugs von gut 9000 Metern erfolgt. Der Jäger öffnet seinen Fallschirm und navigiert mit einem Kompass, um hinter die feindlichen Linien zu gleiten. Der Vorteil des HAHO-Sprungs besteht darin, dass der Jäger in relativ großer Entfernung vom geplanten Landepunkt abgesetzt wird. Ich bin bei guten Wetterverhältnissen mehr als 60 Kilometer quer über Nordjütland gesegelt. Sobald die übrigen Mitglieder des Einsatzteams gelandet sind, wird die Landezone gesichert. Nachdem die Fallschirme vergraben sind, machen sich die Jäger auf den Weg zum Ziel ihrer Mission. Der Nachteil von HAHO-Sprüngen besteht darin, dass sie mit einem relativ hohen Risiko verbunden sind, vom Boden aus entdeckt zu werden, da man fast eine Stunde lang durch die Luft gleitet.

Die andere Option ist der HALO-Sprung, der für »Hohe Absprunghöhe, niedrige Öffnungshöhe« steht. Auch dieser Sprung erfolgt aus einer Höhe von rund 9000 Metern, aber der Jäger wartet bis zum letzten Moment, bevor er den Fallschirm öffnet. Dies verringert das Risiko, vom Boden aus entdeckt zu werden. Bei einem normalen Fallschirmsprung beträgt die Höchstgeschwindigkeit im freien Fall knapp 200 Kilometer pro Stunde. Beim HALO-Sprung erreicht der Jäger aufgrund der dünnen Luft in größeren Höhen Geschwindigkeiten von bis zu 400 Kilometern pro Stunde. Der Nachteil des HALO-Sprungs ist, dass der Fallschirmspringer viel näher am Landeziel abgesetzt werden muss, da er nicht lange in der Luft ist.

Sowohl auf einen HAHO- als auch auf einen HALO-Sprung muss man sich gründlich vorbereiten. Der Rucksack eines Fallschirmjägers muss gewissenhaft mit der notwendigen Ausrüstung bepackt werden – Nahrung, Wasser, Schlafsack, Kleidung, Beobachtungsgeräte, einfache Ausrüstungsgüter, Munition und Sprengstoffe. Der Rucksack kann bis zu 65 Kilogramm wiegen, und daher muss man sehr darauf achten, das Gewicht gleichmäßig zu verteilen. Ansonsten kann es während des Freifalls zu tödlichen Zwischenfällen kommen. Wenn die Traglast instabil ist, kann auch der Fall instabil werden. Dann kann der Springer in ein unkontrollierbares Trudeln geraten und aufgrund der heftigen Zentrifugalkräfte ohnmächtig werden. Zu den ungeschriebenen Gesetzen der Vorbereitungsphase gehört es auch, dass man seinen Fallschirm und seine Ausrüstung immer selbst packt.

Der Kompass und der Höhenmesser werden an der Brust befestigt, die Sauerstoffflaschen werden in einer speziellen Tasche am Gurtzeug verstaut, und die Waffe wird so umgehängt, dass sie die Zugschnüre des Fallschirms nicht behindert. In den Stunden vor dem Sprung prüfe ich das Gepäck – Fallschirm, Rucksack und die übrige Ausrüstung – noch einmal sorgfältig.

Als ich an diesem Tag in dem Hercules-C-130-Transportflugzeug saß, hatte ich nach zwei HALO-Sprüngen das Gefühl, gut für meinen ersten HAHO-Sprung gewappnet zu sein. Die Hercules ist nicht berühmt für hohen Komfort: Ein rotes Netz, das zu beiden Seiten der Kabine aufgespannt ist, dient als Sitzgelegenheit, und eine Klimaanlage hielten die Konstrukteure des Flugzeugs offenbar für überflüssig. An Bord hat man die Wahl zwischen schweißgebadet und halb erfroren.

Mein Teamkameraden und ich waren an das Sauerstoffsystem des Flugzeugs angeschlossen, und neben mir saß mein Truppführer Morten – ein stämmiger und ernster, aber freundlicher Kerl Ende 20. Morten hatte bereits über 600 Sprünge auf dem Buckel, und die Selbstsicherheit, die er aus dieser Erfahrung schöpfte, war für den Rest von uns sehr beruhigend. Er wandte sich mir zu, und obwohl er eine Sauerstoffmaske trug, konnte ich sehen, dass er lächelte.

Ich bewunderte Mortens Gelassenheit in extrem angespannten Situationen. Aber sie ärgerte mich auch ein bisschen; ich wusste, dass ich nie so ruhig und gefasst sein würde wie er. Natürlich hatte ich ein bisschen Angst, als ich den gefährlichen Sprung zum ersten Mal wagte. Unter den vielen Kleidungsschichten in meinem unbequemen grauen Sprunganzug war ich bereits schweißgebadet. Ich schmeckte das Salz auf dem Gummi meiner Sauerstoffmaske. Es tröstete mich zu sehen, dass Mortens Gesicht ebenfalls von Schweißperlen überzogen war.

Jetzt waren es nur noch wenige Minuten, bevor wir hinaus in den kalten, menschenfeindlichen Himmel springen würden, gut 9000 Meter über dänischem Boden. Alle waren angespannt, in sich gekehrt und konzentriert. Bald würden wir durch die minus 20 Grad kalte Luft sausen und mit 55 Kilogramm schweren Rucksäcken am Körper Richtung Erde stürzen. Unter diesen Bedingungen erleidet man an ungeschützter Haut im Handumdrehen Erfrierungen. Ich hatte große Fäustlinge an, um meine Hände zu schützen, und trug ein Schutzpolster im Nacken. Helm, Brille und Sauerstoffmaske schützten mein Gesicht und meinen Kopf. Die Sauerstoffmaske war zur Sicherheit mit zwei Schnallen und zwei dicken Gummibändern am Helm befestigt. Mein Rucksack war über eine sogenannte Ablassleine mit dem Fallschirmgurtzeug verbunden; diese Leine erlaubte es, den Sack unmittelbar vor der Landung loszumachen, da diese so viel weniger gefährlich war. Der andere Gepäcksack war an der Rückseite meiner Beine befestigt, mit der Unterseite nach oben – ich hatte ein Bein durch jeden Schulterriemen des Sacks geführt. So war gewährleistet, dass der Unterkörper während des Sprungs eine möglichst natürliche Haltung einnehmen würde, aber es sorgte für eine sehr unnatürliche Haltung beim Sitzen vor dem Sprung.

Unser Flugzeug stieg nicht mehr und legte sich in eine Rechtskurve. Wir hatten unsere Sprunghöhe erreicht. Die Laderampe des Flugzeugs öffnete sich langsam, und milde, warme Sonnenstrahlen fielen in die Kabine. Meine vier Teamkameraden wandten ihre Köpfe gleichzeitig in Richtung der vollständig geöffneten Laderampe.

Unser Absetzer Mike klatschte in die Hände und hielt sechs Finger hoch: Noch sechs Minuten bis zum Absprung. Wir konnten nicht sprechen, da wir unsere Sauerstoffmasken trugen. Und selbst ohne die Masken hätte man aufgrund der extrem lauten Motorengeräusche der Hercules sein eigenes Wort nicht verstanden.

Kurz darauf machte Mike mit den Armen eine langsame, kreisförmige Bewegung nach oben, so, als würde er ein Orchester dirigieren.

Es war das Signal für uns, aufzustehen. Mit unseren linkischen, tapsigen Bewegungen erinnerten wir an eine Gruppe schwerfälliger Senioren. Es

dauerte eine Weile, bis wir eine halb aufrechte Embryonalstellung einge-
nommen hatten. Wir trennten die Verbindung zum Sauerstoffsystem des
Flugzeugs und schalteten unsere eigene Versorgung ein, damit der »Sau-
erstoff-Doktor« des Teams eine letzte Überprüfung vornehmen konnte.
Er stellte sich vor jeden Einzelnen von uns, sah ihm in die Augen und
hielt den Daumen hoch. Wir erwiderten den Blick, nickten und hielten ebenfalls den Daumen hoch. Dann beendete Mike die abschließende
Überprüfung der Ausrüstung und der Fallschirme. Alles war so, wie es
sein sollte, und er bestätigte dies, indem er mir aufmunternd die Schulter
drückte.

Alles Übrige hing nun von mir, meinem Fallschirm und dem Himmel
über Aalborg ab.

»Zwei Minuten.«

Wir drehten uns der Rampe zu. Mike führte uns an. Ich war der Letzte
in der Reihe, und die vier Springer vor mir zeichneten sich als scharf
umrissene Silhouetten gegen das klare Sonnenlicht ab. Mit ihren kleinen,
steifen Schritten erinnerten sie mich an vier Pinguine.

Mike klatschte in die Hände und hob einen Finger.

»Eine Minute.«

Ich spürte, wie mein Herz heftig in der Brust pochte, und war mir plötzlich meines Schwitzens deutlich bewusst, als ich die detailreiche Landkar-
te unter mir auftauchen sah. Es war ein wundersamer Anblick.

Unter mir lagen die Südspitze von Norwegen und Skagen, die Nordspitze
Dänemarks, und die Stadt Aalborg unmittelbar nördlich der Luftwaffenbasis, die unser Ziel war. Dicht hintereinander schlurften wir langsam
weiter zur Plattform, da es wichtig war, das Flugzeug rasch hintereinander zu verlassen. Die Maschine raste mit über 640 Stundenkilometern
durch die dünne Luft – mehr als 300 Stundenkilometer schneller, als
sie in normaler Höhe fliegen würde. Wenn daher der zeitliche Abstand
zwischen unseren Sprüngen zu groß würde, wäre es praktisch unmöglich,
während des Falls die gewünschte »Perlenschnur«-Formation zu bilden
oder uns nach der Landung wiederzufinden.

»Noch zehn Sekunden.«

Dies war das letzte Zeitsignal, und der vorderste Mann bewegte sich langsam auf den Rand der Rampe zu. Die roten Lampen zu beiden Seiten der Rampe leuchteten hell auf. Mike hatte seine Hand auf der Schulter des ersten Mannes liegen und beobachtete in den Sekunden vor dem Absprung die Lampen mit gespannter Aufmerksamkeit. Im nächsten Moment sprangen sie auf Grün. Mike klopfte dem ersten Mann fest auf den Rücken. Er sprang mit weit geöffneten Armen ins Nichts und verschwand hinter der Rampe. Ich machte kleine Schritte hinter Morten. Mike klopfte ihm auf den Rücken, und er sprang sofort und ohne jedes Zögern – dies war sein ganz persönlicher kleiner Vergnügungsausflug.

Kaum war ich in der Luft, da wurde ich von der Geschwindigkeit und den Turbulenzen erfasst. Meine Brille war so beschlagen, dass ich kaum etwas sah. Den Kameraden, der gerade seinen Fallschirm geöffnet hatte, konnte ich nicht erkennen. Aber seine ruhigen, wohlkalkulierten Bewegungen zeigten mir, dass es nur Morten sein konnte. Ich streckte meine Arme aus, um mich zu stabilisieren. Mit meinem Rucksack schien alles in Ordnung zu sein. Also griff ich mit dem rechten Arm nach dem Auslösegriff und glich die Bewegung aus, indem ich den linken Arm hinter den Kopf legte. Ich riss am Auslösegriff, streckte meine Hände aus und bereitete mich auf den kräftigen Ruck des Fallschirms vor, sobald er sich entfaltete und mit Luft füllte. Aber die gründlichste Vorbereitung hatte mir keine Vorstellung von dem heftigen Stoß vermitteln können, der mich durchzuckte, als ich im Bruchteil einer Sekunde von 640 Stundenkilometern auf fast null abgebremst wurde. Ich wurde in das Gurtwerk gequetscht und konnte meine Bewegungen nicht kontrollieren. Der Druck presste die Luft aus meinen Lungen heraus, und ich stöhnte laut auf. Ich blickte nach oben und sah, dass sich der Fallschirm perfekt entfaltet hatte und sich im Wind bauschte. Erleichterung. Aber dann spürte ich einen stechenden Schmerz – ein eiskalter Wind peitschte mein Gesicht, und in Mund und Lippen kribbelte es. Es war die Art von Gefühl, das ich in diesem Moment, wo ich 9000 Meter über dem Erdboden an einem Fallschirm hing, nicht haben sollte. Ich wusste sofort, was passiert war. Meine Sauerstoffmaske flatterte vor meiner rechten Gesichtshälfte und hing jetzt nur noch am linken Verschluss. Das sah nicht gut aus – tatsächlich war es genauso gefährlich wie eine Fehlfunktion des Fallschirms. Es war die Katastrophe, die jeder HAHO-Springer am meisten fürchtete: Ohne Sauerstoff würde ich in dieser Höhe binnen weniger Sekunden ohnmächtig werden. Ich hatte bei sorgfältig überwachten Tests im Institut für Flugmedizin meine Grenzen kennengelernt, und ich schätzte, dass ich weniger als eine halbe Minute hatte, ehe ich das Bewusstsein verlieren und durch die Luft treiben würde, ohne den geringsten Einfluss darauf zu haben, wo ich schließlich landete. Im schlimmsten Fall waren dies die letzten 30 Sekunden meines Lebens.

Meine Optionen waren begrenzt. Ich konnte die Fäustlinge ausziehen und versuchen, die Maske wieder vors Gesicht zu pressen, um den notwendigen Sauerstoff zu bekommen, aber dabei würde ich mir schwere Erfrierungen zuziehen. Ich konnte bei dem Versuch sogar ein oder zwei Fäustlinge verlieren, was zu dauerhaften Erfrierungen führen würde. In diesem Fall würde ich meine Hände nie mehr richtig gebrauchen können. Ich würde den Soldatenberuf an den Nagel hängen müssen.

Ich konnte auch versuchen, mit angezogenen Fäustlingen so lange an der Maske herumzuhantieren, bis sie wieder richtig saß. Beides war sehr schwer zu bewerkstelligen. Das Risiko war groß, dass ich es nicht schaffen würde.

Erfrierungen, die das Ende meiner Karriere bedeuteten, oder Bewusstlosigkeit und Tod?

Für mich war das, als stünde ich vor der Wahl zwischen Pest oder Cholera. Aber ich musste mich sofort entscheiden. Ich war 24 Jahre alt und Fallschirmjäger. Die Aussicht, noch mehr Schmerzen zu spüren, erschreckte mich nicht. Ich hatte meine Schmerztoleranz ständig erhöht und meinen Körper gezwungen, extrem starke Schmerzen auszuhalten. Ich wollte meine Hände nicht ruinieren, indem ich die Fäustlinge auszog.

Also würde ich es mit den Fäustlingen probieren. Ich griff nach der flatternden Sauerstoffmaske, wobei der Fäustling aufgrund seiner Größe den ganzen Apparat bedeckte. Ich platzierte die Maske vor Mund und Wangen. Mit der anderen Hand drückte ich gegen die Spange des Helms.

Die Sonne schien direkt auf mein Gesicht, wie um mich an das drohende Verhängnis zu erinnern – wie das Licht am Ende eines Tunnels. Das spornte mich an, mich noch mehr anzustrengen.

Ich weiß nicht, ob ich zehn oder dreißig Sekunden mit der Maske kämpfte, aber plötzlich vernahm ich das erlösende Klicken der einrastenden Spange.

Ich ließ die Maske los. Sie lag eng an meinem Mund an. Der kühle, leicht metallische schmeckende Sauerstoff strömte wieder in meine Lunge. Ich hielt den Atem an und fühlte mich fast wie auf Droge, ich ergötzte mich an meinem Sieg im Kampf gegen die Zeit.

Aber ich hatte nicht lange Zeit, um über meinen Beinaheunfall nachzudenken. Jetzt, wo die unmittelbare Gefahr vorüber war, musste ich rasch wieder auf Kurs kommen. Der Wind wehte aus Westen und trieb mich in Richtung Nordjütland. Ich löste die Steuerschlaufe und korrigierte meinen Kurs. Ich konnte keinen meiner Teamkameraden sehen, aber wenn ich diesen Kurs hielte, würde ich in der Nähe der geplanten Landezone nordwestlich der Luftwaffenbasis Aalborg runtergehen.

Vor mir türmten sich einige ziemlich mächtige Kumuluswolken als Hindernis auf. Wir versuchen möglichst immer, einen Bogen um Wolken zu machen. In einer Wolke kann ein Fallschirmspringer in heftige Turbulenzen geraten, und aufgrund der sehr geringen Sichtweite ist es manchmal schwierig, sich zu orientieren.

Ich befand mich jetzt in einer Höhe von 6000 Metern, und eine Wolke war unmittelbar vor mir. Wenn ich versuchte, ihr auszuweichen, würde ich zu weit vom Kurs abkommen. Und da ich sowieso vermutlich nicht genügend Zeit für ein Ausweichmanöver hatte, hielt ich den Kurs und glitt langsam in den milchigen, feuchten Nebel hinein. Noch nie zuvor war ich in eine so dichte Wolke hineingeflogen, und es überraschte mich, wie sehr sie am Fallschirm rüttelte und zerrte. Mich beschlich das unangenehme Gefühl, nicht richtig an meinem Gurtzeug festgeschnallt zu sein. Ich zog die Steuerschlaufe etwas nach unten und drosselte die Geschwindigkeit. Dies ist ein Standardverfahren, mit dem wir anderen Fallschirmjägern ausweichen.

Eine bemerkenswerte Stille trat ein, nur unterbrochen vom Flattern der Fallschirmzellen. Ich sah nach unten, und zu meinem Erstaunen stellte ich fest, dass ich nicht einmal meine Stiefel sehen konnte. Ich hatte im dichten Nebel jede Orientierung verloren, und meine Sicht betrug nur gut anderthalb Meter.

Mein Kompass und mein Höhenmesser waren meine einzigen Bezugspunkte in dieser Suppe, in der man die Hand nicht vor den Augen sah. Die Wolke schien nicht mehr aufzuhören. Wieder beschlich mich ein flaues Gefühl. Aber dann, einen Augenblick später, lichtete sich der Dunstschleier unvermittelt.

Nie zuvor war ich so froh gewesen, meine alten, abgetragenen »Danner Boots« zu sehen. Kurz darauf zeichnete sich der Horizont vor mir ab, und der Norden Dänemarks tauchte wieder auf, als klar umrissene grüne Fläche. Die Nadel meines Höhenmeters fiel unter die Marke von 3650 Metern, und ich hatte einen wolkenlosen Himmel vor mir. Ich löste meine Sauerstoffmaske und ließ sie zur Seite fallen. Es war ein unbeschreiblicher Genuss, wieder die Luft der Atmosphäre atmen zu können. In dem Wonneschauer streckte ich die Hände aus, um sämtliche Zellen meines Gleitschirms zu öffnen und für den letzten Flugabschnitt zur Landezone maximal zu beschleunigen.

Hinunter zu meinen Kameraden.

Hinunter in die vertraute Welt.

Als ich mich nur noch 150 Meter über dem Erdboden befand, richtete ich mich zum Wind aus, und in einer Höhe von 18 Metern bremste ich. Nach der Landung brach ich zusammen. Das ist bei HAHO-Sprüngen nichts Ungewöhnliches; nachdem ich eine halbe Stunde in der Luft gewesen war, in der meine Beine aufgrund der eng anliegenden Gurte in der Leistengegend nur noch schwach durchblutet worden waren, waren Füße und Beine völlig taub. Zudem hatte ich aufgrund des Gewichts meiner Ausrüstung große Mühe, das Gleichgewicht zu halten. Langsam richtete ich mich auf, rollte den Fallschirm ein und versuchte herauszufinden, weshalb sich meine Sauerstoffmaske gelöst hatte. Eines der Gummibänder hatte den extremen Bedingungen nicht standgehalten.

Verrückt: Ein einfaches Gummiband hätte mich beinahe das Leben gekostet.

Unser heutiges Training war beendet. Als wir im Mannschaftstransporter zurück zum Luftwaffenstützpunkt fuhren, sah ich hinunter auf meine zitternden Hände. Am Vorabend hatte ich mit meinen Kameraden in Aalborg zusammengesessen, wir hatten Bier getrunken und über die Herausforderungen dieses Tages geplaudert. Ich wäre nie auf den Gedanken gekommen, dass ich bei diesem Sprung um mein Leben würde kämpfen müssen. Aber ich hatte es überstanden. Ich behielt diesen lebensgefährlichen Sprung als großes Abenteuer in Erinnerung.

Auch wenn ich den Sprüngen immer mit Optimismus und Selbstvertrauen entgegensah, war der Zwischenfall mit der Sauerstoffmaske nicht das einzige beängstigende Missgeschick, das beinahe mit einer Katastrophe geendet hätte. In einem Trainingslager mit der Militärnationalmannschaft in den Vereinigten Arabischen Emiraten erhielt ich zum ersten Mal den Befehl zu einem »Präzisionssprung«. Dafür wurde ein Fallschirm verwendet, der sich grundlegend von den üblichen militärischen Fallschirmen unterschied. Er war größer und reagierte daher empfindlicher auf Steuermanöver, sodass man mit ihm leichter punktgenau landen konnte. Ich sollte auf einer Matratze landen und mit einer meiner Fersen einen Punkt treffen, der kaum größer als ein 25-Cent-Stück war.

Da die Sprungzone mitten in der Wüste lag, hatte ich klare Sicht auf das Ziel. Ich glaubte, meine Sache gut zu machen, bis ich knapp zehn Meter über dem Boden bemerkte, dass ich die Matratze vermutlich knapp verfehlen würde. Keine Katastrophe, aber ich wollte dem Zielpunkt so nahe wie möglich kommen. Also zog ich kräftig an der Steuerschlaufe, um zu bremsen, in der Hoffnung, dadurch Zeit zu gewinnen und mich besser ausrichten zu können. Ich hatte jedoch nicht bedacht, dass dieser Fallschirm nicht so reagierte wie die gewohnten, und mein Steuermanöver hatte zur Folge, dass auf einen Schlag die gesamte Luft aus dem Fallschirm entwich. Einen Augenblick lang schwebte er schlaff und spannungslos wie ein aufgerolltes Kondom über mir. Dann krachte ich zu Boden. Ich landete auf dem Hintern, direkt auf dem Steißbein, während ich noch mit dem rechten Arm versuchte, mich abzufangen. Und ich landete dabei so hart, dass sich die Kameraden, die meinen Sturz beobachteten, sicher waren, dass ich mir das Rückgrat gebrochen hatte. Zum Glück war mein Rücken in Ordnung. Doch mein Unterarm sah grotesk aus: Er war zu einem Z verbogen.

Ich wurde in einem Huey-Hubschrauber in ein nahe gelegenes Krankenhaus geflogen. Dort war ich mit einem weiteren Dilemma konfrontiert. Ein hochgewachsener, korpulenter deutscher Stabsarzt stellte mich vor die Wahl: Er konnte die Knochen sofort wieder in die richtige Position bringen, was für den Heilungsprozess am günstigsten sein würde, aber ohne Narkose erfolgen musste, oder er würde ihn später unter Anästhesie richten, was den Heilungsprozess verlängern würde. Da ich nur der Annehmlichkeit halber keine längere Rekonvaleszenz in Kauf nehmen wollte, entschied ich mich für die erste Option. Ehe ich wusste, wie mir geschah, packten mein Teamleiter Morten und ein Sanitäter meine Schulter und fixierten mich, während der deutsche Stabsarzt meinen Arm richtete. Ich wäre beinahe ohnmächtig geworden, als ich sah, wie der Kerl mit aller Kraft an meinem gebrochenen Arm herumzog. Es schien ewig zu dauern. Als er schließlich seinen eisernen Griff um den gebrochenen Arm lockerte, sank ich in meinen Stuhl zurück – erschöpft, aber erleichtert. Der sonst stets förmliche und wohlerzogene Morten konnte sich vor Lachen kaum halten. »Während meiner Ausbildung zum Sanitäter in dänischen Krankenhäusern habe ich viele Tote gesehen«, sagte er. »Aber keiner von ihnen war so kreidebleich wie du.«

KAPITEL 4: ÜBERLEBEN UND ERSCHÜTTERTE TRÄUME

Es machen zahlreiche Anekdoten über den Kurs »Überleben im Kampf« die Runde, und das hat seinen Grund. An diesem legendären Kurs, der vom 22. Special Air Service der britischen Eliteeinheit SAS organisiert wird, nehmen Elitesoldaten aus Dutzenden von Ländern teil. Es ist ein sehr anspruchsvoller Kurs, in dem der Jäger lernt, wie er nach einem Kampfeinsatz hinter den feindlichen Linien überleben kann. Die Soldaten üben Fluchttechniken, für die sie nutzen, was ihnen die Natur anbietet, und lernen, wie sie sich feindlichen Einheiten entziehen können, die ihnen nachstellen. Vor allem aber lernen die Kursteilnehmer, was sie in Verhören erwartet, sollten sie in Gefangenschaft geraten.

Dieser Kurs hätte eigentlich Teil meine Grundausbildung sein sollen, aber in jenem Jahr hatten die Briten ihn abgesagt, weil sie all ihre Leute im Golfkrieg brauchten. Daher konnte ich erst im November 1992 mit dem Kurs beginnen, mehr als ein Jahr, nachdem ich mein Jäger-Schulterstück bekommen hatte. Solange ich dieses Überlebenstraining nicht absolviert hatte, konnte ich mich nicht als vollwertigen Jäger betrachten. In den ersten zehn Tagen studierten wir Theorie und machten Übungen. Dann wurden wir in die Black Mountains in Wales geschickt, wo wir weitere zehn Tage verbrachten. Dort sollten wir lernen, wie man auf der Flucht der Witterung und dem Hunger trotzen konnte.

Unserer Gruppe gehörten 80 Elitesoldaten an. Sie gaben uns ein paar Lumpen, ein paar abgenutzte Reifen und ein Dutzend Schafe. Aus den Stofffetzen sollten wir uns Kleidung anfertigen, die Reifen würden uns als Schuhsohlen dienen, und die Schafe sollten uns nicht nur Nahrung, sondern auch Rohmaterial für die warme Kleidung liefern, die wir in dieser Jahreszeit in den kalten und regnerischen Bergen unbedingt brauchen würden. Vor allem warme Kleidung ist unverzichtbar. Nun wurde mir die zweifelhafte Ehre zuteil, mit meinem stumpfen Schweizer Armeemesser einem Schaf die Kehle durchzuschneiden. Es wurde kein schneller und schmerzloser Tod für das arme Tier.

In den ersten Stunden mussten wir uns rasch bewegen. Wir hatten nur wenig Zeit, um unsere Kleidung zu nähen und anzupassen, bevor es dunkel und noch kälter wurde. Es gelang mir, ein Paar Schuhe, eine Kopfbedeckung, eine Jacke und ein Paar Fäustlinge aus der Schafwolle zu fabrizieren. Natürlich war keines dieser Kleidungsstücke gut gemacht, und die Wolle war obendrein feucht – wir hatten keine Zeit, das Fell zu trocknen, und das Blut war noch nicht getrocknet.

Ich kam in ein Team mit zwei dänischen Kampfschwimmern. Unsere Aufgabe war es, unsere eigenen Linien zu erreichen, die wir auf einer selbst gezeichneten Karte der Gegend eingetragen hatten. Wir hatten weder Nahrung noch Wasser bei uns. Daher waren wir nach einigen Tagen, an denen wir Schaffleisch gegessen hatten, gezwungen, uns von Wurzeln und Beeren zu ernähren. Zum Glück gab es in der Gegend auch zahlreiche Quellen, sodass wir immer genug Wasser hatten.

Die ganze Zeit wurden wir von Einheiten des britischen Fallschirmjägerregiments PARA gejagt. Sie verfolgten uns in Hubschraubern und Geländefahrzeugen sowie zu Fuß. Sie setzten Infrarotsuchgeräte, thermische Geräte und Spürhunde ein. Am Tag versteckten wir uns, was sehr schwierig war, weil es abgesehen vom ständigen Wind und Regen in den Black Mountains keine natürlichen Verstecke wie Höhlen, Grotten oder dichte Gehölze gibt. Deckung fanden wir nur in kleinen Fichtenhainen, weshalb wir uns in Erdlöcher und verlassene Baue von Tieren legten, um ein wenig Schlaf zu finden.

Nachts versuchten wir, uns im Schutz der Dunkelheit unseren eigenen Linien zu nähern.

Als der zehnte Tag der Übung näher rückte – unsere feuchte Kleidung aus Schaffell verströmte mittlerweile einen unerträglichen Gestank –, hatten uns die Verfolger noch immer nicht entdeckt. Aber wir wussten, dass sie uns bald stellen würden. Die Frage war nicht, ob sie uns fangen würden. Es ging nur darum, wie lange wir durchhalten konnten. Dies war die letzte Prüfung, und alle Teilnehmer mussten die Erfahrung machen, in Gefangenschaft zu geraten und einen Fluchtversuch zu unternehmen.

Wir erreichten eine kleine Schlucht, als uns bewusst wurde, dass unsere Entdeckung unmittelbar bevorstand. Und unser Gefühl täuschte uns nicht. Plötzlich waren wir von einem Dutzend Fallschirmjägern umstellt. Unsere Lage war aussichtslos, und wir leisteten keinen Widerstand. Die Soldaten schrien uns an: »Ihr seid erledigt! Ihr seid Versager! Nichts als wertlose Nullen!«

Sie fesselten mich, verbanden mir die Augen und warfen mich in ein Schlammloch. Sie traten mich in die Eier und in den Bauch und schlugen auf mich ein. »Du elender Versager!«

Ich war ein Kriegsgefangener und würde von jetzt an 36 Stunden lang verhört. Diese 36 Stunden musste ich mit Ausnahme der Zeit im Verhör in einer »Stressposition« ausharren.

In einer dieser Positionen musste ich in einem 45-Grad-Winkel mit gespreizten Armen und Beinen an eine Wand gelehnt stehen. In einer anderen musste ich mit überkreuzten Beinen auf dem Boden sitzen, die Arme über dem Kopf, wobei sich meine Hände an den Fingerspitzen berühren mussten, ohne dass ich sie auf den Kopf legen durfte. Ich hatte Krämpfe in Armen und Beinen, aber jedes Mal, wenn ich versuchte, meine Position ein wenig zu ändern, um sie zu entspannen, erinnerte ein Bewacher mich mit einem Fußtritt daran, dass das verboten war.

Sie hatten mir einen Sack über den Kopf gezogen, sodass ich nichts sehen konnte, und im Raum stand ein großer Lautsprecher, aus dem unentwegt ein hartes, ratterndes Geräusch drang. Ich konnte nichts anderes hören. Es war sehr unangenehm und quälend. Als ich kurz davor war, vor Schmerzen und Erschöpfung das Bewusstsein zu verlieren, weckten mich die Wachen mit Schlägen auf. Hin und wieder zerrten sie mich ins

Freie, zogen mich aus und stießen mich unter Gelächter und Gejohle in den kalten Morast.

Diese Hölle wurde nur durch Verhöre mit wechselnden Personen unterbrochen. Es gab einen guten und einen bösen Polizisten. Sodann war da eine Frau, die mir befahl, mich vor ihr auszuziehen, damit sie sich über meinen erbärmlichen kleinen dänischen Schwanz lustig machen konnte. Ich durfte nur meinen Namen, meine Dienstnummer und meinen Rang nennen. Gab ich irgendetwas anderes preis, so war der Kurs für mich beendet, und ich musste zu meiner Einheit zurückkehren. Diese Regel wurde mittlerweile abgeschafft. Ein gefangener Soldat soll jetzt im Verhör alle Fragen beantworten, um seine Überlebenschancen zu erhöhen. So funktioniert der Krieg heute. Unsere Feinde halten sich nicht mehr an die Genfer Konvention, sondern schneiden jedem Kriegsgefangenen, der nicht kooperiert, einfach die Kehle durch.

Obwohl klar war, dass dieses Verhör lediglich eine Simulation war, wurde es aufgrund der Erschöpfung, der Kälte, der Ungewissheit und der Demütigungen immer schwieriger, zwischen Realität und Fiktion zu unterscheiden. An diesem Punkt gaben die meisten Kameraden auf. Ich konnte hören, wie hartgesottene Elitesoldaten zusammenbrachen und in ihrer Muttersprache zu schluchzen begannen, bevor sie hinausgeschleppt und nach Hause geschickt wurden. Aber es gelang mir, mich auf das zu konzentrieren, was nach dieser Tortur kommen würde, und die Qual zu verdrängen. Manchmal schien mir die Gewalt, der ich während meiner Gefangenschaft und in den Verhören ausgesetzt war, beinahe unerträglich. Aber ich wusste, dass dies zu meiner Ausbildung gehörte. Dank der Erfahrungen in diesem Trainingslager würde ich sehr viel besser gerüstet sein, sollte ich eines Tages in einem wirklichen Krieg in eine solche Situation geraten.

Ich wollte auch nicht auffallen, indem ich mich beklagte. Ich bemühte mich, mich in jedem Augenblick wie ein Jäger zu verhalten und mir immer wieder in Erinnerung zu rufen, dass ich diese Tortur überstehen musste, um mich wirklich als Jäger bezeichnen zu können.

Ich absolvierte den Kurs mit Erfolg. In den Wochen der Entbehrung hatte ich sieben Kilo verloren, aber ich war glücklich, es unter die besten 20 Prozent der 80 Absolventen geschafft zu haben, die diese Auszeichnung erhielten.

Jetzt war ich wirklich ein Jäger. Aber obwohl ich stolz darauf war, das Überlebenstraining bewältigt zu haben, begann ich bereits, eine gewisse Enttäuschung über meinen Traumberuf zu empfinden. Dabei gehörte ich der Einheit erst seit wenigen Monaten an.

Natürlich war es eine Ehre, dieser kleinen und exklusiven Gruppe anzugehören. Aber ich hatte das Gefühl, dass unser Alltagsleben ziemlich sinnlos war. Mir wurde klar, was es bedeutete, dass das Jäger-Korps seit seiner Gründung im Jahr 1961 noch kein einziges Mal in ein Kriegsgebiet geschickt worden war. Die Einheit war noch nie zum Einsatz gekommen, und im Alltag verbrachten wir unsere Zeit mit halbmilitärischen Sportarten wie Pentathlon, Triathlon, Orientierungsläufen und Fallschirmspringen. Und dann gab es das allgemeine Training und die Übungen. Wir nahmen in Deutschland, England, Belgien, Holland und Frankreich an Manövern von Spezialeinheiten teil, und diese Übungen waren oft aufregend und realistisch, aber im Überlebenstraining wurde mir klar, dass unsere Aufgabe eigentlich nur darin bestand, für den Fall der Fälle bereitzustehen.

Das wurde mir vollkommen klar, als ich einen Vortrag von Andy McNab hörte, der im ersten Golfkrieg in Kuwait gegen Saddam Husseins Truppen gekämpft hatte. Er wurde später mit dem Buch *Bravo Zero Two* bekannt, in dem er seine Erlebnisse in der »Operation Desert Storm« schilderte. Für mich hatte das Leben eines Berufssoldaten nur Sinn, wenn er auch zum Einsatz kam. Das war ein zentraler Bestandteil der Identität eines Soldaten.

Nur im Einsatz würden unser Können, unsere mentale Stärke und unser Charakter tatsächlich gefordert werden. Und ich wollte gefordert werden. Ich wollte in exotischen, fernen Ländern an geheimen Kommandoaktionen hinter den feindlichen Linien teilnehmen. Ich wollte mich im Schutz der Dunkelheit an das Ziel anschleichen und es in die Luft sprengen. Ich wollte die gefährlichsten, aufregendsten und schwierigsten Herausforderungen bewältigen, die das Leben zu bieten hatte. Aber es hatte nicht den Anschein, als würde irgendetwas davon in absehbarer Zeit geschehen.

Nachdem ich 13 Jahre fast täglich gekämpft hatte, um an diesen Punkt zu gelangen, musste ich feststellen, dass mein Leben überhaupt nicht so war, wie ich es mir erhofft hatte. Ich hatte das Gefühl, dass ich keine Chance erhalten würde, meine Grenzen weiter hinauszuschieben.

Es war sehr enttäuschend. Deprimierend. Es war ein Absturz. Ich verlor jegliche Motivation – und entschloss mich, mir eine andere Herausforderung zu suchen.

Bis dahin hatte ich nie über Alternativen zum Jäger-Korps nachgedacht. Ich hatte das Militär satt und war überzeugt, dass ich nie wieder eine Uniform tragen wollte. Also nutzte ich meine zivile Ausbildung und mein Gehalt als Soldat, um in der ersten Jahreshälfte 1993 verschiedene Wirtschaftskurse zu belegen. Obwohl ich noch nicht so recht wusste, was ich mit dieser Ausbildung überhaupt machen wollte. Es war eine vollkommen neue Situation für mich, kein klares Ziel zu haben.

Also beschloss ich, meinen kreativen Neigungen nachzugehen. Ich kaufte mir ein Schlagzeug und eine Fotokamera. Bald begann ich, als Assistent eines angesehenen Fotografen zu arbeiten, und später machte ich mich selbstständig.

Als Fotograf hatte ich Erfolg. Ich verdiente gut, aber ich sehnte mich weiter danach, die Welt zu sehen. Daher entschied ich im Jahr 1995, einen weiteren lang gehegten Traum zu verwirklichen: Ich wollte Spanisch lernen und nach Südamerika gehen. Ich war sicher, dass ich das Essen, das Klima, die Stimmung und die Frauen lieben würde. Also brach ich auf.

Anderthalb Jahre lang zog ich durch Argentinien, Chile, Uruguay und Bolivien, wo ich Fotos für das Modemagazin *Elle* sowie für verschiedene dänische und lokale Zeitschriften und Zeitungen machte.

In dieser Zeit musste ich zahlreiche berufliche und persönliche Herausforderungen bewältigen. Ich wurde Opfer eines bewaffneten Raubüberfalls, bei dem ich meine Uhr loswurde – eine Rolex Submariner, für die ich als Teenager ein Jahr lang an einem Zeitungsstand gearbeitet hatte. Der krankhaft eifersüchtige Exfreund meiner Freundin jagte mich mit einem geladenen Revolver die Straße hinunter. Schließlich gab ich in Santiago mein letztes Geld dafür aus, das gebrochene Bein eines streunenden Hundes operieren zu lassen.

Im September 1997 kehrte ich nach Dänemark zurück und begann, in der Informatikbranche zu arbeiten. Zweieinhalb Jahre lang war ich im Verkauf tätig. Anfangs fand ich die Arbeit interessant und anstrengend. Doch nach einer Weile begann ich, die Spannung und den Trubel, die ich in meinem Alltag in Südamerika und beim Militär erlebt hatte, zu vermissen. Und so beschloss ich an einem Märztag im Jahr 2000 auf dem Weg ins Büro, meinen Job aufzugeben. Ich hatte keine Alternativen und keine Pläne. Ich gehorchte einem Impuls: Ich kam ins Büro, setze das Kündigungsschreiben auf, druckte es aus, legte es meinem Vorgesetzten auf den Tisch und fuhr nach Hause. In den folgenden Wochen verdiente ich mir meinen Lebensunterhalt als Straßenarbeiter. Aber es dauerte nicht lange, bis mein Schicksal erneut in eine andere Richtung gelenkt wurde. Eines Tages fand ich im Briefkasten ein Schreiben der humanitären Minenräumungsorganisation Danish Demining Group.

KAPITEL 5: DIE MÜLLMÄNNER DES KRIEGS

Ich nahm das Angebot an, für die Danish Demining Group (DDG) als Programmleiter in den Kaukasus zu gehen. Mein Bestimmungsort war die an Tschetschenien angrenzende Republik Inguschetien.

Im Frühjahr und Sommer 2000 nahm ich gemeinsam mit mehreren anderen ehemaligen Jägern an einem zehnwöchigen Ausbildungskurs beim Pionierregiment des dänischen Heeres teil. Gemeinsam mit der DDG bildeten mich die Pioniere zum Experten für Minenräumung und Entsorgung nicht explodierter Sprengmittel aus. Am Ende der Ausbildung konnte ich mit einem Minensuchgerät umgehen und wusste, wie wichtig die langsame und extrem langweilige Suche nach verborgenen Sprengsätzen war. Ich konnte zwischen verschiedensten Arten von Panzerminen, Antipersonenminen, Granaten, Bomben und anderen Sprengmitteln unterscheiden. Aber vor allem wusste ich, wie man all diese Waffen zerstören konnte. Die Ausbilder brachten mir bei, was ich brauchte, um ein Müllmann des Kriegs zu werden und in der Dritten Welt einen Beitrag zu den Versuchen zu leisten, das gewaltige Landminenproblem in den Griff zu bekommen.

Ein besonderer Fluch waren Landminen und nicht explodierte Munition für Afghanistan, einige afrikanische Länder, Teile Asiens, des Balkans und des Kaukasus. Die DDG als humanitäre Nichtregierungsorganisation betrieb in all diesen Regionen Minenräumprogramme. Die betroffenen Länder waren (und sind teilweise immer noch) Kriegsgebiete, in denen sich die Minen als furchtbar wirksame Tötungsinstrumente erwiesen,

die nicht nur gegen feindliche Truppen, sondern auch gegen die Zivil-
bevölkerung und ihre Nutztiere eingesetzt wurden. Die Kriege in diesen
Ländern hinterließen auch Granaten und Bomben, die aufgrund techni-
scher Mängel oder infolge einer wenig sachkundigen Handhabung durch
Soldaten nicht explodierten, und jedes Jahr töten oder verletzen diese
Sprengmittel Zehntausende Männer, Frauen, Kinder und Tiere.

Im Kaukasus, wo nordöstlich des Schwarzen Meers Europa an den Mittleren Osten und Asien grenzt, hat das Problem furchtbare Ausmaße angenommen. In der Region leben in kleinen Republiken bis zu 50 verschiedene Völker, die einander nach dem Zusammenbruch der Sowjetunion in
einer nicht enden wollenden Kette von bewaffneten Konflikten bekämpfen. Ethnische Konflikte, Kriegsverbrechen, organisierte Kriminalität und
Terrorismus gehören dort zum Alltag. Viele Leser werden sich noch an
dem Terroranschlag auf die »Schule Nummer 1« in dem nordossetischen
Städtchen Beslan im September 2004 erinnern. Am ersten Schultag drangen etwa 20 tschetschenische und islamistische Aufständische, die mit Kalaschnikows, Panzerbüchsen und Sprengladungen bewaffnet waren, in die
Schule ein und nahmen 900 Schüler als Geiseln. Polizeieinheiten, regu-
läre Armeeeinheiten und Sondertruppen unternahmen einen ungeschick-
ten und chaotischen Befreiungsversuch, bei dem 330 Menschen starben.
Mehr als die Hälfte der Opfer waren Kinder.

Der russisch-tschetschenische Konflikt begann, als die kleine Kaukasus-
republik im Jahr 1991 nach dem Zusammenbruch der Sowjetunion ihre
Unabhängigkeit erklärte. Ein Jahrzehnt lang lieferten sich russische Truppen und tschetschenische Rebellen blutige Kämpfe. Die Russen legten
das Land in Schutt und Asche, töteten Zehntausende Menschen und
verletzten viele mehr.

Ende des Jahres 2000 lagen auf dem Gebiet Tschetscheniens Schätzungen zufolge mehr als eine Millionen Landminen im Boden. Und das in
einer kleinen Republik, die nur etwa so groß ist wie Delaware und weniger als eine Million Einwohner hat.

In keinem anderen Land der Welt sind so viele Menschen Landminen
zum Opfer gefallen wie in Tschetschenien. Allein im Jahr 2002 wurden

dort Schätzungen zufolge fast 5700 Menschen durch Minen getötet oder verwundet, darunter fast 1000 Kinder. Und dazu kommt zweifellos eine große Zahl getöteter und verwundeter Tiere.

Die Antipersonenminen waren das größte Problem für die Bevölkerung, denn die Menschen mussten ihr Leben fortsetzen, obwohl die Felder, Straßen und Wege, auf denen sie sich jeden Tag bewegten, mit Sprengfallen verseucht waren. Die Kinder mussten zur Schule gehen oder Brennholz sammeln, die Bauern mussten die Felder bestellen und ihre Rinder auf die Weiden bringen, und die Frauen mussten auf den Markt gehen. Die Alternative wäre ein Leben ohne das Lebensnotwendige gewesen.

Ideal wäre es gewesen, hätten wir einfach beginnen können, die Minen zu beseitigen, aber im Jahr 2000 war an einen systematischen Einsatz aufgrund der andauernden Kämpfe zwischen tschetschenischen Aufständischen und russischen Besatzungstruppen nicht zu denken. Es waren mehr als 100 000 russische Soldaten in dem kleinen Land stationiert, vor allem in der Hauptstadt Grosny und Umgebung. Also beschränkte sich die DDG darauf, in Zusammenarbeit mit der Dänischen Kirchenhilfe und Spenden der Vereinten Nationen, der EU, der dänischen Entwicklungsagentur DANIDA, einer schwedischen Hilfsorganisation namens SIDA und anderen Einrichtungen eine Informationskampagne zu starten, um die Zivilbevölkerung darüber aufzuklären, wie sie sich am besten vor den Minen schützen konnte.

Dies war das Programm, das ich von Nasran in der Nachbarrepublik Inguschetien aus leiten sollte. Inguschetien ist die kleinste und ärmste der Kaukasusrepubliken. Auf einer Fläche von 3600 Quadratkilometern leben weniger als eine halbe Million Menschen. Neben den Inguschen leben mehrere Hunderttausend tschetschenische Flüchtlinge in über das Land verstreuten Lagern. Vor allem diese Menschen sollten wir über die Gefahren der Minen und anderer nicht explodierter Sprengmittel aufklären.

Auf der Reise nach Nasran machte ich einen mehrtägigen Zwischenstopp im großen, kalten Moskau, wo ich feststellte, dass die meisten Moskowiter wenig für die Völker des Kaukasus übrig haben. Sie halten diese Menschen allesamt für Terroristen und Kriminelle, was teilweise damit zu tun hat, dass ein Teil der russischen Mafia seinen Ursprung im Kaukasus hat. Das erhöhte in meinen Augen nur den Reiz der Aufgabe, die mich in den folgenden sechs Monaten beschäftigen würde. Außerdem würde ich mit einem anderen ehemaligen Jäger namens Peter Correl zusammenarbeiten. Wir hatten den Minenräumungskurs gemeinsam absolviert und würden das Programm gemeinsam leiten.

Aufgrund der schlechten Sicherheitslage in Inguschetien verlangte die DDG, dass wir Personenschutz genossen. Vier örtliche Polizeibeamte sollten als Leibwächter unsere Sicherheit auf dem Weg zur Arbeit und auf dem Heimweg oder bei unseren Ausflügen in die Umgebung und in die Flüchtlingslager garantieren. Die Region wurde von Banden unsicher gemacht, die zwischen 1996 und 1999 etwa 1300 Menschen entführt hatten. Viele dieser Menschen waren nie zurückgekehrt, weil das Lösegeld nicht bezahlt worden war. Im Jahr 2009 wurden noch immer etwa 500 Entführungsopfer in Erdlöchern und dunklen Kellern gefangen gehalten. Besonders gefährdet sind Besucher aus dem Westen, die hohe Lösegeldeinnahmen versprechen und im Kaukasus nur als »wandelndes Geld« bezeichnet werden. Viele westliche Journalisten und Mitarbeiter von Hilfsorganisationen wurden von Verbrecherbanden oder der heimischen Mafia verschleppt. Einer der bekanntesten Fälle ist der von Camilla Carr und ihrem Freund Jon James, die in Grosny ein Rehabilitationszentrum für vom Krieg traumatisierte Kinder eröffnen wollten. Drei Monate nach ihrer Ankunft in der tschetschenischen Hauptstadt wurden sie von tschetschenischen Rebellen entführt. Im Verlauf ihrer 14-monatigen Geiselhaft wurden sie gefoltert, und Carr wurde wiederholt vergewaltigt. Schließlich wurden sie gegen Zahlung eines Lösegelds freigelassen. Sowohl die britische als auch die russische Regierung bestreiten, das Lösegeld bezahlt zu haben. Es gibt die Vermutung, der in London ansässige russische Magnat Boris Beresowski habe die Entführer ausgezahlt.

Auf diese Bedingungen musste ich mich einstellen, als ich an einem Oktoberabend im Jahr 2000 am Moskauer Flughafen Domodedowo an

Bord eines Flugzeugs ging, das mich nach Nasran bringen würde. Der Flughafen war vollkommen eingeschneit, und die Maschine musste eine Stunde auf die Starterlaubnis warten. Als der Kontrollturm grünes Licht gab, torkelte der sichtlich angetrunkene russische Pilot an Bord, der eine massige Pelzmütze auf dem Kopf trug. Meine schlimmsten Befürchtungen über die russischen Inlandsflüge bestätigten sich. Meine Nervosität wuchs noch, als die kleine Tupolew dröhnend über die Startbahn rumpelte und Plastiktüten aus den Gepäckfächern fielen, während korpulente russische Frauen ungerührt in bunten Zeitschriften blätterten.

Wenige Tage nach meiner Ankunft fand ich mich bereits gut in meinem neuen Job zurecht. Ich rüstete mein kleines Büro mit einem Computer und einem Drucker aus, und obwohl es mir schwerfiel, die Internetverbindung zum Laufen zu bringen, konnte ich mit der Arbeit beginnen.

Nun war nur noch eine Kleinigkeit zu erledigen: Ich musste den Menschen in Inguschetien wirksame humanitäre Hilfe leisten.

In einem Unterrichtsraum, der direkt an mein Büro grenzte, schulte ich meine knapp 20 örtlichen Mitarbeiter.

Sie waren allesamt Tschetschenen. Die meisten waren Frauen zwischen 20 und 40 Jahren. Es gab auch zwei Männer Anfang 20. Fast alle hatten sie in den vergangenen zehn Jahren traumatische Erfahrungen in dem Krieg gemacht, der ihr Heimatland verwüstete.

Sie lebten in den umliegenden Flüchtlingslagern und hatten Ehemänner, Ehefrauen, Kinder oder Eltern im Krieg verloren. Ihre Angehörigen waren getötet worden oder einfach verschwunden. Trotzdem – oder vielleicht gerade deshalb – gingen sie mit großem Einsatz an die Aufgabe heran, die Bevölkerung über die Gefahr der Minen aufzuklären.

Ihr Gehalt war gemessen an den örtlichen Maßstäben hoch, und sie wollten unbedingt alles lernen, was sie wissen mussten, um ihre Landsleute vor Gefahren schützen zu können.

Ich nahm Kontakt zu den Flüchtlingslagern, zu Schulen und öffentlichen Einrichtungen auf, um die Aufklärungskampagne zu koordinieren.

Wir stellten auch kleine mobile Lehrerteams zusammen, die jeweils für eine Woche durch die Region reisen und die Bevölkerung unterweisen sollten. Die Arbeit war gefährlich, denn die Lehrer mussten sich oft in Gebieten bewegen, in denen sich russische Truppen Kämpfe mit tschetschenischen Aufständischen lieferten.

Aber der Aufwand lohnte sich. Die Lehrer erreichten Menschen, die wenig über die Gefahren wussten, die in ihrer Umgebung lauerten. Sie verteilten selbst geschriebene Broschüren und Flugblätter an die Kinder und ihre Familien.

Die Kampagne funktionierte so gut, dass wir mehr Lehrer brauchten. Als sich herumsprach, dass wir zusätzliches Personal aufnahmen, wurden wir mit Bewerbungen überflutet: Männer, Frauen und sogar das eine oder andere Kind waren überzeugt, die ideale Besetzung für diesen Posten zu sein. Peter und ich gerieten fast in Schwierigkeiten, weil unsere Leibwächter begannen, uns ihre Verwandten und Freunde aufzudrängen. Zwei unserer Beschützer wurden aggressiv, als ich ihnen eröffnete, dass ich bereits geeignete Kandidaten gefunden hatte. Sie begannen, mich anzuschreien, und deuteten kaum verhüllt an, unsere Entscheidung könne sich nachteilig auf unsere Sicherheit auswirken. Aber ich hatte noch andere Gründe, um diese Männer, denen ich oft mein Leben anvertrauen musste, im Auge zu behalten.

In Anbetracht der angespannten Sicherheitslage und des hohen Entführungsrisikos konnte ich unmöglich allein das Haus oder das Büro verlassen. Ich wurde ständig von den Leibwächtern begleitet, die mich aber nicht überzeugten. Sie wirkten träge und unmotiviert, ich konnte ihnen unmöglich vertrauen. Sollten Peter und ich je in Schwierigkeiten geraten, würden diese Männer vermutlich eher eine Bürde als eine Hilfe sein, und es konnte keinen Zweifel daran geben, dass sie bei der ersten Gelegenheit Reißaus nehmen würden. Aber für den Augenblick mussten wir diese Bürde mit uns herumschleppen.

Wir wohnten in einer eingezäunten Wohnanlage, die in neuen und vollkommen identischen Häusern die Elite Inguschetiens beherbergte, in einer hübschen Villa. Unser Nachbar war der Präsident, der jeden Morgen in einem gepanzerten Humvee zu seinem Amtssitz aufbrach, gefolgt von einem schwarzen Wagen voller Leibwächter.

Das Aussehen dieser Anlage passte nicht zu der von Minaretten baufälliger Moscheen überragten Stadt. Nur wenige Straßen der kleinen Hauptstadt waren asphaltiert, und zwischen den heruntergekommenen Häusern liefen Kühe, Hühner und streunende Hunde im Müll herum. In der Nähe unseres Hauses gab es nur wenige Läden, aber auf den zahlreichen Märkten fand man Obst, Gemüse, Fleisch und grundlegende Produkte.

Wir teilten uns das Haus mit dem Dänischen Flüchtlingsrat, der sich aus einer bunt gemischten Truppe aus in- und ausländischen Mitarbeitern zusammensetzte.

Da war der Pole Kristof, der mit einer Dänin verheiratet war und fließend Dänisch sprach. Er war Mitte 40 und mit wirkte seinem langen grauen Haarschopf wie ein unverbesserlicher Altachtundsechziger. Er war ursprünglich Architekt gewesen, arbeitete aber schon seit Jahren für Hilfsorganisationen und leitete die Bauvorhaben in den Flüchtlingslagern. Er war sowohl persönlich als auch beruflich offen und geradlinig, und ich mochte ihn.

Dann war da Henrique, ein freundlicher, ruhiger und höflicher Franzose, der für die Logistik in den Lagern zuständig war.

Und da war Kharon, ein gedrungener tschetschenischer Heißsporn, der für den örtlichen Personalchef arbeitete. Er war fleißig und ehrgeizig und träumte davon, nach Kanada auszuwandern, wo er sich weiterbilden und mit seiner hübschen Frau und seinem Kind ein neues Leben beginnen wollte.

Wir führten ein isoliertes und sehr eingeschränktes Leben in dem Haus. Für mich war besonders schlimm, dass ich auf mein Lauftraining verzichten musste. Zum Ärger der anderen Bewohner versuchte ich das auszugleichen, indem ich jeden Abend im Treppenhaus auf und ab lief. Aber ich überzeugte meine Mitbewohner davon, dass ich gesund und in guter Form bleiben musste, und schließlich fanden sie sich mit meinen eigenwilligen Trainingseinheiten ab. Ich nahm auch ein wenig Geld aus meinem Budget, um ein paar Hanteln und einen Boxsack zu kaufen, den ich im Keller aufhängte.

Das Haus und die Stadt verließen wir fast nur, um die Flüchtlingslager zu besuchen, wo ich die Lehrer unterstützte und studierte, wie die Flüchtlinge die Information aufnahmen und verinnerlichten.

Der Anblick der Flüchtlinge war niederschmetternd. Es war eine Ansammlung Tausender unterernährter Menschen, die Höllenqualen durchgestanden hatten und seit Jahren in diesen Lagern lebten. Viele Kinder waren dort zur Welt gekommen und kannten kein anderes Leben als das im Lager, wo sich in endlosen Reihen ein Meer von Zehntausenden Zelten erstreckte, zwischen denen schlammige Pfade verliefen. Sechs- bis zehnköpfige Familien lebten zusammengepfercht auf fünfeinhalb Quadratmetern. Die Zelte wurden mit Gasbrennern beheizt und mit ein paar Glühbirnen beleuchtet, die von der Decke hingen. Die Flüchtlinge hatten kaum Habseligkeiten mitnehmen können und besaßen normalerweise nur ein paar Pritschen, einen Tisch und einige Familienfotos, die sie an ihr früheres Leben erinnerten.

Ich besuchte eine Familie, deren zehnjähriger Sohn beim Spielen im Wald hinter dem Hof seiner Eltern beide Arme und ein Auge durch eine Mine verloren hatte. Er konnte nicht allein auf die Toilette gehen oder essen und würde für den Rest seines Lebens vollkommen von seiner Familie abhängen.

Beim Besuch einer anderen Familie sprach ich mit dem Vater, der beide Beine verloren hatte. Als er seine Kuh durch ein Feld geführt hatte, war er auf eine russische Antipersonenmine getreten. Die Kuh verendete, aber der Bauer schaffte es, sich auf den Stümpfen seiner abgetrennten Beine nach Hause zu schleppen. Eine ausländische Hilfsorganisation versorgte ihn mit Prothesen, sodass er jetzt an Krücken gehen konnte.

Die Flüchtlinge waren auf die Hilfe der Vereinten Nationen und ausländischer Hilfsorganisationen wie des Dänischen Flüchtlingsrats angewiesen, die in den Lagern Nahrung verteilten. Aber die täglichen Rationen von Reis, Mehl und Milchpulver genügten gerade, um die Familien am Leben zu erhalten.

Außerhalb der Flüchtlingslager war die Lage nicht besser. Im Verlauf unseres Ausbildungsprogramms in den an Tschetschenien grenzenden Regionen stellten wir fest, dass viele Flüchtlinge bei Verwandten und Freunden in Inguschetien untergekommen waren und auf den Tag warteten, an dem sie in ihre Heimat zurückkehren konnten. Nun hockten diese traurigen Menschen den ganzen Winter über in winzigen Hütten um Holzöfen und warteten.

Eine dieser Familien lud mich in ihre Hütte zu einer Tasse Tee ein. Die Leute hatten viele Kinder, aber der Krieg hatte sie schwer gezeichnet. Die Mutter saß mit einem Stapel Bilder im Schoß da und hielt mir mit Tränen in den Augen ein Foto hin. Es zeigte ihren Bruder und seine Freundin, die beide Ende 20 gewesen waren. Vor zwei Jahren hatten sie eines Morgens das Haus verlassen, um im Dorf arbeiten zu gehen, waren jedoch nicht mehr zurückgekehrt. Die Familie hatte nie wieder etwas von ihnen gehört. Es war klar, dass die beiden von russischen Truppen verschleppt und vermutlich getötet worden waren.

In den Schulen, in denen wir unsere Vorträge über die Gefahren der Minen hielten, gab es weder eine Heizung noch irgendwelche anderen grundlegenden Annehmlichkeiten. Es waren einfache Holzbaracken, in denen sich die Kinder um wenige Tische drängten und der Lehrer außer einer Tafel und Kreide kein Unterrichtsmaterial hatte.

Noch deprimierender waren die Besuche in den Krankenhäusern im Grenzgebiet. Wir hatten mit der UN-Niederlassung in Nasran eine Vereinbarung geschlossen, die vorsah, dass wir Kontakte zwischen den Hilfsorganisationen herstellen und dabei helfen würden, Minenopfer mit Prothesen zu versorgen. Die Krankenhäuser verdienten diese Bezeichnung nicht. Die alten Gebäude waren vollkommen heruntergekommen. Die Fensterscheiben waren oft eingeschlagen und mit Plastikfolien notdürftig abgedichtet, die düsteren Gänge nicht beleuchtet. Die Wände der Toiletten waren mit Exkrementen verschmiert. Die Patienten lagen mit amputierten Gliedern in verdreckten Betten und starrten stumpf an die Decke. Ärzte und Pflegepersonal versuchten, die Patienten mit den wenigen verfügbaren Medikamenten und primitiver Ausrüstung so gut wie möglich zu versorgen. Ich konnte mir nicht vorstellen, dass ein Kranker oder Verletzter einen solchen Ort überleben konnte. Als Jäger hatte ich Entbehrungen ertragen und im Schmutz leben müssen, weshalb ich wusste, wie leicht mangelnde Körperpflege das Immunsystem schädigte. An einem solchen Ort musste ein Mensch unabhängig von seinen Verletzungen oder seiner Krankheit zugrunde gehen.

Gegen Ende des Winters entschloss ich mich, nach Grosny zu fahren. In der vom Krieg verwüsteten Hauptstadt Tschetscheniens liegen mehr Minen und nicht explodierte Sprengmittel herum als an jedem anderen Ort im Kaukasus. Ich wollte dort Kontakt zu einigen Schulen aufnehmen, die trotz des Kriegs immer noch arbeiteten, um ein Aufklärungsprogramm in Grosny zu organisieren.

Es war ein gefährliches Unterfangen. In der Stadt, die von den russischen Besatzern in eine Ruinenlandschaft verwandelt worden war, leisteten immer noch Rebellen Widerstand. Tagsüber rückten die Russen aus ihren Stützpunkten aus und errichteten am Stadtrand Hunderte Straßensperren, um jeden zu bestrafen, der ein Aufständischer sein konnte. In der Stadt versteckten sich Widerstandskämpfer und Zivilisten vor den russischen Scharfschützen und den Granaten, die unablässig auf sie herabregneten.

Bei Einbruch der Nacht kehrte der Großteil der 80 000 russischen Soldaten auf ihre Stützpunkte zurück. Dann kamen die Aufständischen im Schutz der Dunkelheit aus den Kellern, um Sprengfallen und Minen in den Straßen der Stadt zu verstecken.

Dieser verdeckte Krieg kostete zwischen 1999 und 2002 4700 russische Soldaten das Leben. Die Zahl der Toten auf tschetschenischer Seite hängt davon ab, wer sie zählt. Die Russen behaupten, in den beiden Tschetschenienkriegen seien seit 1994 45 000 Menschen getötet worden, während tschetschenische Vertreter, darunter der bekannte Exilpolitiker Achmed Sakajew, von 250 000 getöteten und fast ebenso vielen vermissten Menschen ausgehen.

Meine Leibwächter mussten mich natürlich nach Grosny begleiten, was sie nicht sehr glücklich machte. Ich bezweifelte, dass sie im Notfall ihr Leben riskieren würden, um mich zu verteidigen. Deshalb war es mir durchaus recht, dass sie darauf bestanden, uns unter den Schutz einer russischen Spezialeinheit zu stellen.

Am Reisetag saß ich mit einer kugelsicheren Weste an der Seite von drei großen, schweigsamen Russen mit automatischen Waffen auf dem Rücksitz eines Geländewagens, während meine Leibwächter in ihrem Auto sichere Distanz hielten.

Die Fahrt von Nasran nach Grosny dauerte einige Stunden, und wäre Tschetschenien nicht vom Krieg zerstört gewesen, so wäre die Landschaft durchaus malerisch gewesen. Wir fuhren an Feldern, Flüssen und Wäldern vorbei, und im Süden erhob sich eine imposante Gebirgskette, die vom 5600 Meter hohen Elbrus überragt wurde.

Aber das Land war völlig ausgebombt, und an den Zäunen der Felder waren kleine rote Schilder mit Totenköpfen darauf angebracht. Sie warnten vor Minen. Auf einem Feld sah ich den Kadaver einer Kuh, deren hintere Hälfte weggesprengt worden war. Später fuhren wir an zwei vollkommen zerfetzten Hunden vorbei. Es war ein niederschmetternder Anblick.

Alle paar Kilometer mussten wir an einer russischen Straßensperre halten, wo hinter Betonmauern Schützenpanzer standen.

Als wir in der Nähe von Grosny einen Checkpoint passiert hatten, eröffnete ein BMP-Panzer mit seinem 7,62-mm-Maschinengewehr das Feuer. Wir konnten nicht sehen, was der Schütze ins Visier genommen hatte, aber der Russe, der am Steuer des Wagens saß, trat klugerweise sofort aufs Gas. Als wir uns dem Stadtzentrum näherten, bot sich uns ein furchtbarer Anblick. Die Stadt sah viel schlimmer aus, als ich mir hatte vorstellen können. Es war ein unwirkliches Bild des Elends und der Auslöschung. Nie hat das Wort »Geisterstadt« einen Ort besser beschrieben. Sämtliche Häuser, Bauwerke und Straßen waren vollkommen zerstört. Die Stadt wirkte verlassen. Ich sah nur vereinzelt Menschen, die mit Einkaufstaschen aus den kleinen Läden kamen, in denen sich die Bevölkerung mit dem Nötigsten versorgen konnte.

Die Trostlosigkeit schien sogar die russischen Soldaten zu lähmen, die in einer Vielzahl von unterschiedlichen Uniformen an ihre Panzerfahrzeuge gelehnt herumstanden. Sie wirkten nicht so diszipliniert und angespannt, wie man es in einem Kampfgebiet erwarten würde. Sie schienen mir nachlässig und apathisch.

»Das hier Zentrum!«

Seit unserer Abfahrt waren dies die ersten Worte, die ich aus dem Mund des ranghöchsten russischen Elitesoldaten hörte. Wir hielten an einem großen Platz. Anscheinend waren wir im Stadtzentrum angekommen und konnten aussteigen. Die beiden anderen Soldaten bezogen augenblicklich Rücken an Rücken Position. Meine Leibwächter blieben in sicherer Distanz bei ihrem Auto stehen. Sie schienen sich nicht wohl in ihrer Haut zu fühlen. Dann nahm einer von ihnen seinen Mut zusammen und kam herüber, um mich zu fragen, ob er ein Foto machen dürfe. Ich hatte nichts dagegen.

Die russischen Elitesoldaten fühlten sich an diesem Ort nicht wohl. Wir stiegen rasch wieder in die Autos und fuhren weiter zu den Schulen, die ich besuchen wollte.

Auf zahlreichen Umwegen erreichten wir schließlich die erste Schule, wo uns eine grauhaarige und gebrechliche alte Frau in Empfang nahm. Sie war so etwas wie die Schulleiterin. Sie musterte mich misstrauisch, offensichtlich schien es ihr unglaublich, dass ich an diesen Ort gekommen war. Wer war dieser Fremde, der aus heiterem Himmel in Begleitung schwer bewaffneter Soldaten in ihrer Schule auftauchte und Hilfe anbot? Mit Unterstützung eines Dolmetschers erklärte ich ihr, was ich vorhatte. Es schien ihr zu gefallen, dass wir die 100 Kinder unterrichten wollten, die ihre Schule besuchten. Ich vereinbarte mit ihr, wie viele Lehrer ich schicken würde. Aber ich machte ihr klar, dass wir die Kurse nur an den vereinbarten Tagen abhalten konnten, wenn alles wie geplant funktionierte. So mussten die Dinge im Krieg laufen. Die Schulleiterin verstand das und dankte mir für den Besuch.

Als der Abend näher rückte, gaben mir die drei wortkargen Russen zu verstehen, dass es an der Zeit sei, nach Inguschetien zurückzukehren. Also machten wir uns auf den Rückweg. Einmal mehr machten wir an zahlreichen russischen Kontrollposten halt. Meine Begleiter wirkten jetzt aufgekratzter. Der Soldat, der am Steuer saß, drehte sich um und grinste mich breit an. In seinem Mund schimmerte ein Goldzahn. Er signalisierte mir mit einer Geste, dass es an der Zeit war, einen zu heben. Die Soldaten an den Kontrollposten waren alle betrunken.

Als wir die Geisterstadt hinter uns gelassen hatten, sah ich mich ein letztes Mal um. Ich hoffte, nie wieder einen so trostlosen Ort besuchen zu müssen.

Im Frühjahr setzten wir unsere Arbeit in den Flüchtlingslagern, Schulen und öffentlichen Einrichtungen fort. Peter und ich hatten das Gefühl, dass unsere Arbeit gut vorankam. Wir waren überzeugt, dass wir tatsächlich etwas verändern konnten. Tatsächlich lief das Programm so gut, dass wir eine Mitarbeiterin zu unserer Nachfolgerin ernannten, da wir bald nach Dänemark zurückkehren mussten.

Aber bevor wir aufbrachen, mussten wir eine weitere kaukasische Prüfung bestehen. Besser gesagt, Peter musste sie bestehen.

Eines Morgens wachte er auf und stellte fest, dass eine Gesichtshälfte gelähmt und gefühllos war. Er sah furchtbar aus. Wir riefen einen Arzt, der in einem alten, an einen Leichenwagen erinnernden Krankenwagen vorfuhr. Die rote Lampe auf dem Dach drehte sich langsamer als der Minutenzeiger meiner Uhr. Ein kleiner Mann, der eine riesige Pelzmütze auf dem Kopf trug und in einem schmuddeligen weißen Kittel steckte, betrat das Wohnzimmer. In seinem Mund glänzten Goldzähne, und nach wenigen Augenblicken stellte er eine Diagnose, von der ich noch nie gehört hatte. Er holte eine Spritze von der Größe eines Küchenmessers aus seinem Arztkoffer und jagte sie Peter in den Hintern. Mein Freund wurde augenblicklich bewusstlos. Da wir vom inguschischen Gesundheitssystem nicht allzu viel erwarten durften, stiegen Peter und ich am nächsten Tag in ein Flugzeug, das uns nach Dänemark brachte. Dort stellten die Ärzte fest, dass er an einer idiopathischen Fazialisparese litt, einer durch eine Herpesinfektion verursachten Funktionsstörung des Gesichtsnervs. Ich war froh, dass wir sofort heimgekehrt waren, denn wie sich herausstellte, musste die Lähmung innerhalb von 72 Stunden behandelt werden, da sonst das Risiko bleibender Schäden bestand. Peter erholte sich nach wenigen Wochen.

Ich kehrte sofort nach Inguschetien zurück, um die neue Programmleiterin einzuweisen. Ihr Name war Elena. Sie war sehr glücklich darüber, unsere Nachfolge anzutreten. Ich meinerseits war froh, diesem Teil der Welt den Rücken kehren zu können, und freute mich darauf, heimzukehren und den dänischen Frühling zu genießen. Ich würde wieder in den Parks von Kopenhagen joggen. Ich würde mich wieder frei bewegen können. Und ich würde wieder hübschen Däninnen in knappen Frühlingsoutfits begegnen und mir hin und wieder ein kaltes Bier gönnen.

Doch mein Frühling in der Heimat war nur ein kurzes Vergnügen, denn die Danish Demining Group bot mir kurz darauf schon wieder einen Job an. Diesmal sollte ich mich an der Minenräumung in Afghanistan beteiligen. Ich nahm das Angebot bereitwillig an.

KAPITEL 6: 2001 IM MITTELALTER

Als ich im April 2001 auf dem Weg nach Afghanistan am Flughafen Islamabad für einen Zwischenstopp aus einer Boeing 777 von British Airways stieg, lief ich gegen die feuchtheiße Nachtluft wie gegen eine Ziegelmauer. Ich war erschöpft von einer langen Reise in Gesellschaft lärmender und lästiger Passagiere und freute mich darauf, endlich ins Bett zu kommen. Nachdem ich eine Stunde lang auf mein Gepäck gewartet hatte, bahnte ich mir einen Weg durch eine Horde brüllender Taxifahrer, die beim Anblick eines Westlers Geld rochen. Ich brauchte kein Taxi. Der Fahrer der DDG wartete auf mich. Haschim war ein schmächtiger Mann mit rundem Gesicht und Schnurrbart, der mich freundlich begrüßte und mein Gepäck in den nagelneuen Mazda des Büros wuchtete.

Auf der Fahrt zum Büro der DDG, die ihren Sitz in einer Wohngegend im Sektor F-6 im Norden der Hauptstadt hatte, kamen wir im Zentrum am Hotel Marriott vorbei. Es war hell beleuchtet und wirkte friedlich. Haschim erzählte mir vom ausgezeichneten Büffet im Marriott. Ich sah den Umriss der großen Faisal-Moschee, der sich vom Nachthimmel abhob. Beim Anblick dieses düsteren Gebäudes musste ich daran denken, was mich wohl in Afghanistan erwartete. Ich freute mich auf die neue Herausforderung. Die Zeit im Kaukasus war spannend gewesen, aber Afghanistan, das ich nur aus Büchern und Erzählungen kannte, schien noch mehr unter der Gewalt zu leiden.

Afghanistan war stets ein Schlachtfeld für die Großmächte. Der Krieg ist Teil der afghanischen Kultur, sei es, dass gegen einen rivalisierenden Clan oder gegen die Invasionsarmeen von Imperien wie Persien, Großbritannien oder zuletzt der Sowjetunion gekämpft wird.

Im April 1978 übernahm die Kommunistische Partei Afghanistans mit einem Staatsstreich die Macht und benannte das Land in Demokratische Republik Afghanistan um. Die Kommunisten gaben den Frauen das Wahlrecht, verboten Zwangsheiraten und ersetzten die islamischen Gesetze durch säkulare, marxistisch inspirierte Gesetze. Viele Afghanen hatten das Gefühl, die Machthaber seien von westlichen Wertvorstellungen infiziert, und waren empört darüber, dass die traditionellen islamischen Werte aufgegeben worden waren. Tausende flüchteten aus den Städten in die Berge, um sich den Widerstandskämpfern anzuschließen, die in den heiligen Krieg gegen das kommunistische Regime zogen.

Der Sowjetunion gefiel der Widerstand gegen ihre Marionettenregierung natürlich nicht, und zu Weihnachten 1997 landeten sowjetische Fallschirmjäger auf »Einladung« der afghanischen Regierung in Kabul. Ihre Mission war es, die Kommunisten im Kampf gegen die aufständischen Gotteskrieger, die Mudschahedin, zu unterstützen. In den folgenden Jahren verstrickten sich die Sowjets in einen brutalen Krieg mit den Aufständischen, die sich als fähige und harte Widersacher erwiesen. Obwohl die Russen Bomber, Kampfhubschrauber, Panzer, Napalm und chemische Waffen einsetzten, brachten die Mudschahedin bis 1982 drei Viertel des afghanischen Territoriums unter ihre Kontrolle.

Da sie gegen die Sowjetunion kämpften, erhielten die Mudschahedin finanzielle und materielle Hilfe von der CIA und Pakistan. Unter anderem lieferten die Amerikaner ihnen Stinger-Luftabwehrraketen. Dadurch konnten sie sich endlich gegen die russischen HIND-Hubschrauber wehren, mit denen die Russen ganze Landstriche entvölkert hatten. Auch Saudi-Arabien unterstützte die sunnitischen Glaubensbrüder in Afghanistan. Der vielleicht berühmteste Sponsor der Mudschahedin war jedoch ein reicher Saudi namens Osama bin Laden, der mit Unterstützung der USA Geld und Waffen schickte. Im Jahr 1988 gründete bin Laden die Organisation al-Qaida, um den Kampf gegen die Ungläubigen in die ganze Welt zu tragen.

Im Februar 1989 gestanden die Russen ein, dass es ihnen nicht gelingen würde, den Widerstand der Afghanen zu brechen, und zogen ihre Truppen aus dem Land ab. Sie hinterließen Hunderttausende Tote, Millionen Landminen und einen schwelenden Bürgerkrieg zwischen den afghanischen Kriegsherren. Drei Jahre später brach das kommunistische Regime zusammen, aber der Krieg dauerte noch weitere vier Jahre. Im Krieg gegen die Sowjets war in den Flüchtlingslagern in Pakistan eine neue, fundamentalistische Gruppe entstanden: die Taliban. Diese strenggläubigen, asketischen Islamisten wurden von dem Kriegsveteranen Mullah Mohammed Omar geführt und setzten sich im Jahr 1996 im Bürgerkrieg gegen die zerstrittenen Mudschahedin durch.

Sofort nach der Machtergreifung führten die Taliban das islamische Recht in seiner drakonischsten Form ein. Die Scharia schreibt vor, einem Dieb eine oder beide Hände abzuhacken. Steinigungen wegen Ehebruchs oder Hinrichtungen am Galgen wegen Kritik an den Taliban waren an der Tagesordnung. Von nun an durften die Afghanen keine weißen Socken mehr tragen, denn die Flagge der Taliban war weiß. Fernsehen, Bilder und Musik wurden verboten, die Mädchenschulen wurden geschlossen, und Frauen durften nicht mehr arbeiten, eine Ausbildung machen oder ohne Begleitung eines männlichen Verwandten das Haus verlassen. Sie mussten blaue Burkas tragen, die sogar ihre Gesichter und Augen verschleierten. Oft wurden Frauen in Krankenhäusern nicht behandelt, weil sie sonst in Kontakt mit männlichen Ärzten hätten kommen können. Kinder durften keine Drachen mehr steigen lassen, und für Männer war es Pflicht, einen Bart von einer gewissen Länge zutragen.

Trotz all dieser bizarren und unmenschlichen Eingriffe in das gesellschaftliche Leben betrachteten viele Afghanen die Machtergreifung der Taliban wohlwollend, denn endlich brachte jemand Gesetz und Ordnung in dieses vom Krieg zerrissene Land. Nur im Nordosten Afghanistans stießen die Taliban auf ernsthaften Widerstand der Allianz des Nordens. International stand das Regime unter Druck. Nur drei Länder erkannten die Taliban an: Pakistan, Saudi-Arabien und die Vereinigen Arabischen Emirate. Die übrige Welt lehnte die Herrschaft der Taliban entschieden ab. Die Vereinigten Staaten glaubten, dass die Taliban auf ihrem Territorium Ausbildungslager für radikalislamische Terroristen duldeten. Eines dieser Lager betrieb Osama bin Laden, den die US-Regierung beschuldigte, hinter zwei verheerenden Bombenanschlägen auf die amerikanischen Botschaften in Kenia und Tansania im August 1998 zu stecken, bei denen 224 Menschen getötet und 5000 verletzt worden waren.

Dieses Land und diese Herrscher sollte ich im April 2001 kennenlernen. Ich blickte der Begegnung mit den Taliban beunruhigt entgegen, denn ihr Weltbild wirkte auf jemandem, der im liberalen Dänemark aufgewachsen war, vollkommen fremd und unwirklich. Jetzt würde ich mich an das Leben unter einer fundamentalistischen Diktatur anpassen müssen, die sich auf die extremste denkbare Auslegung uralter islamischer Gesetze stützte. Aber ich hatte durchaus Hoffnung. Meine Stimmung wurde noch besser, als ich in der DDG-Villa in Gesellschaft meines alten Freunds Johan Færch frühstückte, der gemeinsam mit mir zum Jäger ausgebildet worden war. Am ersten Tag der Grundausbildung im Jahr 1990 war Johan aufgefallen, da er unter den 90 Anwärtern als einziger eine blaue Marineuniform trug und beim Morgenappell mit einem dröhnenden Seemannsgruß antwortete, als sein Name aufgerufen wurde. Dieser herausragende Jäger und ich wurden enge Freunde. Mehrere Jahre lang waren wir praktisch unzertrennlich. Es gab mir Sicherheit, Johan in der ersten Zeit in dieser fremden Umgebung an meiner Seite zu haben. Er arbeitete seit einem halben Jahr als technischer Berater für das Minenräumprogramm der DDG, wollte jedoch nicht länger von seiner Frau und seinem kleinen Sohn getrennt sein, weshalb er sich zur Heimkehr entschlossen hatte. Ich war geschickt worden, um ihn zu ersetzen, und fürs Erste würde ich unter seiner Anleitung Minenräumaktionen durchführen und mich mit der afghanischen Belegschaft bekannt machen.

Johan hatte die Reise nach Afghanistan schon viele Male gemacht. Wir entschlossen uns, mit dem Auto zu fahren. Da der Flughafen der Hauptstadt in erbärmlichem Zustand war und die Fluglinien Terroranschläge fürchteten, gab es keine regulären Flüge nach Kabul. Die Vereinten Nationen flogen die Stadt einmal in der Woche an. Aber es war schwer, einen Platz in dieser Maschine zu ergattern, und die Tickets waren sehr teuer. Außerdem hatte eine zehnstündige Autofahrt durch eines der unzugänglichsten Gebiete der Welt beträchtlichen Reiz. Johan wusste aus Erfahrung, dass diese Fahrt dem Auto und dem Mann am Steuer sehr viel abverlangen würde, aber zum Glück wusste er auch, wie man das Auto richtig packte und vorbereitete. Zur Sicherheit nahmen wir Werkzeuge, mehrere Ersatzreifen, zusätzliche Stoßdämpfer, ein Radio mit großer Reichweite, Benzin, Wasser und Nahrungsmittel mit. Der Land Cruiser war gerade einmal sechs Monate alt. Nach einigen Reisen zwischen Islamabad und Kabul war er jedoch schon vollkommen zerkratzt und zerbeult und wirkte, als hätte er schon viele Jahre auf dem Buckel.

Wir fuhren in nordöstlicher Richtung nach Peschawar, das an weitläufige, gesetzlose Stammesgebiete grenzt. Diese Region, die sich entlang der afghanischen Berge erstreckt, stand angeblich unter Kontrolle der pakistanischen Regierung, aber die Bevölkerung der Stammesgebiete ernährte sich von Schmuggel, Verbrechen und der Produktion aller möglichen Waffen.

Die asphaltierte Straße nach Peschawar zog sich durch üppige Felder, aber als wir in die Ausläufer des Gebirges fuhren, um den Chaiber-Pass zu überqueren, wurde die Fahrbahn unebener und die Landschaft karger. Als wir uns der afghanischen Grenzstadt Torcham näherten, mussten wir unseren Weg auf einer schmalen, gewundenen Schotterstraße fortsetzen. Der Verkehr war sehr verwirrend. Pakistan hatte die Verkehrsregeln von der früheren Kolonialmacht Großbritannien übernommen, weshalb die Autos in der linken Spur fuhren. Doch jetzt kamen uns viele Autos aus Afghanistan entgegen, wo auf der rechten Seite gefahren wird, und die Verkehrsteilnehmer waren sich nicht einig, welche Seite die richtige war. Autos, Motorräder, Busse, Lastwagen und pakistanische Armeefahrzeuge fuhren auf beiden Seiten hupend an uns vorbei. Vor allem die Fahrer der heruntergekommenen und überladenen pakistanischen Lastwagen – viele dieser farbenfroh geschmückten Fahrzeuge, die als »Bimmellaster« bezeichnet wurden, waren alte englische Bedfords – fuhren wie Wahnsinnige und schienen keine Furcht vor dem Tod zu kennen.

Wir trafen in Torcham ein, das eher wie ein Grenzposten als wie eine richtige Stadt wirkte. Der einzige Hinweis darauf, dass wir die Grenze erreicht hatten, war ein Torbogen, der sich über die Straße spannte. Ich hatte schon in Russland und im Kaukasus Erfahrungen mit einer bürokratischen Unordnung gemacht, aber dieser Ort war der Inbegriff des unvernünftigen, beinahe komischen organisatorischen Chaos. Der geschlossene Grenzübergang war von einer wütenden Menge umringt, Hunderte Autos standen in ungeordneten Schlangen vor dem Tor. Die Fahrer schrien durcheinander und brüllten die Grenzbeamten an, damit sie sie durchließen. Zwei pakistanische Polizisten schlugen mit ihren Knüppeln auf die aufdringlichsten Reisenden ein.

Ich beobachtete die Szene in ungläubigem Staunen. Ich war froh, Johan an meiner Seite zu haben, der das schon öfter erlebt hatte. Er stellte den Wagen am Straßenrand ab, nahm seinen Pass und eine Handvoll Dollarscheine aus dem Handschuhfach und forderte mich auf, ihm zu folgen. Wir bahnten uns einen Weg durch die Menge zu einem kleinen Ziegelgebäude beim Tor. Über der Tür hing ein Schild mit der Aufschrift »Passamt«. Da wir die einzigen hellhäutigen Gesichter waren, musterten uns die Umstehenden mit neugierigen Blicken. Ohne eine Sekunde zu zögern ging Johan an der Schlange der wartenden Reisenden vorbei direkt zu dem kleinen Holztisch, an dem wir uns unseren Einreisestempel abholen mussten. Der Beamte, der hinter dem Tisch saß, hob sich durch seine Gelassenheit von den hektischen Menschen ab, die ihn umringten. Er trug einen langen schwarzen Kittel, hatte ein Tuch um den Kopf gewickelt und strahlte eine ruhige Selbstsicherheit aus, die nicht recht zu der Stimmung im Raum passen wollte. Er beugte sich über einen Stapel Papiere. Johan schob ihm unsere Pässe zu, in denen ein paar Geldscheine steckten. Anfangs beachtete er uns nicht. Aber nach etwa einer Minute schob er die Papiere zur Seite, hob den Kopf und sah uns mit fast schwarzen, ausdruckslosen Augen an. Sein Gesicht war teilweise mit einem sorgfältig getrimmten schwarzen Vollbart bedeckt. Er musterte mein glatt rasiertes Gesicht mit unverhohlenem Misstrauen. Schließlich nahm er unsere Pässe, studierte sie genau, legte die Dollarscheine in die Schreibtischschublade und rang sich schließlich dazu durch, den Stempel in die Pässe zu setzen und zu unterschreiben. Er sah uns noch einmal kurz an und schob uns die Ausweise zurück.

Auf dem Rückweg zum Auto murmelte Johan ärgerlich vor sich hin. Ich hatte großes Glück, in der Gesellschaft von jemandem zu reisen, der im Umgang mit den Einheimischen geübt war. Johan stieg in den Wagen, drückte auf die Hupe und bahnte sich vollkommen ungerührt seinen Weg zwischen Kühen und wütenden Männern, die unser Auto mit Tritten und Schlägen malträtierten, bis wir durch das Tor gewinkt wurden.

Unsere erste Station in Afghanistan war Dschalalabad, die zweitgrößte Stadt im Osten Afghanistans und ein Handelszentrum, an dem Papier und landwirtschaftliche Erzeugnisse wie Orangen, Reis und Zucker umgeschlagen wurden. Die Straße war in einem furchtbaren Zustand. Es wäre beschönigend, sie als Schotterstraße zu bezeichnen. Die Schlaglöcher waren tief genug, um ein Rad bis zur Achse zu verschlucken. Gelegentlich begegneten wir alten Toyotas, in denen sich acht oder mehr Personen drängten, die auf dem Dach Möbelstücke, Gepäck und Haustiere beförderten.

Um im afghanischen Straßenverkehr zu überleben, musste sich der Fahrer vollkommen konzentrieren. Daher tauschten Johan und ich während der Fahrt nur die notwendigsten Informationen aus, was mir durchaus recht war. Ich wollte die malerische Landschaft genießen. Wir fuhren an rauschenden Flüssen vorbei, die sich durch grüne Täler schlängelten. Spektakuläre Wasserfälle ergossen sich über flache Ebenen, und kleine Ortschaften lagen inmitten fruchtbarer grüner Felder.

Nachdem wir Dschalalabad hinter uns gelassen hatten, ging es stetig aufwärts nach Kabul, das in 1800 Metern Höhe inmitten des Hindukusch-Gebirges liegt. Johan steuerte den Land Cruiser gekonnt durch den Verkehr, obwohl zwischen der Felswand auf der einen und dem Abgrund auf der anderen Seite der Straße kaum genug Platz für zwei entgegenkommende Autos war. Als wir uns Kabul näherten, häuften sich die Straßenkontrollen. An den Kontrollposten hielten ganz in Schwarz gehüllte Taliban Wache, die mit ihrer bevorzugten Waffe – der AK-47 – auf dem Schoß in Toyota Pick-ups saßen und uns aufmerksam musterten. Auf der Ladefläche stand normalerweise ein altes 14,5-mm-Maschinengewehr russischer Herkunft, das die Posten direkt auf die wartenden Autos richteten. Viele der Taliban waren sehr junge Männer mit schmalen Gesichtern, die von spärlichen Kinnbärtchen bedeckt waren.

An einer Straßensperre wurden wir angehalten. Da wir unter Hunderten Wartenden die einzigen Westler waren, richteten sich alle Augen auf uns. Es war klar, dass den Taliban beigebracht worden war, uns zu hassen: Wir waren Ungläubige aus dem Westen. Sie befahlen uns auszusteigen und durchsuchten den Wagen nach unmoralischen oder verbotenen Dingen wie Musik, Parfüms, Alkohol oder Zeitschriften, in denen nackte Frauen abgebildet waren.

Ein älterer, zahnloser Talib, der anscheinend der Kommandant war, schnappte sich mein Gepäck und begann, meinen persönlichen Besitz mit seinen schmutzigen Händen zu durchwühlen. Offenkundig hoffte er, etwas zu finden, das er beschlagnahmen konnte – vermutlich, um es weiterzuverkaufen. Aber es gab nichts zu finden. Er warf unsere Pässe auf die Vorderbank, machte wortlos kehrt, ging zum Schlagbaum zurück und befahl seinen Leuten, uns durchzulassen.

Auf den letzten 20 Kilometern fiel die Straße zur Hauptstadt hin ab, sodass wir einen großartigen Blick über die Hochebene hatten. Kabul war viel größer, als ich erwartet hatte. Die Behausungen von mehr als zwei Millionen Menschen erstreckten sich über das gesamte Talbecken, das von Bergen umgeben ist. In den Hügeln erstreckten sich die Vororte, die aus kleinen Lehmhütten und trostlosen Plattenbauten bestanden, die die Russen in den 80er-Jahren gebaut hatten. Die meisten Häuser waren verfallen und hatten weder Fenster noch Türen. Sie wirkten verlassen; nur die vor den Fenstern aufgehängte Wäsche und einige verwahrloste Kinder, die zwischen den Wohnblöcken umherliefen, deuteten darauf hin, dass es dort Leben gab.

Der Anblick im Stadtzentrum war nicht viel ermutigender. In den 70er-Jahren war Kabul eine relativ moderne Stadt gewesen. Es hatte Restaurants, Cafés, Eisenbahnen und Kinos gegeben, und am Pool des Hotels Intercontinental, das zu jener Zeit der beliebteste Treffpunkt der Stadt gewesen war, hatten sich Frauen im Bikini gesonnt. Aber Krieg und die Herrschaft der Taliban hatten die Stadt vollkommen zerstört und ihre

Entwicklung rückgängig gemacht. Heute liegt die Lebenserwartung in Afghanistan bei erbärmlichen 46 Jahren, und nur ein gutes Drittel der Einwohner über 15 Jahren kann lesen und schreiben.

Nur im Stadtzentrum waren die Straßen asphaltiert, und die Verwaltungsgebäude wurden mehr schlecht als recht instandgehalten. Alle anderen Gebäude waren beschädigt. Die meisten Häuser wiesen Einschusslöcher auf und waren verlassen. In großen Teilen der Stadt gab es weder Wasser noch Strom, Kanalisation oder Telefonanschlüsse.

In den Straßen stank es nach Harn, Fäkalien und verrotteten Abfällen, und ich sah abgezehrte Männer, die mitten im Verkehr Essenreste vom Boden aßen. Halb nackte Kinder saßen allein auf der Straße und bettelten. Männer zogen kleine Karren zum Markt, wo sie alles irgendwie Brauchbare verkauften.

Abgetrennte Schaf- und Ziegenköpfe lagen mit Fleisch, Wassermelonen, Schrott, Holz und Altreifen in einem ekelerregenden Gemenge auf Schubkarren in der Sonne. Eine ausgemergelte Hündin mit schlaffen Zitzen humpelte auf drei Beinen über die Straße.

Nirgendwo waren Frauen zu sehen, aber zahlreiche Taliban patrouillierten in Pick-ups in den Straßen, um jeden zu attackieren, der sich verdächtig verhielt.

Wir waren etwa zehn Stunden gefahren, aber ich hatte das Gefühl, mehrere Hundert Jahre in die Vergangenheit gereist zu sein. Das Land schien ins Mittelalter zurückgekehrt zu sein. Als wir uns einem großen Kreisverkehr näherten, wurde mir bewusst, dass es tatsächlich ein mittelalterliches Land war: An einem Laternenmast baumelte der Leichnam eines Gehenkten am Strick. Aus einem kreidebleichen Gesicht starrten dunkle, blutunterlaufene Augen. Die Hände waren hinter dem Rücken gefesselt. In der Nähe stand eine Gruppe junger Taliban, die sehr vergnügt wirkten. Sie schienen stolz auf ihr Werk zu sein und begutachteten den Toten wie eine Jagdtrophäe. Andere Männer gingen plaudernd und lächelnd vorüber, ohne die an der Laterne hängende Leiche eines Blickes zu würdigen. Anscheinend war dies ein gewohnter Anblick in dieser Stadt.

»Willkommen in Afghanistan«, sagte Johan.

Kurz darauf erreichten wir das ehemalige Botschaftsviertel Wazir Akbar Khan, wo die DDG ihren Sitz hatte. Man konnte noch sehen, dass dies einmal eine wohlhabende Wohngegend gewesen war: Die europäisch anmutenden Herrenhäuser mit ihren Säulen, Torbögen und weitläufigen Gärten erinnerten an bessere Zeiten. Viele der Häuser waren baufällig, und die Gärten waren vertrocknet und verwildert, aber es gab ein paar Gärten mit grünem Gras und gepflegten Obstbäumen. Das Haus der DDG war eines dieser Häuser, die instandgehalten wurden. Es war ein dreistöckiges weißes Haus. Von der Terrasse aus blickte man in einen von einer zwei Meter hohen Mauer umgebenen Garten, in dem ein Gärtner damit beschäftigt war, den Rasen zu mähen, Blumen einzusetzen und die Apfel- und Orangenbäume zu beschneiden.

Die Danish Demining Group hatte hier ein Büro, weil Afghanistan zu den Ländern mit der größten Dichte von Landminen zählte. Die Russen hatten während der zehnjährigen Besatzungszeit Verteidigungsstellungen, Festungsanlagen und Stützpunkte im ganzen Land errichtet. Rund um all diese Befestigungen hatten sie Minenfelder angelegt. Bei ihrem Abzug hatten sie obendrein große Mengen an Granaten und Bomben zurückgelassen, die entweder nicht zum Einsatz gekommen waren oder nicht wie beabsichtigt explodiert waren. Der Bürgerkrieg, der nach dem russischen Rückzug ausgebrochen war, hatte das Problem nur noch verschärft, und die afghanische Zivilbevölkerung litt sehr unter den Minen. Wie in Tschetschenien wurden auch hier täglich Menschen von Sprengladungen getötet oder verwundet. Jeden Monat wurden in Afghanistan zwischen 250 und 300 Unfälle mit Minen registriert. Man kann nur vermuten, wie viele Fälle nie gemeldet wurden.

Im Jahr 2001 waren etwa 7000 Minenräumer im ganzen Land im Einsatz. Sie leisteten einen großen Beitrag zur Beseitigung des Problems. Sie waren Mitarbeiter von Hilfsorganisationen oder wurden von der UNO eingesetzt, die mit internationalen Geldern Einheimische für diese mühevolle und gefährliche Arbeit ausbildete. Die DDG war im Jahr 2001 im dritten Jahr vor Ort und stellte Minenräumexperten für die Armee der »Müllmänner des Kriegs« bereit.

Sofort nach unserer Ankunft setzten Johan und ich uns mit unserem schwedischen Vorgesetzten Fredrik auf der Terrasse am leeren Schwimmbecken zusammen, um über meine Aufgaben zu sprechen. Es blieb uns nur wenig Zeit, bevor Johan den nächsten UN-Flug nach Hause nehmen würde. Dann würde ich die Verantwortung für die Minenräumung tragen. Wir vereinbarten, dass ich am nächsten Tag das Minenfeld besichtigen würde, das wir zu räumen hatten.

Es war kurz nach sieben Uhr, die Dunkelheit war bereits hereingebrochen, und plötzlich herrschte völlige Stille. Es war nirgendwo ein Auto oder ein Bus zu hören. Da war nichts außer dem fernen Geräusch bellender Straßenhunde. Fredrik erklärte mir, dass die Taliban eine nächtliche Ausgangssperre verhängt hatten. Wer nach sieben Uhr abends das Haus verließ, beging ein schweres Vergehen, für das harte Strafen drohten. War das vielleicht das Verbrechen des armen Kerls gewesen, den ich von der Laterne hatte baumeln sehen?

Obwohl mir der Gehenkte nicht aus dem Kopf ging, hatte ich großen Hunger und genoss das Abendessen, das unser afghanischer Chef zubereitet hatte. Ich trank auch ein geschmuggeltes amerikanisches Bier, bevor ich mich in mein Zimmer im ersten Stock zurückzog und nach der anstrengenden Fahrt erschöpft ins Bett fiel. Das Bellen der Hunde und die Pick-ups der Taliban, die in den Straßen patrouillierten, und die Stimme des Muezzin aus dem Lautsprecher einer nur 50 Meter entfernten Moschee hielten mich nicht davon ab, rasch einzuschlafen.

Am nächsten Morgen brachen wir zum Minenfeld auf, das etwa eine halbe Autostunde entfernt war. Wir fuhren durch die Ruinenlandschaft der südlichen Stadtteile Kabuls. Der ehemals prachtvolle Präsidentenpalast war mit Granaten durchlöchert worden, und große Teile des Dachs fehlten, was jedoch zwei Männer nicht daran hinderte zu versuchen, es mit kleinen Zinnplatten zu flicken.

Das mir zugeteilte Minenfeld erstreckte sich in den Hügeln südlich der Hauptstadt. Die Russen hatten dort Gefechtspositionen angelegt, um Kabul gegen Angriffe aus dem Süden zu verteidigen. Das Minenfeld erstreckte sich über eine Fläche, die etwa die Größe von fünf Fußballfeldern hatte. Etwa ein Fünftel der Sprengsätze waren Panzerabwehrminen, der Rest Antipersonenminen. Wir setzten 150 Mitarbeiter ein, die in sechs Teams arbeiteten. Sie waren an sechs Tagen in der Woche jeweils acht Stunden lang im Einsatz. Jedes dieser Teams wurde von einem Afghanen geleitet. Als ich eintraf, stellte mir einer der Teamleiter sämtliche Mitarbeiter vor. Ich sah in verschwitzte und müde Gesichter. Die meisten von ihnen musterten den bartlosen neuen Vorgesetzten neugierig, aber einige der Jüngeren verhielten sich ein wenig nervös und aufgeregt. Wir Ausländer schienen oft etwas Besonderes für sie zu sein, denn: Wir repräsentierten eine Welt, von der sie nur eine unbestimmte Vorstellung hatten.

Am wenigsten Demut zeigte unser afghanischer Arzt Dr. Koschan, der für den Fall, dass ein Unfall geschah, immer vor Ort war. Wir fanden ihn in unserem Krankenwagen, wo er sich für ein Nickerchen auf die Bahre gelegt hatte. Als Johan die Tür aufriss, fuhr er hoch, sprang von der Bahre, kletterte mit zusammengekniffenen Augen heraus ins Sonnenlicht und streckte mir seine riesige, fleischige Hand entgegen. Seine Finger waren dick wie Bratwürste, und sein Mund schien übervoll von Zähnen. Die Arbeit eines Minenräumers war sehr strukturiert und enorm anstrengend, vor allem in der Gluthitze Afghanistans. Und es war eine gefährliche Arbeit. Lebensgefährlich.

Normalerweise gingen wir so vor: Jedem Team wurde eine Fläche von 50 mal 50 Metern zugeteilt. Die Ränder wurden mit rot bemalten Steinen auf der Seite markiert, auf der das Minenfeld lag, während die Seite, auf der keine Gefahr drohte, mit weißen Steinen gekennzeichnet wurde. Dann wurde jedem Minenräumer eine etwa einen Meter breite Spur zugewiesen. Die Minenräumer trugen eine Schutzweste aus Kevlar und einen Helm, der an der Vorderseite ein Sichtfenster hatte. Nun bewegten sie sich mit den Detektoren vorsichtig in das Feld. Zeigte das Gerät eine Oszillation an, so wurde die Stelle mit einem roten Holzklotz markiert. Dann steckte der Minenräumer langsam ein langes, spitzes Messer in einem Winkel von 30 Grad in die Erde, Zentimeter für Zentimeter. In der Nähe der roten Holzklötze musste er besonders vorsichtig sein und mit kleinen Handrechen und Schaufeln arbeiten, um die Erde rund um die Mine abzutragen. Manche Minen werden schon mit einem Druck von fünf Kilo ausgelöst. Trotz der Schutzweste kann eine Explosion den Minenräumer schwer verletzen oder sogar töten.

Entdeckte einer der Männer eine Mine, so markierte er sie mit einem roten Plastikband. Anschließend gab er diese Spur auf und setzte seine Arbeit anderswo fort. Etwa eine Stunde vor Feierabend wurde die Suche nach Minen eingestellt. Nun wurden Richtladungen über den Minen platziert, untereinander verbunden und alle auf einmal gesprengt. Das war der vergnüglichste Teil der Arbeit, und normalerweise übernahm der Vorgesetzte die Sprengung. An diesem Tag taten Johan und ich es zusammen. Wir verbanden die Zündschnur zwischen den an diesem Tag aufgespürten Minen, platzierten die Zünder und wiesen die Mitarbeiter an, sich in den Bunker zurückzuziehen. Dann riefen wir »Fire in the hole!« und drückten auf den Knopf. Ein tiefer, hohler Knall wirbelte den Sand in der Umgebung des Bunkers auf, und Afghanistan war ein wenig sicherer.

Johan und ich feierten meine erste Minensprengung mit einem Trainingslauf entlang der Schotterstraße, die am Minenfeld vorbeiführte. Das Laufen in der dünnen Höhenluft war anstrengend. Wir waren beide leidenschaftliche Läufer, aber in Kabul waren Sportler nicht gern gesehen. Selbst in dieser verlassenen Gegend mussten wir Hemden und lange Hosen tragen. Seinen Oberkörper und seine nackten Beine zu zeigen war in den Augen der Taliban eine Sünde, und sie hatten überall Augen und Ohren, um dafür zu sorgen, dass ihre mittelalterlichen Gesetze eingehalten wurden.

KAPITEL 7: UMRINGT VON TALIBAN

Ich begann mich an meine neue Tätigkeit und die neue Umgebung zu gewöhnen. Die ersten Wochen waren intensiv gewesen, da ich mich mit neuen Aufgaben und Kollegen vertraut machen musste. Ich verbrachte viel Zeit damit, Berichte für unsere Geldgeber zu schreiben, zu denen die EU gehörte. Ich gestaltete Verfahren, die dem Minenräumungsprogramm der Vereinten Nationen entsprachen.

Ich hatte auch unsere Mitarbeiter kennengelernt. Neben dem Gärtner und dem Koch hatten wir in der DDG-Villa auch ein Hausmädchen, das jedoch ein Mann war – Frauen durften in Afghanistan nicht arbeiten. Wir beschäftigten ein halbes Dutzend Afghanen als Manager, die für die rund 250 einheimischen Mitarbeiter verantwortlich waren, die in kleinen mobilen Sprengmittelentsorgungsteams (Explosive Ordnance Disposal, EOD) nicht explodierte Sprengsätze in der Region entschärften. Dazu hatten wir ein medizinisches Team und Mechaniker, die unsere 20 Fahrzeuge warteten.

Eines Tages, als ich selbst zum Minenfeld hinausfahren wollte, klärte mich mein Chef Fredrik grinsend darüber auf, dass ich vorher im Verkehrsministerium eine Fahrprüfung absolvieren müsse. Um mich ohne Fahrer auf Afghanistans Straßen bewegen zu können, musste ich eine theoretische Führerscheinprüfung ablegen.

Ein wenig skeptisch machte ich mich auf den Weg zum Ministerium, wo ich zu der für Fahrerlaubnisse verantwortlichen Abteilung geschickt wurde. Ich fand das Büro und klopfte an. Niemand antwortete. Also trat ich ein.

Der Raum war dunkel und staubig, nur durch ein winziges Fenster an der Rückwand drang ein wenig Licht. Hinter einem riesigen Schreibtisch sah ich einen kleinen alten Mann mit einem dichten weißen Bart. Er hatte seine knorrigen, faltigen Hände auf den Tisch gelegt und sah mich mit einem feierlichen Blick an. Neben ihm saß ein jungenhafter Assistent, der versuchte, es ihm gleichzutun. Die beiden begrüßten mich mit einem Kopfnicken, und der alte Mann flüsterte seinem Assistenten etwas ins Ohr. Der Jüngere lief zu einer Seite des Raums, wo ein großer Stadtplan hing, der ein grobes Straßensystem zeigte. Der alte Mann drückte auf einen Schalter an der Wand hinter seinem Tisch, und der Plan wurde beleuchtet. Ich kniff die Augen zusammen, um die Details zu sehen. Der Junge kehrte zum Schreibtisch seines Vorgesetzten zurück, der ihm eine weitere Anweisung zuflüsterte. Der Untergebene lief wieder zu der Karte hinüber, zeigte auf einen Kreisverkehr und frage mich in fast unverständlichem Englisch: »Was Sie hier tun?«

Die Frage verwirrte mich ein wenig, aber nach kurzer Überlegung antwortete ich, wenn es einen Polizisten gab, der den Verkehr regelte, würde ich auf seine Anweisungen warten. Wenn nicht, so würde ich die Vorfahrt der im Kreisverkehr befindlichen Autos beachten und mich einordnen.

Der Junge schaute zur Decke, als müsse er gründlich über meine Antwort nachdenken, und lief anschließend zu dem alten Mann hinüber, der ein Gesicht machte, als würde er gleich vor Neugierde platzen. Sie flüsterten eine Weile, und dann verzog der Alte den Mund zu einem Lächeln, wobei ein einziger Zahn zum Vorschein kam. Er drückte auf einen Knopf, und über dem Tisch leuchtete eine grüne Lampe auf.

Anscheinend hatte ihn meine Antwort zufriedengestellt. Die beiden flüsterten erneut, und der Junge huschte wieder zur Tafel, um mich mit einer weiteren Verkehrssituation zu konfrontieren. Ich antwortete, und erneut leuchtete die grüne Lampe auf. Aber diesmal schüttelte mir der alte Mann die Hand.

Ich hatte die Fahrprüfung bestanden.

Mit meinem neuen Führerschein in der Tasche fuhr ich zum Minenfeld hinaus. Bei meiner Ankunft berichtete ich einem der Teamleiter von meinem Behördengang, damit er wusste, dass ich mich nicht meiner Verantwortung entzog oder mich den afghanischen Minenräumern überlegen fühlte. Ich legte die 15 Kilo schwere Kevlarweste an, setzte den Helm auf und nahm mir ein Minensuchgerät. Unweit des Parkplatzes erstreckte sich ein Teil des Felds, der noch nicht bearbeitet worden war. Ich entschloss mich, dort zu beginnen.

Nach einer Stunde war der Schutzschirm beschlagen. Ich war schweißgebadet, die Knie taten mir weh, und mein Nacken fühlte sich an, als würde er unter der sengenden Sonne schmelzen. Aber ich konnte keine Pause machen: Unsere Mitarbeiter mussten an sechs Tagen in der Woche acht Stunden täglich unter diesen Bedingungen schuften. Ich trank nur einen Schluck Wasser und machte mich wieder an die langsame und psychisch erschöpfende Arbeit. Irgendwann zeigte das Gerät Metall an. Wahrscheinlich war es eine Mine. Jetzt durfte ich keine plötzlichen Bewegungen mehr machen. Behutsam schabte ich die harte Erde weg, die zu kleinen Klumpen zerfiel. Und da war sie: Etwa fünf Zentimeter unter der Erdoberfläche tauchte das braune Bakelitgehäuse der Mine auf. Ich fegte das lose Erdreich mit den Fingern weg und entfernte einen Stein, der neben der Mine lag. Es war eine russische PMN-Antipersonenmine. Sie war rund, hatte einen Durchmesser von zwölf Zentimetern und enthielt nur etwas mehr als 200 Gramm Sprengstoff, aber das genügte, um ein Kind zu töten. Diese Minen reagierten auf einen Druck von sechs Kilo. Da ich durch die Kevlarweste und den Helm geschützt wurde, würde ich mit ein wenig Glück nur eine Hand oder einen Teil meines Arms verlieren, sollte sie jetzt explodieren. Wir konnten nicht mit Schutzhandschuhen arbeiten, da sie die heikle Arbeit erschwerten. Ich wischte Erde und Steinchen weg, um die Mine vollkommen freizulegen. Sie lag seit Jahren hier, aber das braune Kunststoffgehäuse glänzte immer noch in der Sonne. Die Mine war unversehrt und bereit, ein Lebewesen zu töten oder zu verletzen. Ich kroch langsam rückwärts aus der Spur, um einen Stift mit einem roten Kunststoffband zu holen.

In diesem Augenblick hörte ich einen lauten Knall und einen schrillen Schrei. Ich sah in die Richtung, aus der die Geräusche gekommen waren: Über dem Feld stieg eine Staubwolke auf. In der Wolke stand ein halb aufgerichteter Minenräumer. Er stolperte langsam rückwärts, und seine Schreie wichen einem stöhnenden Jammern.

Ich kroch rasch aus meiner Spur zurück, ließ mein Suchgerät fallen, riss mir den Schutzschirm vom Gesicht und lief zu ihm hinüber. Seine Kameraden hoben ihn in die angrenzende Räumspur und brachten ihn in Sicherheit. Seine linke Hand war ein blutiger Klumpen aus Fleisch und Knochen, und im Gesicht hatte er schlimme Verbrennungen. Aber anscheinend hatten sowohl der Schutzschirm als auch die Weste ihren Zweck erfüllt.

Doktor Koschan kam keuchend angelaufen. Er schrie seinen Assistenten Befehle zu und schien genau zu wissen, was zu tun war. Rasch stabilisierte er den Verwundeten, injizierte ihm eine Dosis Morphin und hängte ihn an einen Tropf. Vier Minenräumer legten ihn auf die Bahre und trugen ihn zum Krankenwagen, der wenige Minuten später mit Blaulicht und Sirene losraste, um den Verletzten in ein von den Vereinten Nationen betriebenes Krankenhaus in Kabul zu bringen.

An den meisten Tagen lag Doktor Koschan im Krankenwagen auf der Bahre. Aber an diesem Tag verdiente er sich sein Gehalt. Ich hatte gesehen, dass er seine Arbeit gut machte, und indem er den unglücklichen Minenräumer so schnell stabilisierte und ins Krankenhaus brachte, rettete er dem Mann das Leben. Leider musste die Hand amputiert werden, und ein kleiner Minensplitter war dort, wo ihn die Kevlarweste nicht schützte, in seinen rechten Lungenflügel eingedrungen. Aber er überlebte und erhielt eine hohe Entschädigung von der Versicherung, die wir für unsere Minenräumer abgeschlossen hatten. Gemessen an westlichen Maßstäben mochten 4500 Dollar wenig sein, aber die meisten Afghanen mussten viele Jahre arbeiten, um so viel Geld zu verdienen.

Leider hatte diese Versicherung teilweise auch eine perverse Wirkung. So verrückt das klingen mag: Einige Minenräumer versuchten sich ebenfalls zu verletzen, um eine Entschädigung herauszuschlagen. Wir beobachteten einige Fälle, in denen Minenräumer anscheinend absichtlich eine Hand, einen Arm oder ein Bein opferten, um ihre Familien mehrere Jahre lang versorgen zu können. Ich hörte sogar von einem Mann, der absichtlich im Minenfeld sein Leben opferte, um seiner Familie die maximale Entschädigung von 20 000 Dollar zu sichern.

Unsere Untersuchungen förderten zutage, dass der Unfall, den ich miterlebt hatte, von einer russischen PMN verursacht worden war, also von der gleichen Art von Mine, die ich ausgegraben hatte. Wir fanden auch heraus, dass sich die Minen im Lauf der Jahre teilweise im vom Regen aufgeweichten Erdreich drehten, was zur Folge hatte, dass einige Minenräumer ihre Werkzeuge nicht in die Seite der Mine, sondern direkt in die Druckplatte auf der Oberfläche bohrten.

Nach dieser erschreckenden Erfahrung war ich müde und wollte ins DDG-Haus zurückkehren, um mit Fredrik auf der Terrasse ein kaltes Bier zu trinken. Ich packte meine Ausrüstung zusammen und machte mich auf den Weg. Ein Stück vom Minenfeld entfernt befand sich ein Kontrollposten. Wir drosselten stets die Geschwindigkeit, wenn wir uns dem Posten näherten, um die beiden älteren Taliban, die dort Dienst taten, nicht zu überraschen. Aber an diesem Nachmittag schreckte ich sie anscheinend auf. Ich hatte das Fenster heruntergekurbelt und hörte das charakteristische Geräusch automatischer Waffen. Ich trat auf die Bremse, öffnete die Tür und warf mich neben dem Wagen in den Straßengraben. Ich wartete einen Augenblick und brachte mich dann hinter einem Felsen in Sicherheit. Von dort aus hatte ich einen guten Blick auf den Kontrollposten, der knapp 200 Meter entfernt war. Einer der Taliban stand grinsend da, hielt seine Kalaschnikow in die Luft und winkte mir mit dem anderen Arm zu, um mir zu signalisieren, dass alles in Ordnung war. Ich war sicher, dass er mich kannte, denn er wusste von unserer Arbeit auf den Minenfeldern, und mein Land Cruiser mit seiner langen Antenne war leicht zu erkennen. Vielleicht wollte er an diesem Tag einfach ein bisschen Aufregung.

Erst die lächerliche Scharade im Verkehrsministerium, dann die zermürbende Arbeit im Minenfeld und der dramatische Unfall, und jetzt war ich auch noch am Checkpoint unter Beschuss geraten: Was für ein Scheißtag.

***

Wir ließen uns nicht entmutigen und setzten die Arbeit im Sommer 2001 fort. Abgesehen davon, dass wir im Minenfeld arbeiteten, entschärften wir zahlreiche nicht explodierte Sprengmittel, die in anderen Teilen der Hauptstadt und in den angrenzenden Provinzen herumlagen. Wir hatten mobile Entschärfungsteams (EOD-Teams) mit jeweils zehn bis zwölf Mitgliedern, die sich in drei Fahrzeugen bewegten und Blindgänger sprengten, die wir oft an Orten fanden, an denen sich früher Munitionslager oder Verteidigungsstellungen befunden hatten. Dabei konzentrierten wir uns auf Orte, an denen sich Frauen und Kinder bewegten, das heißt Schulen, Dörfer und Wege, auf denen Dorfbewohner Wasser holen gingen. Das Problem war, dass vielen Menschen nicht bewusst war, dass die nicht explodierten Granaten und Raketen gefährlich waren. Zu unserem Entsetzen sahen wir manchmal Kinder und sogar Erwachsene, die mit lebensgefährlicher Munition hantierten, die jeden Augenblick explodieren konnte.

Mein schwedischer Kollege Rasmus leitete die EOD-Teams sehr kompetent. Unterstützt wurde er von einer Legende auf dem Gebiet der Sprengmittelentsorgung: Wir hatten Peter Le Soirre, einen ehemaligen Sprengstoffexperten des britischen Heers, als Berater engagiert. Peter war bereits Mitte 50 und Millionär, aber nichts interessierte ihn so sehr wie Minen und Blindgänger. Die wenigen freien Tage, die er sich nahm, verbrachte er damit, im Meer nach Munition zu tauchen. Aber sogar ein so erfahrener Experte kann einen schlechten Tag erwischen. Eines Tages saß Peter an seinem Schreibtisch und untersuchte eine chinesische Handgranate, als diese plötzlich zu zischen und zu pfeifen begann. Er konnte sie noch wegschleudern, aber sie explodierte wenige Meter entfernt von ihm in seinem Büro. Peter wurde von großen Mengen Schrapnell am ganzen Körper und im Gesicht getroffen. Obwohl er sofort behandelt wurde, brach Wundbrand aus, weshalb er in ein Militärkrankenhaus in Kabul gebracht wurde, wo er sich vollkommen erholen konnte.

***

Eines Nachmittags bat jemand von den Vereinten Nationen Rasmus, einen Gegenstand, der möglicherweise ein Blindgänger war, zu überprüfen. Das Objekt war am Stadtrand in der Nähe des Königspalasts gefunden worden. Ich begleitete Rasmus. Wir packten unsere Ausrüstung zusammen, fuhren zum Einsatzort und inspizierten die Umgebung. Aus der Erde ragte ein rundes Objekt hervor. Es sah sehr nach einer nicht explodierten Panzerabwehrmine aus. Es dauerte nicht lange, da waren wir von Hunderten neugierigen Einheimischen umringt, und es war unmöglich, die Leute dazu zu bewegen, sich in sicherer Entfernung zu halten. Wir versuchten, ihnen zu erklären, dass dieser Gegenstand sehr gefährlich sein konnte und dass sie sich wenigstens ein paar Meter zurückziehen sollten. Wir legten unsere Schutzausrüstung an und machten uns daran, das Objekt langsam freizulegen, wobei wir sehr darauf achteten, dass es nicht mit einer verdeckten Sprengfalle verbunden war, die wir auslösen würden, wenn wir die große Mine bewegten. Zwei Stunden lang gruben wir unter großer Nervenanspannung mit unseren kleinen Schaufeln und legten den Gegenstand vorsichtig frei. Dann bemerkte ich in der Nähe einige Laternen, die offenkundig nicht mehr funktionierten. Ich sah, dass an allen Masten große runde Lampenschirme befestigt waren. Nur an dem, der sich genau an der Stelle erhob, an der wir gruben, fehlte der Schirm. Da begriff ich, dass wir eine Lampe entschärften. Wir gruben sie vollkommen aus und zeigten sie den Schaulustigen, die sehr beeindruckt schienen, obwohl wir uns an diesem Tag eigentlich nicht wie Helden vorkamen.

Das änderte sich an einem Freitag, als Rasmus mir erzählte, er habe von einem Kollegen aus einer anderen Organisation gehört, dass in einem verlassenen Haus im Norden der Stadt ein Wurf Welpen gefunden worden war. Rasmus gefiel die Vorstellung, einen Hund in der Villa zu haben, mit dem wir an den oft einsamen Tagen in der Isolation unseres Hauses spielen konnten. Er bestand darauf, dass wir uns die Sache näher ansahen. Und wir hatten Zeit, denn der Freitag war in Afghanistan unser freier Tag.

Ich war ein bisschen skeptisch. Was, wenn wir oder unsere Kollegen aus irgendeinem Grund Afghanistan überhastet verlassen mussten? Wer würde sich dann um den Hund kümmern? Wir konnten das Tier unmöglich sich selbst überlassen, wenn es sich einmal daran gewöhnt hatte, von Menschen gehegt und versorgt zu werden. Es war nicht zu erwarten, dass die Taliban einen Hund verhätscheln würden. In der islamischen Welt halten nur sehr wenige Menschen einen Hund aus Zuneigung, denn der Koran bezeichnet Hunde so wie Schweine als schmutzige Tiere. Daher leben auf den Straßen Kabuls viele herrenlose Hunde, die nicht nur hungern und von Krankheiten heimgesucht werden, sondern auch unter der Grausamkeit von Menschen leiden. Ich kochte jedes Mal vor Wut, wenn ich Kinder sah, die Welpen mit Steinen bewarfen oder mit Fußtritten malträtierten, und es tat mir weh, Hunde zu sehen, denen die Ohre abgeschnitten worden waren oder die die Beine verloren hatten.

Aber ich ließ mich von Rasmus dazu überreden, die Welpen anschauen zu gehen. Wir fuhren zu der verlassenen Anlage und suchten eine Stunde lang vergeblich im Haus und im von Unkraut überwucherten Garten nach den kleinen Hunden. Schließlich gaben wir auf und gingen zum Auto zurück, als Rasmus im Gebüsch bei unserem Parkplatz einen schwarzen Fellflecken bemerkte. Es war ein Welpe, der in der Hitze schwer atmete. Der Größe nach zu urteilen konnte er nicht älter als fünf oder sechs Wochen sein. Er hob den Kopf ein wenig, öffnete die Augen einen Spalt weit und sank wieder zu Boden. Ich hob den schmutzigen Fellklumpen hoch. Es war ein Weibchen. Das Tier war schwach und überhitzt.

Ich nahm es mit nach Hause, legte es unter einem Obstbaum in den Schatten und stellte ihm eine Schüssel kalte Milch und anschließend einen Teller mit Leberpastete hin. Das Hündchen schleckte ein wenig von der Milch und fraß einen kleinen Happen von der Pastete. Dann sah es mich an, legte sich wieder hin und schlief ein.

Am Abend saßen Rasmus und ich im Wohnzimmer und sahen uns auf BBC World an, was in der Welt außerhalb Afghanistans geschah, als die kleine Hündin hereingelaufen kam. Ihre Augen leuchteten jetzt lebhaft. Und als wäre es das Natürlichste in der Welt, sprang sie auf das Sofa, legte sich neben mir hin und leckte mir die Finger ab. In diesem Augenblick wurde mir klar, dass dies nun mein Hund war. Ich schwor mir, ihn nie im Stich zu lassen, egal, welche Schwierigkeiten das in Zukunft mit sich bringen mochte. Unsere afghanischen Angestellten trauten ihren Augen nicht, als ich den Garten einzäunte und einen Schreiner beauftragte, auf der Terrasse eine Hundehütte aufzustellen.

Natürlich brauchte meine Hündin auch einen Namen, und da Rasmus sie als Erster bemerkt hatte, war ich der Meinung, es müsse ein schwedischer Name sein. Ich taufte sie auf den Namen Selma nach der schwedischen Kinderbuchautorin und Nobelpreisträgerin Selma Lagerlöf.

Neben unseren mobilen EOD-Teams und dem Einsatz in dem Minenfeld außerhalb Kabuls machten wir auch in Dschalalabad und der Provinz Ghazni 100 Kilometer südlich der Hauptstadt Minen unschädlich. Dort hatten wir gerade ein großes Minenfeld rund um einen ehemaligen sowjetischen Stützpunkt gesäubert, wo die Russen große Mengen an Sprengsätzen vergraben hatten, um sich vor Angriffen der Mudschahedin zu schützen. Es war jedes Mal ein Anlass zum Feiern, wenn ein Feld vollkommen geräumt war. Es war wichtig, diese Augenblicke zu feiern. Abgesehen davon, dass wir den Einheimischen zeigen konnten, dass sie sich nun wieder ohne Gefahr in der Umgebung ihrer Häuser bewegen konnten, war es auch ein Moment, in dem unsere Minenräumer wirklich stolz auf das sein konnten, was sie geleistet hatten. Ihre Arbeitsethik und Einsatzfreude wuchsen mit jedem neuen Vorhaben, das wir in Angriff nahmen. Wir dachten, dass sie eine Feier verdient hatten, am besten mit wichtigen Gästen, selbst wenn es Taliban waren, für die die meisten unserer Minenräumer wenig übrig hatten.

Unsere Leute in Ghazni hatten eine große Zeremonie geplant und den Provinzgouverneur eingeladen. Dieser war so großzügig gewesen, die Einladung anzunehmen, und hatte ihnen mitgeteilt, dass er und sein Gefolge um drei Uhr nachmittags eintreffen würden.

Unser Fahrer Haschim, unser Einsatzleiter Hajat und ich stiegen kurz vor Mittag in den Land Cruiser, um mit Sicherheit pünktlich dort zu sein. Eine Verspätung wäre eine diplomatische Katastrophe gewesen und hätte im schlimmsten Fall Auswirkungen auf die Zusammenarbeit zwischen der DDG und den Taliban haben können.

In den vergangenen fünf Wochen hatte ich aufgrund einer anhaltenden Diarrhö 15 Kilo Gewicht verloren. Mein Verdacht war, dass es unser Koch in der Küche an Hygiene mangeln ließ. Ich musste 20 bis 30 Mal am Tag auf die Toilette und wurde immer schwächer. Später wurde bei mir Amöbenruhr diagnostiziert. Obwohl mir große Mengen Penizillin verabreicht wurden, um die Darminfektion zu besiegen, werde ich mich vermutlich nie vollkommen erholen.

Als wir an jenem Tag nach Ghanzi aufbrachen, war ich noch nicht behandelt worden. Während der zweistündigen Fahrt auf einer Straße, die man kaum als solche bezeichnen konnte, musste ich immer wieder unfreiwillige Pausen einlegen, um aus dem Auto zu wanken und afghanischem Boden zu markieren. Meine afghanischen Begleiter fanden das sehr amüsant.

Die holprige Schotterstraße war der einzige Hinweis auf die Gegenwart von Menschen in diesem gottverlassenen Teil der Welt. Die Landschaft war von weitläufigen Ebenen beherrscht, zwischen denen sich steile Berge erhoben. Ich sah die Umgebung, aber aufgrund des Durchfalls hockte ich die ganze Fahrt zusammengekrümmt auf dem Beifahrersitz und konnte den Anblick dieser beeindruckenden Landschaft nicht wirklich genießen.

Irgendwann fiel mir in einiger Entfernung ein kleiner schwarzer Punkt auf. Aus dieser Distanz war unmöglich zu erkennen, was das war, aber ich behielt den Punkt im Auge, während wir uns näherten. Für einen Kontrollposten der Taliban war er zu klein, und hier inmitten des Nichts hätte eine Straßensperre auch keinen Sinn gehabt. Vielleicht war es ein Tier, das von einem Fahrzeug überfahren worden war. Aber was auch immer es war, die Position des Gegenstands oder Geschöpfs wirkte unnatürlich. Als wir nahe genug waren, begriff ich, was es war. Es war ein Mensch. Ein Mann in einem Rollstuhl. Ich starrte die gebeugte Gestalt an, die bei 50 Grad in der unbarmherzigen Sommersonne allein am Straßenrand saß. Die Gestalt – meine Gedanken waren von der Krankheit getrübt, und ich konnte die Figur kaum als Menschen erkennen – bemerkte das sich nähernde Auto und schob das rechte Rad des Rollstuhls an, um sich uns zuzuwenden.

Haschim drosselte die Geschwindigkeit, um den Rollstuhlfahrer nicht anzufahren. Außerdem war unsere Neugierde geweckt. Langsam näherten wir uns dem armen Kerl, und ich konnte sehen, dass es ein älterer Mann war. Er wirkte eher wie die Ruine von etwas, das früher einmal ein Mensch gewesen war, das Gesicht von Schmerz und Armut gezeichnet. Um den Kopf hatte er ein staubiges schwarzes Tuch gewickelt. Er hatte keine Beine mehr, und sein schwarzer Kittel war um die beiden Stümpfe gewickelt. Als wir an ihm vorbeirollten, streckte er langsam beide Arme aus. Er saß dort, um vorbeikommende Autofahrer anzubetteln. Die Arme immer noch nach uns ausgestreckt, verschwand die Gestalt in einer Staubwolke, als wir vorbeifuhren.

Ich werde den Anblick dieses gebrechlichen Mannes, sein an einen Totenschädel erinnerndes Gesicht und das schwache Flackern des Lebens in den Augen, die mich aus tiefschwarzen Höhlen ausdruckslos anstarrten, nie vergessen. Wie war er dorthin gekommen? Die nächste Siedlung war mindestens zehn Kilometer entfernt. Und wie überlebte er in der Gluthitze? Niemand konnte dieser Sonne lange widerstehen. Bis heute kann ich nicht verstehen, warum ich ihm nicht half. Warum befahl ich dem Fahrer nicht, anzuhalten und dem Bettler eine Flasche Wasser oder ein paar Dollar zu geben? Ein winziger Teil meines Geldes wäre für ihn ein Reichtum gewesen. Ich hätte sein Leben verändern können. Vielleicht war ich einfach von der Unwirklichkeit dieser Begegnung gelähmt. Vielleicht dachte ich, dass ihn jemand lediglich für kurze Zeit dort abgesetzt hatte und ihn rasch wieder zu seiner Familie zurückbringen würde. Ich kann mich nicht erinnern, was ich in jenem Moment dachte. Aber mehrere Jahre lang wurde ich die Erinnerung an den alten Mann im Rollstuhl nicht los. Irgendwann gab mir ein Kollege, der aus Pakistan stammte und Afghanistan gut kannte, eine Erklärung für diese Szene. Er erzählte mir, dass es in Afghanistan kriminelle Banden gab, die Kinder oder junge Männer entführten und zu Krüppeln machten, indem sie ihnen Glieder amputierten oder die Zunge herausschnitten. Von da an hatten die Opfer keine Chance mehr auf ein normales Leben. Keine Familie, keine Freunde, keine Unterstützung, keine Bildung. Sie wurden vollkommen abhängig von den Verbrechern, die sie als Bettler einsetzten. Für ihre Peiniger waren sie nichts weiter als eine Einkommensquelle. Wahrscheinlich wurde jener Mann jeden Morgen an der Landstraße abgesetzt, um Almosen von den Reisenden zu erbitten. Und am Abend wurde er wieder abgeholt. Gott allein weiß, unter welchen furchtbaren Bedingungen er lebte. Er lebte vermutlich Tag für Tag, Monat für Monat, Jahr für Jahr in diesem Albtraum, so lange, bis seine Lebenskraft erlosch oder seine Peiniger zu dem Schluss gelangten, dass aus ihm nichts mehr herauszuholen war, und ihn töteten.

Bis wir das Minenfeld erreichten, konnte ich an nichts anderes als den alten Mann denken. Wir parkten bei einer kleinen Fläche, auf der unsere Minenräumer voller Vorfreude warteten. Sie hatten ihren Landsleuten ein kleines Gebiet fruchtbaren Bodens zurückgegeben.

Die Provinz Ghazni war für afghanische Verhältnisse grün. Aus zahlreichen von Hainen umgebenen Quellen floss durch schmale, klug angelegte Bewässerungsgräben Wasser auf die Felder. Aber die Sowjets hatten dieses fruchtbare Land in ein riesiges Minenfeld verwandelt. Den Bauern blieb nichts anderes übrig, als ihre Felder trotzdem zu bestellen. Sie wussten, wie gefährlich es war, aber sie mussten ihre Familien ernähren und hatten keine anderen Einkommensquellen als die Landwirtschaft. Und sie mussten das Minenfeld durchqueren, um nach Ghazni zu gelangen, wo sie ihre Erzeugnisse auf dem Markt verkaufen konnten. In dieser Gegend waren verkrüppelte Kinder, Erwachsene und Tiere ein gewohnter Anblick. Sie hatten Hände, Arme, Beine oder das Augenlicht durch Minenexplosionen verloren.

Jetzt konnten sich Menschen wieder ohne Gefahr in der Umgebung ihrer Dörfer bewegen. Die Feier in Gegenwart des Gouverneurs sollte in einem schattigen und frischen Hain inmitten des jetzt vollkommen geräumten Minenfelds stattfinden. Unsere Leute hatten den Versammlungsort nach afghanischer Art hergerichtet. Am Rand einer Lichtung hatten sie im Schatten einen mit einer weißen Decke bedeckten Tisch aufgestellt, auf dem Tee und Gebäck standen. Rund um die Lichtung hatten sie Topfblumen und andere Pflanzen arrangiert, und auf einer Seite des Tischs stand eine Reihe von Stühlen für unsere prominenten Gäste. Der Gouverneur würde flankiert von seinem Gefolge in der Mitte Platz nehmen, für mich war ein Platz am rechten Ende der Stuhlreihe reserviert.

Alles war bereit. Das gesamte Team nahm erwartungsfroh hinter dem Tisch Aufstellung, als der Gouverneur überraschend pünktlich in einem Toyota Pick-up eintraf. Auf der Ladefläche saß eine Gruppe junger, aggressiv wirkender Taliban, die allesamt lange schwarze Kittel trugen und sich die charakteristischen schwarzen Tücher um den Kopf gewickelt hatten. Und natürlich trugen sie alle die obligatorische Kalaschnikow. Der Gouverneur, ein dicklicher und auffällig junger Mann, trug eine strahlendweiße Kutte und eine kleine weiße Haube. Ich ging auf ihn zu. Er sah mich aus kleinen schwarzen Augen an, die alles andere als freundlich wirkten. Steif, aber höflich begrüßte er den bart- und gottlosen Westler.

Ich war schon von mehreren Taliban aufgefordert worden, mir einen Bart wachsen zu lassen. Aber ich antwortete immer unmissverständlich, dass sie kein Recht hatten, mir zu sagen, was ich mit meinem Gesichtshaar tun sollte. Oft fügte ich noch hinzu, dass sie mich an einem Ort lecken konnten, den die Sonne nie beschien, und damit war das Gespräch normalerweise beendet. Aber sollte mein fehlender Bart an diesem Tag erneut zum Gesprächsthema werden, wäre es vermutlich keine gute Idee gewesen, dem Gouverneur in meiner Eigenschaft als Repräsentant der DDG auf diese Art zu antworten.

Als die Gäste zu ihren Plätzen geführt wurden, bemerkte ich, dass viele unserer Minenräumer dem Gouverneur und seiner Bande mit großem Respekt begegneten. Einige unserer Männer wirkten beinahe verängstigt. Als die Gäste Platz genommen hatten, war ich an der Reihe, die Feier mit Unterstützung eines Dolmetschers zu eröffnen. Ich sprach kurz über die Tätigkeit der DDG, erklärte, wie stolz und glücklich ich darüber war, dass dieses Minenfeld geräumt worden war und die Bevölkerung jetzt wieder ohne Angst leben konnte. Dann wurden einige Fotos gemacht, und der Tee und das Gebäck wurden aufgetragen.

Ich war nicht daran interessiert, den Kontakt zum Gouverneur zu vertiefen, und blieb auf meinem Platz sitzen. Aber unser Einsatzleiter Hajat ging sofort auf den Würdenträger zu, um ihn in ein Gespräch zu verwickeln. Der Besucher hatte sich entspannt und lachte fast, während er wiederholt in meine Richtung schaute.

Als einziger Bartloser und Ausländer inmitten all dieser Afghanen fühlte ich mich ziemlich isoliert. Ich begann mich zu fragen, ob die Vertreter dieses fremdenfeindlichen fundamentalistischen Regimes überhaupt dankbar für das waren, was wir gottlosen Ausländer für ihr Land taten. Mit *unserem* Geld bezahlten wir die Minenräumung in *ihrem* Land, wobei wir oft unser Leben aufs Spiel setzten, um das Leben ihrer Bevölkerung sicherer und angenehmer zu machen. Und diese Herrscher hatten das Bedürfnis, uns wegen etwas so Belanglosem wie unserer Gesichtsbeharrung und unserer Kleidung zu verspotten. Als Däne kann ich immer noch nicht verstehen, wie jemand ein solches Weltbild haben kann und eine Gesellschaft errichten will, die ihre Mitglieder und insbesondere die Frauen so brutal unterdrückt. Die meisten Taliban waren ungebildet und in ihrer Kindheit wahrscheinlich einer gründlichen Gehirnwäsche unterzogen worden. Aber ihre Führer waren nicht unwissend. Diese Männer waren oft gebildet und kannten die westlichen Gesellschaften. Sie wurden von einem glühenden Hass auf den Westen und seine Werte angetrieben, und dieser Hass entsprang nicht zuletzt der Frustration und dem Gefühl der Minderwertigkeit, das sie empfanden, weil ihre Gesellschaft nicht halb so entwickelt war wie die westliche Welt.

Ich hatte keine Ahnung, was der Gouverneur über mich dachte, und es war mir auch gleichgültig. Ich wusste, dass andere Taliban der DDG gegenüber weniger Geringschätzung empfanden, weil wir Minenräumer waren. Sie hielten uns für männlicher als die »Mehlverteiler« von anderen Hilfsorganisationen. Ich sah zum Gouverneur hinüber und schüttelte innerlich den Kopf. *Arschloch.* Dann stand ich auf, grüßte den Gouverneur höflich und brach zu einem Spaziergang durch den jetzt sicheren Hain auf.

Erst als ich allein war, begriff ich, wie schön dieser Ort war. Dennoch war mir die Welt, in die ich geraten war, so fremd, dass ich es nicht erwarten konnte, aus Afghanistan wegzukommen, obwohl ich mir diese Arbeit selbst ausgesucht hatte. Zu diesem Zeitpunkt konnte ich nicht ahnen, dass ich sehr viel länger in Afghanistan bleiben würde, als ich ursprünglich vorgehabt hatte.

KAPITEL 8: DIE NEUE WELTORDNUNG

Der Tag begann nicht wie die anderen.

Bo Bischoff, der Leiter der DDG in Kopenhagen, kündigte an, dass er nach Afghanistan kommen werde, um uns kennenzulernen und sich ein Bild von unseren laufenden Minenräumungseinsätzen zu machen.

Bischoff war Feldwebel im dänischen Militär gewesen, hatte einen Master in Betriebswirtschaft und eine Weile in einer der größeren Beratungsfirmen einen Spitzenposten bekleidet. Aber wie viele Leute sehnte er sich nach einer persönlich erfüllenden Arbeit und nach einem bewegten Leben. Also übernahm er die Leitung von Hilfstransporten auf dem Balkan, wo er in der schlimmsten Zeit des Kriegs zwischen 1994 und 1996 im Einsatz war. Anschließend arbeitete er mit Minenräumungsteams in Südostasien und Afrika. Kurz vor der Jahrtausendwende gründete er die Danish Demining Group.

Bo war ein großgewachsener, charismatischer und intelligenter Mann, der einen ungewöhnlichen Ziegenbart trug, mit dem er gerne spielte, während er seinen Gesprächspartnern aufmerksam zuhörte. Tatsächlich war er ein ausgezeichneter Zuhörer: Er gehörte zu den Menschen, die nicht nur hören, was du sagst, sondern es tatsächlich verstehen. Ich mochte ihn und freute mich auf seinen Besuch. Am Morgen stellten wir eine Präsentation zusammen, um ihn über die neuesten Entwicklungen in unserem Teil der Welt auf dem Laufenden zu halten. Gegen Mittag holte ich ihn am Flughafen Kabul ab, wo er mit der UN-Maschine aus Islamabad gelandet war. Am Nachmittag ließen wir uns auf der Terrasse der Villa nieder, plauderten und tranken einen Gin Tonic. Am Abend setzten wir unser Gespräch beim Essen auf der Terrasse fort. Wir hatten an diesem Tag die BBC-Nachrichten nicht sehen können, da unser Satellitenempfangsgerät nicht funktionierte. Es war der 11. September 2001, und unsere einzige Verbindung zur Außenwelt war unser Satellitentelefon der Marke Thrane & Thrane.

Gegen elf Uhr abends klingelte im Einsatzraum im Keller das Telefon. Ich ging runter. Der Anrufer war unser Einsatzleiter in Kopenhagen. Er klang nervös. Er fragte mich, ob wir die Nachrichten verfolgt hätten. Ich sagte ihm, dass wir keinen Satellitenempfang hätten. Er erzählte mir, was geschehen war. Eines der großen Symbole der westlichen Freiheit, das World Trade Center in New York, war von zwei Passagierflugzeugen getroffen worden. Anscheinend handelte es sich um einen Terroranschlag, obwohl es dafür noch keine Bestätigung gab.

Ich war geschockt. Etwa 20 Minuten später rief er erneut an, um mir zu sagen, dass es tatsächlich ein Terrorangriff gewesen sei. Neben den Twin Towers in New York war auch das Pentagon in Washington angegriffen worden.

Ich rief sofort unsere Partnerorganisationen und die UN-Zentrale an. Ich erfuhr, dass al-Qaida und damit auch die Taliban mit den Anschlägen in Verbindung gebracht würden. Sowohl bei den Vereinten Nationen als auch bei den verschiedenen Hilfsorganisationen wurde bereits über eine Evakuierung des in Afghanistan stationierten Personals diskutiert. Es hatte keinen Sinn zu bleiben. Unter diesen Umständen mussten alle Minenräumungseinsätze augenblicklich abgebrochen werden.

Bo, Fredrik und ich sprachen über unsere Optionen und beschlossen, nach Pakistan auszureisen. Wir packten rasch unsere Unterlagen zusammen und teilten unserem örtlichen Leiter mit, dass er einen Wachmann in die Villa setzen sollte. Wir packten unser Material in den Land Cruiser und stellten die nötigsten Vorräte für die Reise zusammen: Wasser, Essensrationen und Reservebenzin.

Bevor wir unsere Wecker auf vier Uhr morgens stellten, rief Kopenhagen erneut an, um uns auf den neuesten Stand zu bringen. Beide Türme des

World Trade Centers waren eingestürzt, mehr als 3000 Menschen waren tot.

In jener Nacht fand ich kaum Schlaf. Um halb fünf Uhr morgens brachen wir nach Islamabad auf. Ich bestand darauf, Selma mitzunehmen. Bo hatte Bedenken, stimmte aber schließlich zu. Wir fuhren durch Kabul und passierten einige Kontrollposten der Taliban. Zum Glück war Bo ein Hundefreund: Selma saß auf seinem Schoß und spuckte ihm das Resultat ihrer Reisekrankheit auf die Hose. Und zwar vier Mal. Doch auf der neunstündigen Fahr widerfuhr uns nichts Schlimmeres. Ich fuhr, so schnell ich konnte, um rasch den Chaiber-Pass und die Grenze zu erreichen.

***

Etwa zur selben Zeit, als wir am Abend im grünen und gepflegten Botschaftsviertel von Islamabad im annehmlichen DDG-Haus eintrafen, legten die Regierungen der 19 NATO-Mitgliedsstaaten zum ersten Mal in der 52-jährigen Geschichte des Nordatlantischen Bündnisses den so genannten Musketiereid ab. Sie entschlossen sich zur kollektiven Selbstverteidigung und standen zu ihrer Verpflichtung, einen bewaffneten Angriff auf ein NATO-Mitglied als Angriff auf sich selbst zu betrachten. Es würde Krieg geben.

Am 21. September wurden die ersten Soldaten im Rahmen der »Operation Enduring Freedom« nach Afghanistan geschickt. Die Einheit bestand aus sechs F-16-Kampfflugzeugen und 150 Mann, unter denen Elitesoldaten der amerikanischen Delta Force und des britischen SAS waren. Die Kommandoeinheiten begannen, den berühmten Höhlenkomplex von Tora Bora in den Bergen an der Grenze zu Pakistan zu durchkämmen.

Am 2. Oktober legte die amerikanische Regierung Beweise für eine direkte Verbindung zwischen den Terroranschlägen vom 11. September, dem al-Qaida-Führer Osama bin Laden und den Trainingslagern des Terrornetzes in Afghanistan vor. Die Taliban, die al-Qaida Zuflucht gewährten und sich weigerten, mit dem Westen zu kooperieren und die Lager auf ihrem Territorium zu schließen, wurden als Teil des Terrornetzwerks betrachtet.

Am 7. Oktober griffen amerikanische und britische Flugzeuge erstmals Ziele in Afghanistan an.

Da wir nicht damit rechneten, die Minenräumung in Afghanistan fortsetzen zu können, und da die Lage auch in Pakistan immer gespannter wurde – zu jener Zeit schien dieses Land ein sehr gefährlicher Aufenthaltsort für Bürger westlicher Länder zu sein –, begannen wir, Notfallpläne zu schmieden. Zunächst bereiteten wir uns auf eine Evakuierung nach Indien vor. Wir besorgten uns Visa und studierten den Fluchtweg. Aber dann entschied Bo, uns nach Eritrea in Ostafrika zu schicken. Das DDG hatte dort eine Niederlassung, und er schlug vor, wir sollten dort einen Kurs in Sprengmittelentsorgung absolvieren.

Aber vorher musste ich einen Abstecher nach Dänemark machen, um Selma bei meiner Familie in Pflege zu geben. Ich kaufte einen Käfig, erledigte den erforderlichen Papierkram und checkte den Hund bei der pakistanischen Fluglinie PIA ein. Da PIA nicht unbedingt eine vertrauenswürdige Fluglinie war, vor allem nicht im Umgang mit Tieren, beharrte ich darauf, mit dem Flugkapitän zu sprechen, als ich an Bord der Maschine ging. Er hatte keine Lust, sich um mich zu kümmern. Aber nachdem ich einen kleinen Skandal mit einem pakistanischen Flugbegleiter gemacht und die anderen Passagiere in Unruhe versetzt hatte, war dem Piloten klar, dass ein Hund an Bord war und dass er dafür sorgen musste, dass dieses Tier in einer Druckkabine untergebracht war. Ich bin ziemlich sicher, dass der Kapitän so etwas noch nie erlebt hatte, aber er versicherte mir, dass alles in Ordnung sei, und ich entspannte mich ein wenig. Trotzdem war ich während des ganzen Flugs nervös und beruhigte mich erst, als ich in Kopenhagen den Käfig öffnete und Selma fröhlich wedelnd heraussprang.

Selma zu adoptieren erwies sich als eine der besten Entscheidungen, die ich in meinem Leben getroffen habe. Mittlerweile ist sie seit 13 Jahren meine treue Gefährtin (wir haben gerade ihren Geburtstag mit Lasagne und Eiscreme gefeiert) und liegt in diesem Augenblick neben mir auf dem Boden. Ich habe Hunde immer geliebt. Es macht mir sehr zu schaffen, dass diese und andere Tiere an vielen Orten ein furchtbares Leben führen, und ich habe seit jeher eine Schwäche für Hunde. Ich konnte vielen herrenlosen Hunden in Tschetschenien, Eritrea, Afghanistan und dem Irak helfen und nahm immer ein bisschen Futter für die hungernden Tiere mit, die an diesen trostlosen Orten umherstreifen. Nennen Sie mich ruhig rührselig und naiv, ich habe nichts dagegen. Die Einheimischen hielten mich sogar für vollkommen verrückt.

***

Nachdem ich im Oktober ein paar Tage daheim in Kopenhagen verbracht hatte, flog ich nach Asmara. Nach einem zweijährigen Krieg zwischen Äthiopien und Eritrea, der 70 000 Menschen das Leben gekostet hatte, war der Süden der abtrünnigen Region mit Minen und Blindgängern wie Bomben, Granaten und Raketen übersät. Nach einer kurzen Einsatzbesprechung in der Zentrale der DDG brach ich mit Jørgen Sørensen, dem besten und erfahrensten Sprengmittelexperten Dänemarks, und mehreren anderen Kollegen in den Süden auf.

Wir durchquerten das malerische grüne Hochland und erreichten die Savanne. Das Lager der DDG lag mitten in der Wildnis. Der nächste Ort war mehrere Stunden entfernt und bestand nur aus alten, abgenutzten Lehmhütten, in denen die einheimischen Minenräumer, das Unterstützungspersonal und wir Außenstehenden aßen und schliefen. Ich war noch nie in Afrika gewesen, und das Wildleben beeindruckte mich sehr. Bei meinem ersten Trainingslauf auf der roten Sandstraße, die vom Lager wegführte, sah ich drei Schlangen, mehrere Gazellen und einige riesige Vögel. Unser Übungsgelände war weniger idyllisch. Über das ganze Gebiet lagen Waffenteile und Munition verstreut, und bei mehr als einer Gelegenheit stießen wir auch auf menschliche Knochen.

Unsere vorrangige Aufgabe war es, Fliegerbomben zu entschärfen, die zwischen einer halben und einer Tonne wogen. Ein Teil dieser Bomben war zurückgelassen worden, andere waren abgeworfen worden, ohne zu detonieren. Wir machten auch Antipersonen- und Panzerabwehrminen unschädlich wie in Afghanistan. In Eritrea konnten wir vor dem manuellen Minenräumen allerdings ein in Dänemark entwickeltes Minensprengfahrzeug einsetzen: ein Keiler mit an einer Welle rotierenden Ketten, an denen schwere metallene Räumelemente (die aufgrund ihres Aussehens als »Elefantenfüße« bezeichnet werden) die in der Erde versteckten Sprengsätze aufwirbelten. Da der Keiler nicht alle Minen zur Explosion brachte, mussten wir die von ihm geräumten Felder anschließend noch durchsuchen. Aber mit dieser mechanischen Hilfe ging die Arbeit sehr viel schneller voran.

Kurz vor unserer Ankunft hatten die Räumelemente eine Panzerabwehrmine nicht erfasst, die erst vom darüberfahrenden Keiler ausgelöst worden war. Die Mine war genau unter dem Fahrer hochgegangen, der durch die Wucht der Explosion in seiner gepanzerten Kabine herumgeschleudert worden war wie in der Trommel einer Waschmaschine. Der Fahrer, ein Däne namens Jens, hatte sich einen Fuß gebrochen und verschiedene geringfügigere Verletzungen erlitten. Während meines Aufenthalts in dem Lager passierten zum Glück keine weiteren Unfälle. Nach 14 lehrreichen Übungstagen kehrten wir nach Asmara zurück.

Daheim in Dänemark war am 20. November eine neue Regierung gewählt worden. Eine der ersten Amtshandlungen des neuen Ministerpräsidenten Anders Fogh Rasmussen (der mittlerweile Generalsekretär der NATO ist) bestand darin, dem Außenpolitischen Ausschuss die Frage vorzulegen, ob dänische Spezialeinheiten an der Mission der amerikanisch geführten Koalition in Afghanistan teilnehmen sollten.

Die Aussicht auf einen Einsatz der dänischen Jäger im Hindukusch elektrisierte mich. Es erübrigt sich zu sagen, dass ich das Bedürfnis hatte, mein Wissen und meine Erfahrung beizusteuern. Ich meldete mich beim Jäger-Korps und teilte ihnen mit, dass ich an einem Einsatz interessiert war, sollte sich die Möglichkeit ergeben. Kurze Zeit später wurde ich gemeinsam mit Rasmus nach Kabul geschickt, um im DDG-Haus nach dem Rechten zu sehen. Die Lage in der afghanischen Hauptstadt war gespannt und instabil. Amerikanische Truppen hatten mit Unterstützung der Nordallianz die Taliban aus Kabul und weiten Teilen Nordafghanistans vertrieben.

Die Bevölkerung schien glücklich darüber, dass die Taliban fort waren, aber die Menschen waren verängstigt und trauten sich nur aus ihren Häusern, wenn es unbedingt nötig war. Die Straßen waren weitgehend leer. Man sah vor allem streunende Hunde, die auf der Suche nach Nahrung und einem Unterschlupf waren.

Wir befürchteten, dass das DDG-Haus verwüstet worden war. Wir hatten nur einen einzigen Wachmann zurückgelassen, unser 17-jähriges »Hausmädchen«. Der Junge lebte im Haus, während wir fort waren, und war natürlich kein ernst zu nehmender Gegner für einen Taliban, der unsere Fahrzeuge oder die Einrichtung in den Süden mitnehmen wollte. Aber zu unserer großen Freude schien alles unversehrt. Eine Woche lang packten wir unsere restlichen Sachen zusammen und bereiteten den Abtransport vor. Ich hatte eine schöne Trainingsausrüstung zusammengestellt, bis dahin jedoch kaum Zeit gehabt, sie wirklich zu nutzen. Nun nutzte ich die Wendeltreppe, die vom Keller ins Erdgeschoss führte, für mein Intervalltraining und arbeitete in unserem kleinen Fitnessraum an unseren Trainingsmaschinen, die wir mit einiger Kreativität und mit Unterstützung eines Schmieds aus alten Zahnrädern und Eisenstangen zusammengebaut hatten.

In jenen Tagen tauchten am strahlend blauen Himmel über der Stadt die charakteristischen Kondensstreifen der riesigen amerikanischen B-52-Bomber auf, die auf dem Weg in den Süden waren, um ihre tödliche Fracht über den Bergen von Tora Bora abzuladen. Ich wünschte mir, ebenfalls dort sein zu können.

Und wenige Tage später erhielt ich die E-Mail, auf die ich gewartet hatte. Das Jäger-Korps wollte, dass ich nach Dänemark zurückkehrte, um an den Vorbereitungen für die bevorstehende Mission in Afghanistan teilzunehmen. Das war, worauf ich gehofft hatte. Ich kündigte sofort bei der DDG und flog nach Kopenhagen.

Die neue Weltordnung revolutionierte die Verteidigungsstrategien.

Dänemark hatte in seiner jüngeren Geschichte ausschließlich an Friedensmissionen teilgenommen und im Auftrag der UNO Soldaten nach Zypern, Kroatien, Mazedonien, in den Gazastreifen, den Kaukasus, das zwischen Indien und Pakistan umstrittene Kaschmir, Georgien und Eritrea geschickt, um die Konfliktparteien voneinander zu trennen. Im ersten Golfkrieg hatte das Land lediglich die Fregatte Olfert Fischer nach Kuwait entsandt, und im Balkankrieg waren kleine Jäger-Einheiten in Sarajevo und im Kosovo stationiert worden.

Jetzt würde das Jäger-Korps erstmals an einem Kriegseinsatz teilnehmen. Wir würden im Kampf der internationalen Koalition gegen die Taliban und al-Qaida an der Front zum Einsatz kommen und Feindaufklärung betreiben.

Am 9. Januar 2002 trat ich gemeinsam mit 101 Kameraden des Jäger-Korps und des Frømandskorpset auf dem Luftwaffenstützpunkt Aalborg zum Dienst an und wartete auf den Einsatzbefehl der Regierung.

KAPITEL 9: IM KAMPF MIT DEN TALIBAN UND AL-QAIDA

Ich war in bester Stimmung, als ich auf dem Luftwaffenstützpunkt im südafghanischen Kandahar landete. Dabei hatte ich das Gefühl, etwas richtigstellen zu müssen. Fast acht Monate lang hatte ich in diesem Land gelebt und war von den herrschenden Taliban wie ein Mensch zweiter Klasse behandelt worden. Ich hatte Beleidigungen über mich ergehen lassen, weil ich keinen Bart trug, und war auf den Straßen Kabuls mehr als einmal bespuckt worden. Jetzt war ich zurück, und diesmal trug ich eine Uniform und eine Waffe.

Ich gehörte der Task Force K-Bar an, und dies war die erste Eliteeinheit im Kampf gegen den Terror. Sie bestand aus 1300 Spezialeinheiten, darunter die U.S. Navy SEALS, der Special Air Service aus Australien und Neuseeland, das Kommando Spezialkräfte (KSK) aus Deutschland, das norwegische Jegerkommando sowie das Jægerkorpset und das Frømandskorpset aus Dänemark. Unsere Mission war einfach: Wir sollten Kämpfer der Taliban und von al-Qaida aufspüren und bekämpfen.

In neun Monaten führte die Task Force K-Bar 42 Aufklärungsmissionen und eine unbekannte Zahl von Kampfeinsätzen durch, bei denen 115 feindliche Kämpfer getötet und 107 weitere gefangen genommen wurden. In zwei Fällen fassten dänische Jäger eine Reihe feindlicher Kämpfer und übergaben sie den Amerikanern.

Die Taliban hatten es seit ihrer Machtergreifung im Jahr 1996 geschafft, ihr Land und seine Gesellschaft mit ihrem mittelalterlichen Weltbild und ihren drakonischen Strafen zu zerstören. Jetzt hatte die westliche Welt ihre militärischen Kräfte gebündelt, um unter der Führung der Vereinigten Staaten den von den Taliban angerichteten Schaden zu beheben. Es freute mich, dass unsere Gegenwart die Taliban unter Druck setzte. Es gelang den Koalitionsstreitkräften, sie aus allen größeren Städten und aus ihren Ausbildungslagern zu vertreiben. Jetzt versteckten sich die Taliban in Wasiristan im Grenzgebiet zwischen Afghanistan und Pakistan.

Die Berge im Südosten des Landes waren auch für al-Qaida der bevorzugte Zufluchtsort. Die amerikanische Luftaufklärung hatte hektische Aktivität in den feindseligen Provinzen Chost, Paktika, Paktia, Lowgar und Nangarhar registriert. In Nangarhar befanden sich die berühmten Höhlen von Tora Bora. Der Feind nutzte sein Rückzugsgebiet in Pakistan und kleine Dörfer auf der afghanischen Seite der Grenze als Ausgangsbasis für den Kampf gegen die Koalitionsstreitmacht.

Bei unserer Ankunft auf dem Luftwaffenstützpunkt Kandahar waren noch frische Spuren der Kämpfe zu sehen. Die überhastete Flucht der Taliban lag erst wenige Wochen zurück. Die sandfarbenen Gebäude der staubigen Basis waren fast alle beschädigt. Nur in einigen wenigen gab es noch Türen oder Fenster, und die Baracken waren sehr spartanisch eingerichtet: Matratzen auf dem Boden, schmutzige Küchen, Warteräume ohne Stühle oder Bänke, ekelerregende Toiletten und Kommunikationsausrüstung aus der Zeit vor der russischen Besatzung. Die Schotter- und Sandstraßen waren nur an einzelnen Stellen mit Asphalt aufgefüllt worden. Auf dem gesamten Gelände der Basis lagen Minen und nicht explodierte Sprengmittel herum, die die Räumungskommandos in aller Eile zu sprengen versuchten. Früher war dies ein ziviler Flughafen gewesen. Vor dem alten Terminal rosteten russische Antonow-Turboprop-Maschinen vor sich hin, Relikte aus einer vergessenen Zeit. Der Kontrast zur nebenan geparkten amerikanischen Militärtechnologie hätte nicht deutlicher sein können. Mit modernsten Waffen und Radarsystemen ausgestattete Panzerfahrzeuge, Transporthubschrauber und riesige C-17-Transportflugzeuge, die die ganze Nacht hindurch in genau getimten Abständen landeten, um Ausrüstung und Proviant für die hungrige Kriegsmaschine abzuladen – zu jener Zeit waren Flüge bei Tageslicht verboten, denn es wurde davon ausgegangen, dass die Taliban noch einige Stinger-Raketen besaßen. Eine Ironie der Geschichte wollte es, dass dies dieselben Boden-Luft-Raketen waren, die die Amerikaner in den 80er-Jahren den Mudschahedin für den Kampf gegen die Russen geliefert hatten.

Wenige Wochen vor der Ankunft der Einsatzteams der Task Force K-Bar hatten etwa 800 Marines den Stützpunkt überrannt und bis zur Ankunft der regulären Truppen gesichert. Es war sehr beruhigend, dass die Sicherheit in den Händen der Marines lag. Ich hatte großen Respekt für diese Einheit und schlief sehr viel besser in dem Wissen, dass das U.S. Marine Corps (USMC) Wache hielt. Anders als viele andere Einheiten des amerikanischen Militärs ist das Marine Corps nicht so fixiert auf neueste Technologie und kann sich auch mit älterer Ausrüstung unter schwierigen Bedingungen behaupten. Seit jeher werden die Marines rund um den Erdball in blutigen und heftigen Kämpfen vorgeschickt, und sie beweisen stets Disziplin und großen Mut. Angehörige dieser Einheit begegneten mir stets freundlich und zeigten aufrichtiges Interesse an meiner Person. Sie waren sehr stolz darauf, sich Marines nennen zu dürfen, zeigten zugleich jedoch große Demut. Sie sagten: »Das USMC ist nur eine kleine Einheit.« Eine kleine Einheit mit 190 000 Mitgliedern.

Ich schämte mich jedes Mal, wenn ich ihnen sagen musste, dass das dänische Militär plante, 1500 Soldaten nach Afghanistan zu entsenden.

Kandahar war die Operationsbasis für einige der Eliteeinheiten, die in den gefährlichsten Gebieten im Süden und Osten des Landes eingesetzt wurden. In den ersten sechs Monaten des Jahres 2002 war der Stützpunkt primitiv. Es fehlten die üblichen Annehmlichkeiten, die westliche Soldaten als selbstverständlich betrachten. Doch in den folgenden Jahren wurde Kandahar mit einer beeindruckenden Geschwindigkeit, für die man die Ressourcen der Amerikaner brauchte, vollkommen umgekrempelt. Ein schäbiger und halb verfallener Provinzflughafen verwandelte sich in eine moderne, eigenständige Stadt, deren Bewohner in ihren beheizten Wohncontainern fließend Wasser und Satellitenfernsehen hatten. Es gab dort Internetanschlüsse, direkte Telefonverbindungen in alle Welt, Bus-

linien, Krankenhäuser, Burger Kings, Pizza Huts, Restaurants, Einkaufs-
zentren und Fitnessstudios.

Heute ist der Stützpunkt Kandahar der größte in Afghanistan und bietet
Platz für 25 000 Mann.

Das Herz der Anlage war ein eingezäunter Bereich, zu dem nur die Mitglieder der Eliteeinheiten Zugang hatten. Niemand sonst durfte dort hinein. Wir wohnten in einem Lager innerhalb eines Lagers. Und wir Dänen
von der Task Force Ferret bewohnten ein altes, längliches Steingebäude
von 45 mal 130 Metern, in dem sich etwa 15 kleine Räume befanden. Es
war ein komprimiertes Lager mit Schlafzelten, einem Messezelt, einem
Kommunikationszentrum, einer Küche, Toiletten und einem Wartungs-
zentrum, in dem Ersatzteile und Ausrüstung aufbewahrt wurden.

Wir schliefen in überfüllten, unbeheizten Zelten, und da die Temperatur im Januar und Februar nachts unter minus 10 Grad Celsius sinken
konnte, zitterten wir im Schlaf in unseren Schlafsäcken auf den kleinen
Feldbetten. Andere Kameraden schliefen in kleinen Zimmern, die vier mal
drei Meter groß waren. Jeder Zentimeter der Zelte und Räume wurde genutzt. Die Waffen wurden an der Decke aufgehängt. Stiefel und Schuhe
hängten wir an Haken. An den Betten wurden kleine Regale angebracht.
Unsere persönlichen Dinge bewahrten wir in Schachteln unter den Betten auf. Die Wände waren mit Karten und Skizzen tapeziert, zu denen
die obligatorischen »Tittenposter« kamen. Die Toiletten waren das Ergebnis sehr grundlegender Zimmermannskunst: Drei Holzbretter um einen
Plastikstuhl mit einem Loch in der Mitte, und als Tür diente ein abge-
schnittener Regenschutz. Die Duschen waren besser, was der Kreativität
unserer Mechaniker zu verdanken war, die mithilfe eines Kühlerschlauchs
ein System gebastelt hatten, das 110 Liter Wasser in einem Fass erhitzen
konnte. 102 Soldaten warteten geduldig in der Schlange darauf, einen mit
lauwarmem Wasser gefüllten Beutel zu ergattern, den sie im Duschzelt an
einem Haken aufhängen konnten, um das dort eiskalte Wasser ein wenig
aufzuwärmen.

In den ersten Monaten bekamen wir ausschließlich die Standardfeldratio-
nen zu essen. Die zahlreichen Konservierungsstoffe dürften die Haltbarkeit

unserer Truppe deutlich erhöht haben. Frisches Obst oder Gemüse gab es nicht, was für einige Soldaten ein Problem war: Der Mangel an Vitaminen, Mineralstoffen und Protein nagte an ihrer Gesundheit. Erschöpfung und Antriebslosigkeit breiteten sich aus. Ich erlebte diese Schwächung am eigenen Leib. Natürlich durften wir diese Lethargie nicht hinnehmen, da die Einsätze extreme Anforderungen an unsere physische Leistungsfähigkeit stellen würden. Glücklicherweise wurde das Essen gegen Ende des Winters ein wenig besser, da sich die Nachschubsituation entspannte.

Die Halle, die uns als Versammlungssaal und Bar diente, hatte Lehmwände. Einmal mehr wurde unser handwerkliches Geschick auf die Probe gestellt. Wir sammelten überall auf dem Stützpunkt Holz und schafften es, eine hübsche Theke, einige kleine Tische, Stühle, Sitzbänke und sogar eine überdachte Sitzgelegenheit gegenüber der Bar zu bauen. Wir tauften sie auf den Namen »K-Bar«. Das einzige Problem war, dass die Bar in den ersten Wochen weder Bier noch irgendein anderes alkoholisches Getränk ausschenken konnte. Daher mussten wir uns damit begnügen, die Kehlen mit Wasser zu befeuchten, wenn wir mit unseren massigen, bärtigen Kollegen Kriegserfahrungen austauschten.

Im Lager herrschte eine angenehme, ungezwungene Stimmung. Man konnte in den Schlafzelten Filme anschauen, in der Kantine Karten spielen und abends auf dem Platz vor den Zelten plaudern und rauchen. Sogar die Offiziere hatten sich entspannt und waren weniger streng. Jeder im Lager verstand, wie wichtig unsere Mission war, und nahm seine Arbeit sehr ernst, weshalb es nicht nötig war, uns in unserer Freizeit eine strikte militärische Disziplin aufzuzwingen.

Eines Morgens kam ich in der Unterhose aus der Dusche, als mir ein grauhaariger Mann begegnete, der nur mit Shorts und einer Sonnenbrille bekleidet war und zwei Ein-Liter-Flaschen Urin wegtrug. Es war Frank Lissner, der befehlshabende Offizier des Jäger-Korps, der später das Kommando des gesamten dänischen Bataillons übernehmen sollte. Wie wir alle hatte er in der Nacht keine Lust gehabt, seinen warmen Schlafsack zu verlassen, um 100 Meter in eisiger Kälte durch die Dunkelheit zu laufen, nur um in ein Loch zu pinkeln. Einem Vorgesetzten in einer solchen

Situation zu begegnen ist nicht unbedingt ein alltägliches Erlebnis. Aber unter diesen Umständen schien das vollkommen normal zu sein. Wir grüßten einander freundlich.

Anfangs gehörte ich einem Team in der Aufklärungssektion (S2) an, wo ich als Verbindungsoffizier zu anderen Einheiten eingesetzt wurde. Ich sollte meine Erfahrung als Minenräumer einbringen. Ich hatte Skizzen von russischen Minen und wusste, welche Einsatzgebiete nach dem zehnjährigen Krieg zwischen der Roten Armee und den Mudschahedin mit Blindgängern übersät waren. Obendrein ging nach den amerikanischen Luftangriffen Ende des Jahres 2001 eine noch größere Gefahr von nicht explodierten Bomben aus. Generell lässt sich sagen, dass etwa fünf bis zehn Prozent aller Granaten und Bomben aus technischen Gründen nicht explodieren, wenn sie auf dem Boden aufschlagen. Diese Bedrohung mussten wir bei der Planung unserer Einsätze berücksichtigen.

Es war zweifellos nicht mein Traumjob, an einem Schreibtisch zu sitzen, aber die Arbeit musste gemacht werden. Ich war glücklich, wieder dem Jäger-Korps anzugehören und in einer Krisenregion zum Einsatz zu kommen. Trotzdem machte ich meinen Vorgesetzten klar, dass ich nicht dem Unterstützungsstab angehören, sondern an der Front eingesetzt werden wollte.

Die militärischen Operationen sind Teil der Identität und des Daseinszwecks eines Berufssoldaten, und für mich persönlich als Jäger waren sie stets der verlockendste Teil meiner Arbeit. Sie sind das größte Privileg eines Soldaten. Nur im Einsatz werden die Fähigkeiten, die ein Soldat jahrelang zu perfektionieren versucht, wirklich getestet. Daher war mein Herz bei meinem Team und meinen Kameraden an der Front. Ich wollte nicht in einem Büro arbeiten, lauwarmen Kaffee trinken, Papierkram erledigen und langsam von einem bürokratischen Monster aufgesaugt werden. Ich empfand Respekt und Dankbarkeit gegenüber denen, die diese Aufgaben erfüllten, aber ich gehörte dort nicht hin. Daher bemühte ich mich, vom Stützpunkt wegzukommen und jede Gelegenheit zu nutzen, um meinen Schreibtisch zu verlassen und mich an Einsätzen gegen Munitionslager der Taliban zu beteiligen.

Ich hatte viel nachzuholen, nachdem ich acht Jahre lang vom Jäger-Korps weggewesen war. In den 90er-Jahren war die Einheit vollkommen umgebaut worden. Ihre Einsatzgebiete, ihre Ausrüstung und ihre Kultur hatten sich verändert. Als ich im Jahr 1993 ausgeschieden war, hatten die Jäger keine operative Ausrichtung gehabt. Das Training und die theoretische Ausbildung waren nicht auf Einsätze ausgerichtet gewesen, weil eine Entsendung in Kampfgebiete in den ersten drei Jahrzehnten der Existenz der Eliteeinheit ein politisches Tabu war. Die dänischen Streitkräfte nahmen im Kalten Krieg nicht an Kampfeinsätzen teil, sieht man einmal von den »weichen« UNO-Friedensmissionen im Nahen Osten und Afrika ab. Die Einheit, in die ich zurückgekehrt war, setzte sich aus sehr kompetenten und intelligenten jungen Männern zusammen. Sie warfen mit Fachjargon, Einsatztypen und Verfahren um sich, von denen ich nie gehört hatte. Mir wurde rasch klar, dass ein paar kluge Leute eine Aufklärungstruppe in eine erstklassige Spezialeinheit verwandelt hatten. So wie die Armee im Verlauf der Missionen auf dem Balkan in den 90er-Jahren hatte sich das Jægerkorpset vollkommen verändert, und es war viel besser geworden.

Im ersten Jahr des 21. Jahrhunderts war das Korps für Auseinandersetzungen auf einem sehr anspruchsvollen und schwer kontrollierbaren Schlachtfeld ausgebildet und ausgerüstet. Wir standen einem Feind gegenüber, der sich einen Dreck um die allgemein anerkannten Konventionen der Kriegsführung kümmerte. Seine Kämpfer, die Methoden wie Terrorismus, Sabotage und Guerillaoperationen anwandten, waren oft kaum von der Zivilbevölkerung zu unterscheiden, in der sie sich versteckten.

Das Jäger-Korps betrieb weiterhin spezielle Feindaufklärung, und ich darf ohne Anmaßung sagen, dass wir auf diesem Gebiet zu den besten in der Welt gehörten. Doch aus dem Jäger-Korps war inzwischen viel mehr geworden: Wir mussten Geiseln befreien, Menschen evakuieren, durch Sensitive Site Exploitation (SSE) vor Ort wichtige Daten sammeln, abgeschossene Crews aufspüren und bergen (Combat Search and Rescue, CSAR), wichtigen Persönlichkeiten Personenschutz geben und mit Spezialfahrzeugen Lokalisierungs- und Mobilitätsoperationen durchführen. Außerdem mussten wir imstande sein, unter verschiedensten klimatischen Bedingungen zu operieren: in der Wüste, im Dschungel, in arktischer Kälte und natürlich im feuchten und stürmischen dänischen Winter, der Witterungsbedingungen mit sich bringt, die zu den schwierigsten zählen, unter denen ein Soldat arbeiten kann. Die Wüste ist heiß, aber erträglich, solange man Wasser hat. Die arktische Kälte ist trocken, aber zu bewältigen, wenn man sich mit warmer Kleidung schützen kann. Aber das kalte, windige und nasse Wetter in Dänemark verbindet die drei schlimmsten Bedingungen miteinander. Dazu kommt, dass die Tage mehrere Monate im Jahr sehr kurz sind, was in Einsätzen ein Vorteil sein mag – die Jäger operieren vor allem bei Dunkelheit –, aber mental zermürbend ist.

Da mir in den acht Jahren, die ich fortgewesen war, so viel entgangen war, musste ich viel Zeit und Energie aufbringen, um mich auf den neuesten Stand zu bringen und mich mit den neuen Verfahren, Kommunikationsgeräten und Waffensystemen vertraut zu machen.

Um uns in Form zu halten, nutzten wir eine ehemalige russische Militärbasis, die wir als »Tarnak Farms« bezeichneten. Die aus zehn bis fünfzehn Betonbarracken bestehende Anlage war von einer hohen Steinmauer umgeben. Die Überreste eines alten Hindernisparcours waren erhalten geblieben. Auch al-Qaida hatte diesen Stützpunkt genutzt, und angeblich war er nach den Lagern in Tora Bora in der Provinz Nangarhar und der Basis in Zaware in der Provinz Paktia das drittgrößte Ausbildungslager der Terrororganisation gewesen.

An diesem Ort, der 20 Fahrminuten südwestlich des Luftwaffenstützpunkts Kandahar lag, hatten Osama bin Laden und seine Spießgesellen die Entführung der vier Passagierflugzeuge geplant, die anschließend in das World Trade Center und den Pentagon gesteuert wurden. Einige Jahre früher hatte al-Qaida ein bei den Tarnak Farms gedrehtes Video herausgegeben, auf dem ein lächelnder Mann zu sehen war, der sich mit anderen Terroristen unterhielt. Sein Name war Mohammed Atta. Am 11. September 2001 steuerte er ein Flugzeug in einen der beiden Türme, von denen nur Ground Zero übrig blieb.

Im November 2001 begann die amerikanische Luftwaffe mit massiven Luftangriffen auf die Ausbildungslager der Terrororganisation. Leider hatten die Terroristen die meisten Lager bereits aufgegeben. Als amerikanische und kanadische Einheiten den Komplex der Tarnak Farms im Jahr 2002 durchkämmten, stellten sie fest, dass er nicht nur ein Ausbildungslager von al-Qaida, sondern auch ein Laboratorium beherbergt hatte. Dort hatten die Terroristen versucht, biologische Massenvernichtungswaffen mit Milzbranderregern zu entwickeln. Jetzt nutzten die Koalitionstruppen Tarnak Farms für Schießübungen. Aber es wäre dumm gewesen, den Komplex selbst zu betreten. Nicht explodierte Granaten und Antipersonenminen stellten eine tödliche Gefahr dar, und es gab keinen Grund, sich auf diese Gefahr einzulassen. Unglücklicherweise nahm ein Team von Navy SEALs die Bedrohung nicht ernst. Eines Morgens Ende März beschlossen die SEALS, in dem Komplex eine Geiselbefreiung zu üben. Die al-Qaida-Terroristen hatten vor der Evakuierung des Lagers in einem der Gebäude eine Kette untereinander verbundener Minen installiert. Als die Kette explodierte, starb einer der SEALs, und mehrere andere wurden schwer verletzt.

Wenn wir in Tarnak Farms unsere Waffen testeten, blieben wir stets außerhalb der Mauern des Lagers. Wir stellten einige Wachen in Richtung des Feindes auf und nutzten die Wüste als weitläufigen Schießplatz. An diesem Ort musste man weder Schusswinkel berechnen noch zeitliche Beschränkungen oder Umweltschutzbestimmungen beachten. Wir nahmen einfach die Mauer des ehemaligen Terrorlagers unter Beschuss. Wir setzten rückstoßfreie Geschütze, Panzerabwehrwaffen, Handfeuerwaffen mit verschiedensten Kalibern, Granatwerfer, Präzisionsgewehre sowie Rauch-, Brand- und Handgranaten ein. Alles, was wir dabeihatten. Wir übten, wie viel Sprengmittel wir brauchten, um eine Bresche in der Mauer zu öffnen – diese Erkenntnisse waren wichtig für zukünftige Einsätze. Wir trainierten die Gefechtsverfahren des Teams und veranstalteten Schießwettbewerbe. Ich nahm an all diesen Übungen teil, weil ich viel nachzuholen hatte. In den ersten paar Wochen in Afghanistan verschoss ich fast so viel Munition, übte fast so viele Verfahren und studierte fast so viel neues Material wie in meinen ersten drei Jahren im Jäger-Korps. Ich tobte wie ein kleines Kind in einem riesigen Sandkasten herum und spielte mit all diesen neuen, aufregenden Spielzeugen. Und das war genau, was ich wollte.

Es gelang mir, meine Zeit im Büro um zwei Drittel zu verkürzen. Nachdem ich zweieinhalb Monate so gearbeitet hatte, bekam ich meine Chance. Ein Kamerad brach sich bei einem Einsatz ein Handgelenk, und ich nahm seinen Platz als Sprengmittelexperte seines Teams ein. Endlich war ich dort, wo ich seit Jahren hatte sein wollen. Ich war ein Jäger im Kampfeinsatz.

Mit 34 Jahren war ich nicht der jüngste Jäger, aber ich war auch nicht der älteste. Die Amöbenruhr, die ich mir ein Jahr früher in Afghanistan zugezogen hatte, hatte meine Gesundheit beeinträchtigt, aber nach Monaten der Ruhe und dank des Trainings war ich wieder vollkommen einsatzfähig. Meine Kraft und Ausdauer zerstreuten rasch jeglichen Zweifel: Mein Alter würde mich nicht daran hindern, in einem Team zu dienen. Ich war wieder im Geschäft.

KAPITEL 10: IM GARTEN
DER TALIBAN

Endlich durfte ich mich wieder einen Jäger nennen. In meinem neuen fünfköpfigen Team fühlte ich mich auf Anhieb zu Hause. René, der Kommandant unserer Patrouille, war mit acht Jahren im Dienst der Erfahrenste von uns. Mit seiner Kontaktfreudigkeit und seinem gesellige Wesen war er der geborene Anführer. Egal, wie erschöpft er war, egal, wie groß der Druck war, der auf ihm lastete, er bewahrte sich immer eine ansteckend-positive Einstellung. Peter war unser Sanitäter, eine Art hochmoderne Krankenschwester. Er war außergewöhnlich kompetent und analytisch und steuerte oft intelligente Beobachtungen bei. Er interessierte sich nicht für die Fitness, besaß jedoch beträchtliche Rohkraft. Eines Tages kam er beim Jogging ein paar Hundert Meter vom Lager entfernt an einem »Geschwindigkeit verringern«-Schild vorbei. Er entschloss sich, die Verkehrsregeln strikt zu befolgen, und kehrte in den gekühlten Aufenthaltsraum zurück. Unser Scout Mikkel hatte ein ruhiges und gelassenes Wesen. Er war klein und untersetzt, aber stark wie ein Bulle und im Korps sehr angesehen. Henrik war das jüngste Teammitglied und für die Kommunikation zuständig. Dieser große, sportliche Mann hatte ein angenehmes Wesen, akzeptierte jedoch keine Problemlösung, die nicht optimal war. Sowohl als Soldat als auch als Person schätzte ich ihn besonders.

Ich hatte den frei gewordenen Platz des Sprengstoffexperten und »Breachers« im Team ergattert. Dieser Experte wurde auch als »der Mann mit dem Schlüssel« bezeichnet. Meine Aufgabe war es, Hindernisse wie Türen und

Mauern zu sprengen, die meinem Team im Weg waren. Wenn wir von einem Beobachtungsposten aus operierten, hatte ich Claymore-Minen und Alarmvorrichtungen zu installieren, um mein Team zu schützen.

Ich war einige Wochen im Team, als es endlich so weit war: Wir würden zu einem Einsatz ausrücken. René hatte den Einsatzbefehl erhalten und trommelt uns im Teamraum zusammen. Er und ich hatten gerade unseren täglichen Zehn-Kilometer-Lauf in der staubigen Nachmittagshitze hinter uns gebracht, als wir den kleinen dunklen Raum betraten, der uns auch als Aufenthalts- und Schlafraum diente. Während die übrigen Teammitglieder entspannt wirkten, war ich angespannt und konnte den Beginn des Briefings kaum erwarten. Peter, unser Sanitäter, lag auf seinem Bett, sah eine Folge von *Friends* und kicherte vor sich hin. Mikkel, der Scout, lag auf dem Bauch und hörte seine Lieblingsmusik: Er war ein Fan von American West Coast Rock. Unser Funker Henrik saß am Tisch und untersuchte eine der Feldrationen, die wir für die Einsätze erhalten hatten.

Nachdem er reichlich Wasser getrunken hatte, versammelte René das Team um sich und klärte uns über die Mission auf. Amerikanische Drohnen vom Typ MQ-1 Predator beobachteten seit einer Woche die Grenzregion in den Bergen 400 Kilometer nordöstlich von Kandahar. Die Amerikaner wussten genau über die Aktivitäten in bestimmten Ortschaften an der Grenze Bescheid. Ihre Drohnen hatten Taliban und al-Qaida-Kämpfer gefilmt, die auf Bergpfaden zwischen den beiden Ländern hin- und herpendelten, um die amerikanischen Truppen in Afghanistan zu attackieren und sich anschließend nach Pakistan zurückzuziehen. Es wurde vermutet, dass die Grenzdörfer Terroristen und ihren Helfershelfern als Zufluchtsstätten dienten.

Bei günstigem Wetter kann eine Predator-Drohne mit ihrer Infrarotkamera die Wärmesignatur eines menschlichen Körpers aus 2700 Metern Höhe erfassen. Aber die instabilen Witterungsbedingungen im Winter hatten die Effektivität der Drohnen verringert. Daher erhielt die Task Force K-Bar den Auftrag, die Aktivität in dem Gebiet zu beobachten. Zum Glück für uns bedeutete das einen Bodeneinsatz.

Wir lauschten aufmerksam den Informationen, die René über die Mission hatte. Der Codename war QA05. René war der Einzige von uns, der bereits in einem Kampfgebiet zum Einsatz gekommen war, wenn auch in der etwas weniger gefährlichen Umgebung auf dem Balkan in den 90er-Jahren. Die Gesichter meiner Kameraden waren vollkommen konzentriert. Wir waren uns der Bedeutung unsere Aufgabe bewusst, und uns war klar, dass sie voller Risiken und Gefahren sein würde. Nachts würde uns ein Hubschrauber ins Einsatzgebiet bringen. Die Maschine würde uns im Tiefflug über Berge und durch Täler tragen, in denen es von feindlichen Kämpfern nur so wimmelte.

Das Terrain war schwierig. Die Berge, von denen aus wir unser Ziel beobachten würden, waren zwischen 3000 und 4000 Meter hoch. Wir würden an die Grenzen unserer physischen Leistungsfähigkeit gehen müssen, um uns in der dünnen Höhenluft über steile Felshänge und durch enge Schluchten zu bewegen. Der Einsatz sollte zehn Tage dauern, weshalb wir große Mengen an Ausrüstung und Verpflegung mitnehmen mussten. Außerdem mussten wir Wasser mitnehmen, da wir im Hochgebirge kaum welches finden würden. Wir würden alles, was wir brauchten, auf dem Rücken tragen.

Die Taliban und die Kämpfer von al-Qaida waren in ihrem Element, und die Aussicht, Koalitionssoldaten als Trophäen in ihre Gewalt zu bringen, motivierte sie zusätzlich. Insbesondere Elitesoldaten waren für sie wertvolle Ziele. Wenn es ihnen gelang, einen von uns zu fangen, zu foltern und auf möglichst bestialische und abwegige Art zu töten, würden sie sich Anerkennung und Respekt bei ihren Gefährten sichern.

Wir hatten von einem Navy SEAL gehört, der in Gefangenschaft geraten war und einen furchtbaren Tod erlitten hatte. Er war nach einem Gefecht aus dem abhebenden Hubschrauber gefallen und hatte sich verletzt. Al-Qaida-Kämpfer spürten ihn auf, schossen ihn in die Knie und in den Unterleib, schnitten ihm die Kehle durch, steckten ihm seinen abgetrennten Penis in den Mund und ließen ihn liegen.

Natürlich fürchteten wir uns vor der Gefangenschaft. Wir würden alle lieber im Kampf sterben.

Der sonst so heitere René war sehr ernst, als er die Einsatzbesprechung beendete. Er wies darauf hin, dass die größte Gefahr darin bestand, entdeckt zu werden. Wenn wir mit dem Feind oder auch nur mit Zivilisten in Kontakt kamen, mussten wir selbst im günstigsten Fall ausgeflogen werden. Im schlimmsten Fall würden wir um unser Leben kämpfen müssen. Wir mussten innerhalb von drei Tagen einsatzbereit sein. Dann würde Neumond sein, was die besten Bedingungen für unseren Vorstoß mit sich brachte.

Wir begannen, Aufklärungsdaten zu sammeln und auszuwerten. Zutreffende, detaillierte Informationen über den Feind sind unerlässlich für den Erfolg jeder militärischen Operation, und das gilt besonders für Missionen weit entfernt von den eigenen Linien. Wir brauchten Informationen über Wind, Lichtverhältnisse, Niederschläge und Temperaturen. Wir mussten wissen, wo wir mit Feindbegegnungen zu rechnen hatten, ob die gegnerischen Kämpfer gut bewaffnet und organisiert waren und wie gut ihre Kampfmoral war. Und schließlich mussten wir wissen, ob die Bevölkerung im Einsatzgebiet uns freundlich oder feindlich gesinnt war und wo sich die nächsten Ortschaften oder Siedlungen befanden. All diese Faktoren wirkten sich auf unsere Entscheidungen in der Vorbereitungsphase aus.

Wenn uns der Feind entdeckte, konnten wir nicht einfach an einen anderen Ort wechseln. Alle in der Umgebung – Taliban, al-Qaida, die paschtunische Bevölkerung – würden innerhalb kürzester Zeit erfahren, dass ausländische Soldaten in der Gegend waren, und zu einer gnadenlosen Jagd auf die Eindringlinge blasen.

Modernste Computerprogramme lieferten uns Informationen über die Höhe der Berge und das Gefälle der Hänge. Wir wählten die Orte aus, von denen aus wir die Dörfer und Pfade, die uns interessierten, am besten beobachten konnten. Die Berge wurden nach Norden etwas flacher, was es erleichtern würde, sich in der Gegend zu bewegen. Leider galt dasselbe für unseren Feind.

Es gab nur wenige Stellen, die sich als Beobachtungsposten eigneten. Das Terrain bestand aus extrem steilen Abhängen und unwegsamem Gelände. Trotz der umfassenden Ausbildung, die uns unter anderem in die Schweizer Alpen geführt hatte, waren wir noch nie einem derart steilen Terrain begegnet. Und wir würden die gesamte Ausrüstung für unseren zehntägigen Einsatz mitnehmen müssen. Da wir keinen Platz für Kletterausrüstung wie Seile und Gurte hatten, mussten wir unsere Route entsprechend planen.

Anhand von Karten und computergenerierten Bildern fand Mikkel schließlich einen geeigneten Landeplatz, was in diesem schwierigen Terrain eine gewaltige Herausforderung war. Die Landezone konnte nicht zu nahe bei unserem Beobachtungsposten liegen, da der große CH-47-Hubschrauber, der uns an den Einsatzort bringen würde, großen Lärm machte. Andererseits konnte die Landezone nicht zu weit von unserem Ziel entfernt sein, da wir den Beobachtungsposten vor Tagesanbruch erreichen mussten. Mikkel legte auch Treffpunkte für den Fall fest, dass wir in ein Gefecht verwickelt und getrennt wurden. Und wir brauchten einen Plan für den Fall, dass alles schieflief: Wir mussten Fluchtwege bis zurück zum Stützpunkt Kandahar planen.

Außerdem brauchten wir Verfahren für die Kontaktaufnahme mit unseren eigenen Einheiten. Henrik arbeitete eifrig an unseren Kommunikationssystemen. Die internen Radiofrequenzen mussten festgelegt und verschlüsselt werden. Peter stellte die medizinische Ausrüstung bereit und gab jedem von uns ein Notfallpaket, das unter anderem Morphin, Schmerzmittel und ein Mittel gegen akute Verdauungsbeschwerden enthielt. Ich testete und präparierte die Sprengstoffe und strich die Granaten und Drähte, die wir zur Sicherung unseres Postens verwenden würden, sandfarben an. Nachdem ich festgestellt hatte, wie schwer unsere Rucksäcke sein würden, verstärkte ich sie an den Punkten, auf denen besonders viel Gewicht lasten würde.

Wir mussten Granaten, Minen, Munition, Funk- und GPS-Geräte, Ferngläser und Nachtsichtbrillen, Wärmebildgeräte, Stative, Kameras, Batterien für zehn Tage, Schlafsäcke, Toilettensäcke und gefriergetrocknete Nahrungsrationen mitnehmen. Als mein Rucksack fertig gepackt war, schleifte ich ihn in den Gang hinaus, um ihn gemeinsam mit der

Schutzweste und meiner Waffe abzuwiegen. Das Gewicht verschlug mir fast den Atem: 82 Kilo!

Zu allem Überfluss mussten wir auch Trinkwasser mitnehmen. Unter den Bedingungen, denen wir ausgesetzt sein würden, mussten wir mindestens fünf Liter Wasser am Tag trinken. Wir würden also 50 Liter pro Kopf mitnehmen müssen, was bedeutete, dass wir insgesamt 250 Liter Wasser mitschleppen mussten, von denen 125 Liter in zwei zusätzlichen Behältern transportiert werden mussten.

Acht Stunden nach der Einsatzbesprechung brachen wir auf. Bevor wir an Bord des Hubschraubers gingen, übten wir Formationen und die Abläufe nach der Landung. Es war ein ruhiger und sonniger Nachmittag. Doch plötzlich brach ein Sandsturm über uns herein. Der Himmel wurde von einer großen Staubwolke verdeckt. Ein bräunlicher Nebel hüllte uns ein und ließ uns wie ausdruckslose Wachspuppen wirken, aber wir waren so konzentriert, dass wir es kaum bemerkten.

Wir hatten das Privileg, vom 160th Operations Aviation Regiment an den Einsatzort gebracht zu werden. Dieses Hubschrauberregiment, das auch als »Night Stalkers« bezeichnet wurde, beförderte ausschließlich Spezialeinheiten. Eine bessere Hubschrauberunterstützung gibt es nicht. Die Night Stalkers haben die besten Piloten, die besten Hubschrauber und die beste Ausrüstung. Der riesige MH-47D Chinook mit seinen Tandemrotoren wurde speziell für den Einsatz von Spezialeinheiten gebaut. Die Maschine, mit der wir transportiert wurden, war mit drei 7,62-mm-Gatling-Maschinengewehren bewaffnet, konnte in der Luft aufgetankt werden und war mit einem Fast-Roping-System zum Abseilen und weiteren Verbesserungen der Standardversion ausgestattet. Die Piloten dieses Regiments fliegen unter Bedingungen, unter denen sonst keine Hubschraubercrews eingesetzt werden. Sie landen an den schwierigsten und unzugänglichsten Orten und fliegen fast immer im Dunkeln ohne eine einzige Lichtquelle in der Maschine.

Im Koordinierungsgespräch mit der Hubschraubercrew eröffnete uns der Kommandant, ein redseliger, aber geradliniger Pilot Anfang 30, dass der anderthalbstündige Flug schwierig und gefährlich werden würde. Wir würden in der Finsternis durch ein Gebirge fliegen, in dem man fast ohne Vorwarnung auf steil aufragende Bergspitzen zusteuerte. Die Piloten würden gezwungen sein, sehr niedrig – nur zehn bis zwanzig Meter über dem Boden – zu fliegen und sich mit Nachtsichtgeräten zu orientieren. In derart geringer Höhe bestand auch immer die Gefahr, dass wir unter Beschuss von Panzerfäusten, Maschinengewehren und sogar Handfeuerwaffen gerieten. Die Landung würde besonders schwierig werden, da wir in einer von steilen Felshängen beherrschten Gegend abgesetzt werden mussten.

Aber die ruhige, professionelle Art der Hubschraubercrew gab uns Sicherheit. Es war klar, dass sie wie Dienstleister dachten, um ihre Arbeit möglichst gut zu machen. Wir waren ihre Kunden. Ihre Mission war es, uns zu dienen.

Zwei Stunden vor dem Aufbruch versammelte ich unser kleines Team. Wir tranken reichlich und nahmen eine letzte richtige Mahlzeit zu uns (Spaghetti Bolognese). Unsere Füße waren fast so wichtig wie unsere Mägen. Wir feilten die Hornhaut sorgfältig weg und wickelten unsere Gelenke mit Tape-Verband ein, bevor wir in die Stiefel schlüpften, die wir zehn Tage lang nicht ausziehen würden.

Wir unterhielten uns über unsere Familien, Freundinnen und Haustiere. Es war uns bewusst, wie bedeutungslos dieses Geplauder in dieser Situation war, aber es hatte keinen Sinn, sich Gedanken darüber zu machen, dass wir uns bald in Feindesland befinden und dabei Gegnern begegnen würden, die nichts zu verlieren hatten und alles tun würden, um uns zu töten. Es gab viele Fragen, auf die wir keine Antworten wussten: Würden die Abläufe wie geplant funktionieren? Würde es uns unter den extremen Bedingungen in der rauen Gebirgslandschaft gelingen, miteinander und mit dem Stützpunkt zu kommunizieren?

Infanterieeinheiten bewegen sich in der Regel nie in Gruppen von weniger als 30 Soldaten außerhalb ihres Stützpunkts. Kleinere Einheiten müssen ausreichende Unterstützung durch leichte und schwere Maschinengewehre, Mörser und panzerbrechende Waffen haben und bei Bedarf Artillerie- oder Luftunterstützung sowie Infanterieverstärkungen anfordern können.

Bei diesem Einsatz würden wir zu fünft 400 Kilometer von unserer Basis entfernt vollkommen isoliert auf einem Berg sitzen. Wenn uns der Hubschrauber abgesetzt hatte, würden wir vollkommen auf uns gestellt sein und mit der Ausrüstung und Verpflegung auskommen müssen, die wir bei uns trugen. Allerdings konnten wir Luftunterstützung durch Bomber und die fantastischen »fliegenden Festungen« der Amerikaner, die AC-130, anfordern: Dieses auch als »Gunship« (Kanonenboot) bezeichnete Flugzeug war mit einem ganzen Arsenal von Waffensystemen ausgerüstet. Die AC-130 wurde allerdings nur nachts eingesetzt, und fünf Mann am Boden konnten sich nicht darauf verlassen, dass bei Tageslicht Kampfflugzeuge zur Verfügung stehen würden, um ihnen aus einer Notlage zu helfen.

***

Wir saßen ein paar Meter von der Laderampe des Chinook auf einer großen Betonfläche auf dem Boden. Der gewaltige, furchteinflößende Metallklumpen hob sich vom sternenübersäten Nachthimmel ab. Nur die kleinen grünen Flecken der chemischen Leuchtstäbe in der Kabine gaben uns einen Hinweis auf die Größe dieses fliegenden Riesen, der mehrere Fahrzeuge befördern konnte.

Wir waren bereit zum Aufbruch, mussten jedoch noch auf den Kaplan warten, der uns seinen Segen geben würde. Das ärgerte mich, denn ich bin Atheist und vertraue auf meine Fähigkeiten als Mensch und Soldat. Ich glaube nicht an Zufall und Vorsehung. Ich wollte in den Minuten vor meinem ersten Einsatz lediglich ein bisschen Privatsphäre, anstatt moralischen Ritualen unterworfen zu werden, die ich ablehnte, selbst wenn sie gut gemeint waren.

Wir gingen an Bord. Die Turbinen begannen, mit einem metallischen Kreischen zu arbeiten. Der Chinook setzte sich in Bewegung und rollte auf den Take-off-Punkt zu, wo die letzten Kontrollen durchgeführt wurden. Die Rotoren begannen, sich schneller zu drehen, und die vier Räder des Hubschraubers hoben sich vom Boden. Rasch lösten sich die

Umrisse der abgedunkelten Zelte und Gebäude auf, und wir entfernten uns in östlicher Richtung von der Basis. Bald wurde uns klar, dass die Warnungen des Hubschrauberkapitäns vor einem unruhigen Flug nicht übertrieben gewesen waren. Ich war schon in geringer Höhe geflogen, aber so etwas hatte ich noch nicht erlebt. Die Kabine schlingerte, hüpfte und sackte ab, als würde die Maschine von einem Haufen betrunkener Seeleute gesteuert. Plötzliche Sturzflüge und Sprünge zwangen mich, mich mit beiden Beinen gegen den Boden zu stemmen, um nicht aus meinem Sitz zu fallen.

Ich schaltete mein Nachtsichtgerät ein und schaute durch die große Öffnung am hinteren Ende der Kabine hinaus. Im grünen Licht konnte ich den Lademeister erkennen, der bei seinem Maschinengewehr hockte. Plötzlich durchfuhr mich ein Schock: Ein tiefes Dröhnen erschütterte die Kabine und übertönte das Motorengeräusch. Die Kabine begann zu segeln, und ich hatte Mühe, mich auf meinem Platz zu halten. Was zum Teufel war da los?

Ich sah mich um und sah den anderen Lademeister bei einem leichten Maschinengewehr an der Seitentür stehen. Mein erster Gedanke war, dass er ein Ziel am Boden beschossen hatte. Der Pilot scherte immer wieder aus und flog Schlangenlinien, um uns aus der Schusslinie zu bringen. Wir waren in Gefahr. Ich sah Mikkel an. In seinem mit Tarnschminke verschmierten bärtigen Gesicht stand ein breites Grinsen. Ich lächelte zurück, wenn auch ein wenig gezwungen.

Ich hatte in den vergangenen Stunden viel Wasser getrunken, und die Flüssigkeit musste wieder hinaus. Wir waren eine halbe Stunde unterwegs und würden unser Ziel frühestens in einer Dreiviertelstunde erreichen. Mir wurde klar, dass es mir nicht gelingen würde, so lange einzuhalten. Wir hatten Plastiksäcke für diesen Zweck mitgebracht, aber ich hatte gehofft, ich würde sie nicht brauchen. Jetzt konnte ich es nicht mehr vermeiden. Also stand ich auf und hielt mich mit einer Hand an der Sitzreihe fest, um nicht aus dem Gleichgewicht zu geraten. Um die Aufgabe noch zu erschweren, war der schwankende Kabinenboden mit einer schmierigen Schicht Motoröl überzogen. Ich holte mit der freien

Hand meinen kleinen Freund heraus und stülpte den Sack wie ein riesiges Kondom darüber.

Da stand ich also halb aufgerichtet im Bauch dieses großen, bockigen Metalltiers und versuchte, 5000 Kilometer von der Heimat entfernt über den Bergen Afghanistans wie ein Rodeoreiter das Gleichgewicht zu halten, während ich mein Geschäft verrichtete. Wäre das alles nicht todernst gewesen, so hätte ich über diese bizarre Situation lachen müssen. Ich beendete mein Geschäft in aller Eile und legte den schwarzen Sack an der Kabinenwand ab.

Eine halbe Stunde später gab der Lademeister erstmals Signal: Noch zehn Minuten bis zum Ausstieg. Ich schaltete mein GPS-Gerät ein und prägte mir ein letztes Mal die Einschleusungsroute ein. Ich kontrollierte, dass nichts aus den Taschen meiner Weste gefallen war. Obwohl die unverzichtbare Ausrüstung mit einem Spanngurt gesichert war, steckten in der Weste auch lose Gegenstände, darunter meine Karte. Auf der Karte waren keine Orte markiert. Wir beschrifteten unsere Karten nie, um unseren genauen Aufenthaltsort nicht zu verraten, sollten sie in die falschen Hände geraten. Dennoch wäre es eine Katastrophe gewesen, die Karte zu verlieren, und zwar nicht nur, weil ich sie brauchte, um mich zu orientieren, sondern auch, weil sie dem Feind unsere Anwesenheit verraten würde.

Ich kontrollierte auch meine Waffe. Ich prüfte das Infrarotlicht und die Kraft des kleinen roten Punkts im Visier. Ich saugte ein wenig Wasser aus dem Schlauch meiner Outdoortrinkflasche, die viereinhalb Liter enthielt. Ich schaltete mein Nachtsichtgerät ein, um meine Augen an das grüne Licht zu gewöhnen und meine Kameraden in der Kabine besser ausmachen zu können.

Mit Ausnahme von René waren wir alle auf unserer ersten Mission. Trotzdem spürte ich durch die Dunkelheit und den Lärm der Rotoren etwas, das ich aus den Übungen kannte. Es war die Ruhe, die man empfindet, wenn man zum richtigen Zeitpunkt am richtigen Ort ist, wenn man in seinem Element ist. Zumindest empfand ich es so. Ich war in der besten Gesellschaft, die man sich vorstellen kann – in der von Soldaten, die zu den besten der Welt zählten. Diese Höllenhunde würden das Ding schon schaukeln.

Fast im selben Augenblick, als der Lademeister das Zeichen gab, dass wir noch eine Minute vom Ziel entfernt waren, drosselte der Pilot die Geschwindigkeit. Ich ertastete die Gurte meiner Rucksäcke, um sie über die Rampe hinauszuschleifen. Sowohl der primäre als auch die alternativen Landepläne waren kleine Plateaus auf Bergrücken. Durch mein Nachtsichtgerät konnte ich die Oberfläche einer schwarzen Klippe unter uns erkennen. Der Lademeister lag flach auf dem Bauch und streckte sich bis zum Gürtel über die Rampe hinaus, um den Piloten zu dirigieren. Dies war der heikelste Teil der Einschleusung. Die 15 Tonnen lärmenden Metalls waren jetzt ein leichtes Ziel. Eine Granate aus einer Panzerfaust würde genügen, um den Hubschrauber abzuschießen.

Ich wurde nervös: Wir schwebten schon zu lange über dem Landeplatz, viel zu lange. Warum setzte er nicht auf?

Plötzlich heulten die Turbinen auf, und der Pilot zog die Maschine scharf nach rechts. Ich wäre beinahe vornübergefallen. Waren wir entdeckt worden? Die Amerikaner zögerten normalerweise nicht lange, ihre Waffen einzusetzen, wenn sie bedroht wurden. Aber die Maschinengewehre der Kanoniere schwiegen. Es konnte unmöglich sein, dass wir entdeckt worden waren. Anscheinend war unser bevorzugter Landeplatz einfach ungeeignet.

Wir flogen weiter. Nach etwa fünf Minuten kam wieder das Signal »Eine Minute«. Diesmal gab es kein Zögern. Langsam und stetig stieg der Hubschrauber ab und blieb schließlich unbeweglich in der Luft stehen. Der Lademeister kniete sich hin, drehte sich zu uns um und leitete uns mit raschen Bewegungen beider Arme über die Rampe.

Raus, raus, raus!

Ich schleifte meine Rucksäcke über die Rampe und fiel auf den Boden. Ich ließ die Wasserbehälter liegen, denn es war unmöglich, mit beiden Säcken voranzukommen. Sie waren einfach zu schwer. In einem Wirbel aus Staub und Schotter musste ich all meine Kraft einsetzen, um von dem riesigen Metallkörper und den peitschenden Rotorblättern wegzukommen. Ich warf mich auf den Boden, als der Chinook abhob und wie ein majestätischer Vogel davonsegelte. Ich versank in der Dunkelheit. Rasch sicherten wir unsere Position in alle Richtungen ab. Eine betäubende Stille umfing uns. In der Finsternis war kein Laut zu hören.

Ich war seit Langem in Afghanistan, aber zum ersten Mal erlebte ich völlige Stille. Keine bellenden Hunde. Kein Rauschen des Windes. Nichts. Es war, als hätte man uns in ein Vakuum gesetzt. Nach einer Weile legte sich der aufgewirbelte Staub, und wir konnten uns endlich orientieren. Ich sah mich fassungslos um: Diese Hubschraubercrew war unglaublich. Sie hatten es tatsächlich geschafft, uns auf einer Fläche von nicht mehr als fünf mal fünf Metern abzusetzen. Der Pilot hatte den Hubschrauber zu einem senkrechten Steilhang gesteuert, bis genau an die Kante. Die Räder hatten den Boden in keinem Augenblick berührt. Der Lademeister hatte unseren Ausstieg mit chirurgischer Präzision geleitet.

Made in the USA. Alle Achtung.

Das Gelände war steinig und kahl, und wir waren von steilen Felsen umgeben, die sich wie die Silhouette einer Theaterkulisse vom Nachthimmel abhoben. Auf dem zerklüfteten Plateau war nur hier und da ein Busch zu sehen. Trotz der Höhe von fast 3000 Metern war es überraschend warm. Ich trank einen Schluck Wasser.

»Wir sind in der alternativen Landezone«, sagte Mikkel.

Es war nicht nötig zu erklären, warum wir diesen Landeplatz hatten wählen müssen. Wir konnten uns denken, dass es an der bevorzugten Stelle ein Problem gegeben hatte. Vielleicht hatte der Pilot auch nur die Taliban und die Einheimischen verwirren wollen. Aber es war uns auch klar, dass der Weg zu der Stelle, an der wir unseren Beobachtungsposten beziehen wollten, nun länger war.

»Alle okay?«, fragte René. Wir nickten schweigend. »Also dann auf die Beine«, flüsterte er.

Wir mussten uns unbedingt so schnell wie möglich vom Landeplatz entfernen. Der Chinook war vermutlich noch einige Kilometer entfernt in den Dörfern zu hören gewesen. Daher war den Taliban und den al-Qaida-Kämpfern wohl klar, dass eine Spezialeinheit in der Gegend war.

Sie wussten, dass in einem solchen Gelände keine regulären Infanterieeinheiten abgesetzt wurden.

»Thomas, du und ich werden das Wasser verstecken«, flüsterte Mikkel.
Ich kroch zu dem Sack hinüber, für den ich verantwortlich war, und
packte ihn an den Gurten. Es schien mir, dass ich einen ohrenbetäubenden Lärm machte, als ich ihn über den felsigen Untergrund zu einer
Vertiefung schleifte und mit einem sandfarbenen Tarnnetz bedeckte. Da
man sich einen 60 Kilo schweren Rucksack nicht einfach auf die Schultern wuchten konnte, halfen wir einander, während das übrige Team die
Position absicherte. Wir nickten René zu, und er gab das Signal zum
Aufbruch.

Ich ging hinter Mikkel, der als Scout die Aufgabe hatte, die Gruppe zu
führen. Wir beide gingen etwa zehn Meter vor unseren Kameraden.
Mikkel konzentrierte sich darauf, den richtigen Weg zu finden, während
ich auf verdächtige Hinweise achtete. Ich hielt Ausschau nach ungewöhnlichen Bewegungen und Veränderungen des Lichts und lauschte
auf Geräusche. Ich schärfte meine Sinne und entsicherte meine Waffe.
Wir bewegten uns durch leicht abschüssiges Gelände zu einem größeren
Plateau. Ich ging vornübergebeugt, um das Gewicht meines Rucksacks
auszugleichen. Nach wenigen Hundert Metern erreichten wir den Fuß
des Hangs und hielten an, um zu lauschen und die Umgebung zu studieren. Als die anderen eintrafen, nickten wir René zu: An dieser Stelle
würden Mikkel und ich unsere Rucksäcke ablegen und umkehren, um
das Wasser zu holen. Wir stiegen wieder hinauf zum Landeplatz, fanden
die Säcke, hievten sie auf die Schultern und machten uns auf den Weg.
Als wir unsere Kameraden erreichten, versteckten wir die Wasserbehälter
erneut und setzten den Marsch fort.

Ich war bereits schweißgebadet. Es würde eine lange, zermürbende Nacht
werden.

Von diesem Plateau aus ging es nur noch bergauf, und zwar steil bergauf.
Es war unmöglich, nur mit der Kraft der Beine voranzukommen. Ich
musste meine Waffe sichern und über die Schulter hängen, um die Arme
frei zu haben, um meinen Körper und den 60 Kilo schweren Rucksack

hinaufzuziehen. Für jeden einzelnen Schritt musste ich festen Halt suchen und die Kraft jeder Faser meiner Beinmuskeln bündeln. Nach kurzer Zeit hatten die scharfen Felskanten meine dünnen Handschuhe zerfetzt.

Ich warf einen Blick hinunter über den Hang. Wer an diesem Steilhang das Gleichgewicht verlor, würde sterben. Eine solche Quälerei hätte ich mir in meinen wildesten Träumen nicht ausmalen können. Die Erinnerung an den Selektionskurs des Jäger-Korps kehrte zurück: an die Schmerzen, die Furcht, die Unsicherheit und den Geschmack des Bluts in meinem Mund. Die dünne Höhenluft machte mir zu schaffen. Wir waren gerade erst aufgebrochen, aber ich hatte bereits die Grenze meiner körperlichen Leistungsfähigkeit erreicht. Jetzt verstand ich, warum die Jäger in der Ausbildung durch die Hölle gehen mussten. Dort hatte ich gelernt, die Schmerzen zu überwinden und weiterzumachen, obwohl der Körper längst den Dienst verweigerte.

Ich hielt einen Augenblick inne, um einen Schluck Wasser zu trinken. Von oben kullerten ein paar kleine Steine an mir vorbei. Ich rührte mich nicht und hielt den Atem an. Die Steine kamen von irgendwo oberhalb von Mikkel. Ich lehnte mich gegen den Fels, griff nach meiner Waffe und versuchte zu erkennen, was dort oben los war. Waren es feindliche Kämpfer? Ein Tier? Eine Laune der Natur?

Wenn wir an dieser Stelle in einen Hinterhalt gerieten, hatten wir kaum eine Chance. Wir hingen in einer Felswand fest und wären dem Feind wehrlos ausgeliefert. Ich sah mich um. Das übrige Team befand sich etwa zehn Meter unter mir. Die Waffen meiner Kameraden waren nach oben gerichtet. Ich lauschte, konnte jedoch nur meinen Puls hören, der hohl in meinen Ohren pochte. Mikkel bewegte sich wieder, und auch ich kletterte weiter. *Komm schon, beweg deinen dicken Hintern diesen Berg hinauf.* Ein Stück weiter oben erreichten wir einen Felsvorsprung.

Mikkel konnte kaum Atem fassen. »Das ist Wahnsinn«, schnaufte er. »Ja«, murmelte ich. »Aber wir können uns damit trösten, dass wir unten noch ein paar Wasserbehälter liegen haben, die wir nachher holen dürfen.«

***

Die Nacht verging viel zu schnell für uns. Wir mussten unsere Position unbedingt vor Sonnenaufgang erreichen. Es kam nicht infrage, bei Tageslicht weiterzumarschieren. Wenn wir unser Ziel nicht vor dem Morgengrauen erreichten, blieb uns nichts anderes übrig, als eine Höhle oder einen Felsspalt zu finden und uns darin zu verstecken, bis die Sonne wieder unterging.

Wir erreichen einen weiteren Felsvorsprung, der etwa auf halbem Weg zu unserem Ziel lag. Mikkel winkte mich zu sich. Wir spähten über einen Felsbrocken und sahen genau das, was wir nicht hatten sehen wollen: Etwa 50 Meter entfernt hob sich der Umriss eines kleinen Gebäudes vom Hang ab. Auf den Karten und Aufklärungsfotos war nichts von einem Gebäude in der Nähe unserer Route zu sehen gewesen. Dies war eine sehr schlechte Nachricht. Wo Gebäude sind, da sind auch Menschen. Ich klettere hinunter zu René, um ihm von der Entdeckung zu berichten.

Er schnaubte wütend. »Wir müssen es uns ansehen«, sagte er. »Es ist zu nah an unserem Beobachtungsposten. Wir müssen wissen, ob es bewohnt ist. Thomas, geh mit Mikkel hinauf und überprüfe es. Wir werden euch von hier aus Deckung geben.«

Mikkel und ich setzten unsere Rucksäcke ab und näherten uns dem Gebäude in einem Bogen, um nicht in die Schusslinie zu geraten und in Deckung zu bleiben. Es war eine etwa sieben Meter breite Lehmhütte mit einem Flachdach. Wir richteten unsere entsicherten Waffen auf die geschlossene Holztür. Ich wechselte langsam auf Mikkels linke Seite, da ich Linkshänder bin und das Gewehr an der linken Schulter anlege.

Wir erreichten die Tür. Sie hatte keine Klinke, aber wir fanden die Scharniere, und ich bezog auf der anderen Seite Position, damit Mikkel sie aufstoßen oder -ziehen konnte. Ohne das geringste Geräusch zu machen legte er eine Hand auf die Tür. Ich nickte ihm zu, und er schob die Tür auf. Wir schlichen in die Hütte und schalteten die Infrarotlichter unserer Waffen ein.

Es war kein Mensch in dem Raum, der nur ein kleines Fenster hatte. Auf dem Boden lag eine Matratze mit einer Decke, daneben standen eine kleine Schüssel und ein Glas. Vermutlich nutzten Schäfer aus der Gegend die Hütte als Schlafgelegenheit. Verdammt: In der Gegend wimmelte es vermutlich von Hirten, Schafen und Ziegen. Wir schlossen die Tür und kehrten zur Gruppe zurück.

Es blieb uns noch weniger als eine Stunde bis zum Tagesanbruch, und wir befanden uns noch etwa 100 Meter unterhalb der Stelle, an der wir Position beziehen wollten. Da lagen wir nun im Kreis hinter ein paar Felsen und versuchten, zu Atem zu kommen und nach der Einschleusung unseres Lebens ein wenig Kraft zu sammeln.

»Also gut, hört zu«, flüsterte René. »Mikkel und ich gehen voraus und sehen uns die Situation an. Wir sind in einer Stunde zurück. Wenn nicht, kennt ihr den Plan.«

Als sie aufbrachen, drehte sich René um und sah mich mit einem breiten Grinsen an: »Alles in Ordnung, Großpapa?«

Wir waren etwa gleich alt, aber es gefiel ihm, mich so zu nennen.

»Verpiss dich«, antwortete ich lachend.

Die beiden gingen los, und die übrigen von uns genossen eine willkommene Pause. Kein Lüftchen regte sich. Die Stille war vollkommen. Im Osten begann sich der Himmel aufzuhellen. Henrik tippte mich an und bot mir einen halben Schokoriegel an.

»Scheint dir gut zu gehen«, sagte er. »Bist ja länger nicht dabei gewesen, stimmt's?«

»Acht Jahre«, antwortete ich. »Mein Körper weiß nicht, wie ihm geschieht.« Ich verschlang den Schokoriegel in wenigen Sekunden.

Meine Uniform war am Bein aufgerissen, und ich begann, meine nach zahlreichen Schlägen und Kratzern an scharfen Felsbrocken blutigen und schmerzenden Knie zu massieren.

***

Nach etwa einer Stunde tauchten Renés und Mikkels Silhouetten auf und fielen wie zwei Kartoffelsäcke zu Boden. Sie wirkten erschöpft und besorgt.

»Wir stecken bis zum Hals in der Scheiße«, flüsterte René. »Wir haben nur einen einzigen Platz gefunden, von dem aus man einen freien Blick auf das Ziel hat. Von dort hat man kaum Blickkontakt zur Basis. Aber wir haben keine Wahl. Wir müssen damit auskommen. Es ist ein kleiner Felsvorsprung, gerade groß genug für einen Beobachtungsposten und Schlafgelegenheiten. Fragen?«

Wir wussten, dass Mikkel und René alles versucht hatten, was in ihrer Macht stand, und die unter diesen Umständen beste Option gewählt hatten. Keine Fragen. In der Ruhepause hatten sich unsere Muskeln und Gelenke verhärtet. Ich bemerkte, dass Peter Mühe hatte, sich aufzurichten. Wie er so vornübergebeugt dasaß, beide Hände in den Schoß gelegt und mit tropfendem Bart, wirkte er wie ein mürrischer alter Bär. Hätte ich es nicht besser gewusst, so hätte ich sein Alter auf irgendwo zwischen 70 und 80 Jahren geschätzt. Aber ich war zu müde, um zu lachen.

Wir mussten uns beeilen. Das Licht kroch über den Horizont, und die Vögel begannen bereits zu zwitschern. Die Basis musste rasch gesichert werden, und das war meine Aufgabe.

Ich schützte den Zugang zu unserem Lager mit einigen Claymore-Minen, die jeweils 800 kleine Stahlprojektile enthielten. Vorsichtig schob ich die Zünder in Position. Um die Minen zu tarnen, steckte ich vor ihnen ein paar Zweige in die Erde. Wenn die Zweige vom Wind weggeblasen wurden, würde die Mine sichtbar werden und unsere Anwesenheit verraten. Ich schabte eine Rille in den harten Boden, verlegte den Zünddraht darin und bedeckte ihn mit Erde. Jetzt musste ich nur noch den Auslösemechanismus anschließen.

Die schmale Öffnung zwischen den Felsen, bei der ich die Minen platzierte, war der einzige Zugang zu unserer Basis. So, wie die Felsbrocken lagen, konnte die erste Mine einen ungebetenen Gast erst treffen, wenn er einige Schritte durch die Öffnung getan hatte. Aber das war alles andere als ideal: Es wäre besser gewesen, einen Eindringling sofort auszuschalten.

Ein weiteres Problem war, dass wir die andere Seite der Öffnung nicht sehen können. Dort wurde das Gelände nach einem fast vertikalen Hang von mehreren Hundert Metern flacher und ging in ein Tal über, in dem sich in nördlicher und östlicher Richtung kleine Siedlungen erstreckten. Um das gesamte Tal überblicken zu können, würden wir einen Mann am Abhang postieren müssen, aber er würde sichtbar sein. Das machte unsere Position verwundbar.

Unser Ziel lag in südlicher Richtung. In dieser Richtung fiel das Gelände von unserer Basis aus steil ab. Es gab lediglich eine kleine Felsspalte, die dem Berghang folgte. Dies war unser einziger anderer Ausweg.

Der Beobachtungsposten, von dem aus wir abwechselnd die Ziele beobachten würden, war ebenfalls gefährlich. Ich hatte von verschiedensten Orten aus Observationen geübt – aus Erdlöchern, Gebüschen, von Dachböden und dunklen Fichtenwäldern aus –, aber ein Posten wie dieser hier war mir neu. Mit kleinen Schritten legte ich die fünf Meter lange Strecke zwischen der Basis und dem Beobachtungsposten zurück, der weniger als einen Fuß breit und gerade groß genug war, um sich an den Felsen anzulehnen. Ein falscher Schritt, und man stürzte in den Abgrund. Mikkel hatte den Posten mit einem feinen Netz getarnt, das als Bow Flash bezeichnet wurde und perfekt zum Gestein passte. Er hatte auch die Beobachtungsgeräte bereitgelegt: das leistungsstarke Swarovski-Fernglas, die Kameras, Stative, ein Logbuch und eine Karte des Gebiets mit allen wichtigen Beobachtungspunkten und Geländemerkmalen. Er gab mir detaillierte Anweisungen und zeigte mir das Dorf, das etwa anderthalb Kilometer südlich lag, sowie die Straßen und Pfade, die die Taliban und die al-Qaida-Kämpfer benutzten. Die erste Wache übernahm er selbst, und ich kehrte ins Lager zurück. Mir blieben 70 Minuten bis zum Beginn meiner Schicht. Ich wusste, dass ich etwas essen musste, aber ich war zu erschöpft. Ich trank nur etwas Wasser, sackte in meiner durchgeschwitzten Uniform zusammen, die Waffe immer noch in der Hand, und schlief sofort ein.

Normalerweise habe ich einen leichten Schlaf und wache beim geringsten Geräusch auf. Aber in diesem Moment war ich derart entkräftet, dass ich in einem sonderbaren Tiefschlaf versank, in dem Bruchstücke von Farben, Klängen, Gerüchen, Gesichtern und Szenen aus den Tiefen meines Unterbewusstseins aufstiegen und vor meinem inneren Auge explodierten. Ich war vollkommen verwirrt, als Mikkel mich an der Schulter rüttelte und von diesem fernen Ort zurückholte.

»Thomas, du bist dran. Thomas! Bist du wach?« Ich fuhr hoch und starrte ihn verständnislos an.

»Ja, ich bin wach.« Ich begriff, wo ich war und was er von mir wollte.

»Lass mir eine Minute. Bin gleich da.« Meine Stimme klang heiser und rostig, und ich bezweifle, dass Mikkel verstand, was ich sagte. Aber er machte kehrt und kroch zurück zum Beobachtungsposten. Ich legte meine Weste an, rollte meine Liegematte ein und überprüfte mein Gewehr. Ich war wach und bereit aufzustehen. Eine Stunde Schlaf hatte einen neuen Menschen aus mir gemacht. Ich winkte Mikkel zu, und er kam vom Felsvorsprung zurückgekrochen. Während seiner Wache hatte sich weder im Dorf noch auf den Wegen und Straßen etwas bewegt. Ich setzte mich auf die schmale Matte am Beobachtungsposten und studierte die Gegend durch das Swarovski-Fernglas.

Das Dorf im Tal bestand aus etwa 15 Höfen. Die Lehmhäuser waren wie in Afghanistan üblich von Betonmauern eingefriedet. Die Afghanen schirmen ihre Frauen und Kinder gegen die Außenwelt ab und versuchen, jeden, der nicht der Familie angehört, daran zu hindern, sie auch nur zu sehen. Eine Schotterstraße führte durch das Dorf. Durch die Felder westlich des Weilers schlängelte sich ein etwa fünf Meter breiter Fluss. In dieser Jahreszeit flossen aus den Bergen große Mengen Schmelzwasser zu Tal, und kleine Bewässerungskanäle, die vom Fluss abzweigten, spendeten den Anbauflächen rund um das Dorf Lebenssaft.

Es war halb neun Uhr am Morgen, aber zu meiner Verwunderung arbeitete niemand auf den Feldern. Das Einzige, was sich bewegte, war eine kleine Ziegenherde im westlichen Teil des Dorfs. Die Tiere waren an Bäumen festgebunden. Im Süden erhoben sich auf der pakistanischen Seite der Grenze steile Gipfel. Das Gebirge war von zahllosen Tälern durchzogen. In den Tälern im Osten verliefen parallel zu kleinen Bächen Schotterstraßen und Sandwege, auf denen sich die Taliban und al-Qaida-Kämpfer nachts bewegten.

Ich hielt Ausschau nach etwas, das man in einem afghanischen Dorf nicht erwarten würde. Ich war in vielen solcher Dörfer gewesen und hatte eine ziemlich genaue Vorstellung davon, was es dort nicht geben sollte: Antennen, Satellitenschüsseln, Telefone, Geländewagen mit Metallvorrichtungen auf der Ladefläche, auf denen man Maschinengewehre montieren konnte, schwer beladene Esel und Gruppen bewaffneter junger Männer, die sich bei bestimmten Gebäuden aufhielten.

Kurz nach neun Uhr kamen zwei Männer aus einem der größeren Häuser. Sie trugen weite braune Kittel und schlenderten zu dem kleinen Hain, in dem die Ziegen angebunden waren. Dort ließen sie sich im Schatten eines Baums nieder und begannen zu plaudern. Ich hielt die Beobachtung im Logbuch fest. Es war die einzige Aktivität, die ich im Verlauf dieser Wache sah.

Als ich zu unserem winzigen Lager zurückkroch, verblüfften mich die Mitglieder meines Teams erneut: Die Basis war praktisch in der Umgebung verschwunden. Ein mit Zweigen bedecktes sandfarbenes Tarnnetz spannte sich in einem Bogen über die kleine Fläche. Meine Kameraden hatten sogar entlang der Ränder des Netzes Steine ausgelegt, damit zwischen dem Netz und dem Boden keine Schatten entstanden.

Es war an der Zeit, meine Kampfkraft wiederherzustellen. Dieser militärische Ausdruck bedeutet im Grunde, dass man sich pflegen muss. Man muss ausreichend essen, schlafen und sich sauber halten. Ich zog trockene Socken an und legte die verschwitzten unter dem T-Shirt auf meine Schultern, um sie zu trocknen. Das war ein alter Jäger-Trick: Nicht sehr angenehm, aber auf diese Art trockneten die Socken am besten. Der Sockenwechsel war die einzige Gelegenheit, bei der wir unsere Stiefel ausziehen durften, wobei immer ein Fuß in einem verschnürten Schuh stecken musste.

Die Sicherheitsvorkehrungen waren zahlreich. Wir durften während des Tags nie aufstehen. Jede nicht unbedingt erforderliche Bewegung musste vermieden werden. Unterhaltungen mussten auf den unerlässlichen Informationsaustausch über den Einsatz beschränkt werden. Wir durften keine Ausrüstung herumliegen lassen. Nachdem wir etwas benutzt hatten, mussten wir es sofort wieder wegpacken. Jeglicher Abfall, jeder noch so kleine Papierfetzen und Lebensmittelrest, musste in einem dafür bestimmten Beutel verstaut werden, den jeder von uns in seinem Rucksack bei sich trug. Wir pinkelten immer am selben Platz, in eine Felsspalte, und das große Geschäft mussten wir in einen Beutel verrichten, den wir anschließend verschlossen und in einem anderen Sack in unserem Gepäck verstauten.

Ich erhitzte ein wenig Wasser und bereitete eine Ration gefriergetrocknetes Huhn mit Reis zu. Nach dem Essen putzte ich mir die Zähne und schluckte die Zahnpasta, bevor ich meine Intimzone mit einem medizinischen Feuchttuch reinigte. Den gesamten Abfall verstaute ich in einem Beutel in meinem Rucksack. Bei Tageslicht war es nicht nötig, mir Tarnschminke ins Gesicht zu schmieren. Wir mussten unsere blassen Gesichter nur in der Nacht tarnen.

Jetzt war ich satt und fühlte mich einigermaßen sauber. Ich legte meine Schutzweste zu einem Kopfpolster zusammen, machte es mir auf meiner Liegematte gemütlich und holte meine wasserfeste Karte hervor, um einmal mehr unseren Standort und die Umgebung zu studieren. In nördlicher Richtung standen etwa anderthalb Kilometer entfernt vier oder fünf Häuser, die mir Sorgen machten – vor allem, weil sie auf der Karte nicht eingetragen waren. Ich fragte mich, was noch auf dieser Karte fehlte. Ich prägte mir erneut unsere Treffpunkte ein, steckte die Karte wieder in meine Tasche und schloss die Augen.

***

Es war in der fünften oder sechsten Nacht. Ich hatte die Hälfte meiner Wache hinter mir. Die Abläufe im Lager waren uns zur zweiten Natur geworden, und die Zeit floss wie ein träger Strom dahin. Unsere Körper waren in eine Art von Winterschlaf gefallen. Nach so vielen Tagen ohne körperliche Aktivität hatte ich das Gefühl, eine schwere Last mit herumzuschleppen. Jede Bewegung wirkte wie eine überwältigende Herausforderung. Ich roch nach Schweiß und Ammoniak, meine Haut war mit einer feinen Schicht schmierigen Staubs bedeckt. Die Temperatur stieg am Tag auf 30 Grad im Schatten, und die tägliche Wasserration von fünf Litern genügte einfach nicht. Mein Urin war dunkelgelb – ein deutliches Zeichen für Dehydrierung –, und ich litt unter ständigen Kopfschmerzen. Außerdem bereute ich es bitter, dass ich mich für die warmen Gore-Tex-Stiefel entschieden hatte. Als ich am Morgen die Socken gewechselt hatte, hatten sich meine Füße in Schwämme verwandelt, die unbedingt an der Luft getrocknet werden mussten. Wenigstens schmerzten sie nicht. Es hätte sehr viel schlimmer sein können.

Schlimm war jedoch die gefährliche Illusion der Sicherheit, die sich unserer bemächtigte. Nach einer Weile hatten wir das Gefühl, dass uns nichts passieren konnte. Die Umgebung schien uns vertraut und sicher. Dieses Gefühl mussten wir unentwegt bekämpfen. Wenn wir die Disziplin verloren und von den Routineabläufen abwichen, würden wir uns in Gefahr bringen. Gleichgültig, wie sicher die Lage schien, gleichgültig, wie gut wir die Umgebung zu kennen glaubten, mussten wir die Konzentration aufrechterhalten. Die feindlichen Kämpfer waren in unmittelbarer Nähe, unter dem Felsen, auf dem wir saßen, in einem Dorf, das keine zwei Kilometer entfernt war.

Ich schaute durch das Wärmebildgerät. Das Ticken des Kühlaggregats irritierte mich. Es klang so laut, dass ich das Gefühl hatte, man könne es kilometerweit hören, obwohl das natürlich nicht möglich war. Ich regulierte den Zoom und studierte das Dorf, die Straßen und Wege, wie ich es Hunderte Male zuvor getan hatte. Tropfen fielen auf meinen Kopf. Nun konnte ich die Liste der bizarren Dinge, die ich in Afghanistan erlebt hatte, um diesen überraschenden Regen erweitern. Aber ich hatte keine Zeit, mich länger damit zu beschäftigen. Ich erstarrte beim Anblick dessen, was im Nachtsichtgerät auftauchte.

Eine Gruppe von Männern bewegte sich durch eines der Täler südlich des Dorfs. Ich zählte zwölf Mann, alle mit Kalaschnikows bewaffnet. Sie bewegten sich langsam und blieben immer wieder stehen. Sie verwendeten weder Taschenlampen noch irgendeine andere Lichtquelle, um den Weg zu beleuchten. Einer der Männer am Ende des Zugs, der deutlich größer war als die anderen und seine Waffe geschultert hatte, wirkte weniger wachsam als seine Kameraden. Vermutlich war er der Anführer der Gruppe. Ich machte Fotos mit unserer Digitalkamera und notierte die Zeit: Es war 2:43 Uhr morgens. Die Gruppe kam offensichtlich aus Pakistan. Das waren keine Schäfer auf dem Heimweg. Sie setzten ihren Weg zum Dorf fort und bogen hinter einigen Häusern ab, sodass ich sie nicht länger sehen konnte. Der Regen war stärker geworden und hatte meine Uniform durchnässt, aber ich kümmerte mich nicht darum. Meine Entdeckung nahm mich vollkommen in Anspruch. Nach den langen Tagen und Nächten waren wir endlich für unsere Geduld belohnt worden. Es bewegten sich Taliban oder al-Qaida-Kämpfer in der Gegend. Unsere Mission würde ein Erfolg sein.

Ich bereitete die Fotos und den Text vor, damit Henrik sie an das Kommando in Kandahar schicken konnte.

In jener Nacht geschah nichts Nennenswertes mehr, wenn man davon absieht, dass ein Skorpion aus meinem Schlafsack fiel. Von da an vergaß ich nie wieder, den Schlafsack, meine Kleidung und meine Stiefel auszuschütteln, bevor ich sie verwendete.

In den folgenden Tagen nahmen die Aktivitäten im Dorf zu. Nachts rückten Bewaffnete in kleinen Gruppen in das Gebiet ein. Es gab Bewegung bei den Häusern. Wir informierten Kandahar über diese Beobachtungen. Wir meldeten auch, wie die Feldarbeit der Dorfbewohner ablief, wie viele Männer, Frauen und Kinder es gab und wie dick die Hofmauern waren. Wir schickten Zeichnungen des Dorfs.

Wir setzten die Observierung fort und warteten auf eine Mitteilung dazu, was mit diesem Dorf geschehen würde. Am einfachsten wäre es natürlich gewesen, ein paar F-16 zu schicken und vier 1000-Kilo-Bomben über dem Dorf abzuwerfen. Aber das kam natürlich nicht infrage, denn die Bomben hätten auch unschuldige Dorfbewohner töten können, die nichts mit den Taliban oder al-Qaida zu tun hatten. Besser wäre es, den feindlichen Kämpfern ein Task-Force-Kommando auf den Hals zu hetzen. Aber das würde eine sorgfältige Planung und den Einsatz beträchtlicher Mittel erfordern. Es gab keinen Hinweis darauf, dass ein solches Vorgehen geplant war.

Es war am frühen Morgen, und ich hatte gerade mein bevorzugtes Frühstück verschlungen: Haferbrei mit Erdbeeraroma. Ich war auf dem Weg zum Beobachtungsposten, als mir das Blut in den Adern erstarrte. In weniger als zehn Metern Entfernung näherten sich zwei mit Kalaschnikows bewaffnete Männer.

Offensichtlich konnten sie nicht richtig sehen, was sie vor sich hatten, denn sie blinzelten mit zusammengekniffenen Augen gegen die waagrecht einfallende Sonne. Dies war ihr Territorium, und irgendetwas stimmte nicht. Einer der beiden hielt seine Waffe umklammert. Ich hob langsam mein Gewehr und richtete es auf sie. Mit dem Daumen legte ich leise die Sicherung um. Ich war bereit zu kämpfen.

Im Augenwinkel sah ich René und Henrik, die sich in Position und die Waffen in Anschlag brachten. Wäre das Tarnnetz nicht gewesen, so hätten uns die beiden bärtigen Männer bereits gesehen. Sie trugen zerlumpte Kittel und abgetragene Lederstiefel. Einer der beiden hatte ein schwarzes Tuch um den Kopf gewickelt. Typische Taliban-Kleidung. Mikkel streckte die Hand aus nach der Zündvorrichtung für die Richtminen, die wir am Zugang des Lagers versteckt hatten. Wenn sich die beiden noch ein paar Schritte weiterbewegten, würde die erste Mine sie zerfetzen. Beide machten einen weiteren vorsichtigen Schritt, und Henrik entsicherte sein Gewehr. Sie hörten das leichte Klicken und erstarrten. Im nächsten Augenblick machten sie kehrt und liefen los.

»Scheiße!«, schrie René. »Schnappt sie euch!«

Mikkel und Henrik sprangen unter dem Netz hervor und jagten den beiden nach.

»Peter, Thomas, packt zusammen«, befahl René. »Sofort!«

Wir mussten den Beobachtungsposten und die Basis rasch auflösen. Ich kroch zum Felsvorsprung, stopfte die unverzichtbare Ausrüstung in einen Sack, beeilte mich, zur Basis zurückzukrabbeln, und kontrollierte, dass mein Rucksack marschbereit war. Das Tarnnetz ließ ich, wo ich war. Wir waren ohnehin entdeckt worden, und es wog zu viel. Das Gewicht ist entscheidend, wenn man sich vor Verfolgern in Sicherheit bringen muss.

Mein Herz raste. Ich verstaute die Reste von Mikkels und Henriks Frühstück in ihren Rucksäcken und verschnürte sie. Es hatte nicht länger als eine Minute gedauert, um uns für die Flucht bereit zu machen.

René lief durch den Spalt zwischen den Felsbrocken hinaus. Ich folgte ihm. Peter beobachtete das Dorf, das wir unter keinen Umständen aus den Augen lassen durften, obwohl die gegenwärtige Bedrohung aus der anderen Richtung gekommen war. Mikkel und Henrik lagen flach auf einem Felsvorsprung. René warf sich neben ihnen auf den Boden.

»Wo sind die Arschlöcher?«, zischte er.

»Wir haben keinen Sichtkontakt. Anscheinend fliehen sie Hals über Kopf über den Abhang. Das ist der einzige Weg hinunter.« Henriks Stimme klang heiser. »Was meinst du? Sind es Hirten?«

»Hirten? Warum zum Teufel sollte jemand seine Schafe und Ziegen hier heraufbringen?«, antwortete René gereizt. »Wenn das Hirten sind, ist mein Hintern ein Jetski.«

»Da sind sie!«, rief Mikkel. Die beiden Männer liefen auf das Dorf zu. Es schien mir unglaublich, dass sie so schnell ins Tal gelangt waren. Aber da liefen sie. Sie näherten sich einem kleinen Gebäudekomplex auf einem Hügel. Ich richtete mein Zeiss-Fernglas auf sie. Das Haus in der Mitte hatte einen kleinen Turm, auf dem an drei oder vier Masten bunte Flaggen flatterten. Ich richtete das Fernglas nach Westen und sah eine weitere Häusergruppe auf einem Hügel. Dort waren ähnliche Flaggen an einem Turm gehisst worden.

»René, ich werde Kandahar kontaktieren«, sagte Henrik, bevor er rückwärts zum Eingang des Lagers robbte.

»Ja, melde, dass wir entdeckt worden sind. Sag ihnen, dass sie vielleicht eine schnelle Eingreiftruppe schicken müssen.«

Solche Einheiten stehen jederzeit zum Einsatz bereit und können in Notsituationen wie diesen augenblicklich in Marsch gesetzt werden. René wollte, dass eine schnelle Eingreiftruppe angefordert wurde. Es kam nicht infrage, uns vor Einbruch der Dunkelheit mit einem Hubschrauber abzuholen. Es war einfach zu gefährlich, während des Tages über feindliches Gebiet zu fliegen. Wir konnten Luftunterstützung anfordern und ihnen per Funk Anweisungen zur Zielerfassung geben. Und wir konnten fliehen. Am hellichten Tag wäre das in Feindesland gleichbedeutend mit der Gefangennahme und einem furchtbaren Tod gewesen. Doch wenn sie uns in ein Feuergefecht verwickelten, wären wir gezwungen, zu fliehen.

Ich sah auf meine Uhr. Es war 9:54 Uhr. Noch acht Stunden bis Sonnenuntergang. Bei Tageslicht war unser einziger Vorteil, dass wir in so großer Höhe saßen. Für die Taliban würde es schwierig sein, uns zu erreichen. Aber das war auch schon unser einziger Vorteil. Wir waren fünf Mann, wir waren 400 Kilometer von unserem Stützpunkt entfernt, und wir hatten nur leichte Waffen und wenig Munition. Jeder von uns hatte ein C8-Sturmgewehr (die kanadische Version des Colt M4) und ein paar Handgranaten. Dazu kam ein 40-mm-Granatwerfer, den Peter trug. Aber wir hatten nicht einmal ein Maschinengewehr und standen einem Feind gegenüber, der innerhalb weniger Stunden Hunderte wütende Krieger mit Maschinengewehren und Mörsern zusammentrommeln konnte.

Eine schnelle Eingreiftruppe würde vermutlich mehrere Stunden brauchen, um uns zu erreichen. Dann konnte es schon zu spät sein. Trotzdem forderten wir diese Unterstützung noch nicht an, sondern entschlossen uns, an Ort und Stelle abzuwarten. Mikkel und ich beobachteten eine Gruppe von Männern, die vor dem beflaggten Haus standen. Sie waren alle mit Kalaschnikows bewaffnet und umringten die zwei Männer, die uns entdeckt hatten. Die beiden erklärten ihren Kameraden wahrscheinlich, was sie auf dem Berg gesehen hatten. Wild gestikulierend zeigten sie immer wieder in unsere Richtung. Dann löste sich einer der Männer und betrat das Haus. Ein anderer lief in das Nachbarhaus und kehrte wenige Augenblick mit einem Gegenstand zurück, den er dem Mann reichte, der anscheinend ihr Anführer war. Dieser hielt sich den Gegenstand an den Mund. Es war ein Funkgerät.

Um 11:48 Uhr meldete sich Kandahar. Am Luftwaffenstützpunkt Bagram, nördlich von Kabul, stand eine schnelle Eingreiftruppe bereit. Sie bestand aus 30 Mitgliedern der amerikanischen 10th Mountain Division. Wenn die Truppe den Einsatzbefehl erhielt, würde sie zwei Stunden später bei uns sein.

René murmelte etwas. Er klang nicht zufrieden.

Henrik hatte die Funkfrequenz immer auf die des fliegenden AWACS-Kommandostands der Koalition eingestellt. Dieses große Flugzeug steuerte die gesamte Luftunterstützung für die Bodentruppen. Jetzt verlangte unser Teamleiter, dass Henrik auf die Frequenz der Kampfflieger ging. René war der Forward Air Controller unseres Teams und als Einziger berechtigt, Tiefflieger anzufordern und sie zu Zielen am Boden zu lenken.

Um 12:32 meldete Peter etwas Beunruhigendes: An den Masten eines der Häuser im Tal wurden neue Flaggen mit anderen Farben gehisst. Kurze Zeit später geschah dasselbe bei dem Hof weiter im Westen. Anscheinend funktionierte so die Kommunikation zwischen den Taliban-Einheiten im Tal, denn die Signale von Handfunkgeräten konnten die Berge nicht überwinden.

Die hektische Aktivität im Tal setzte sich fort. Ich zählte etwa ein Dutzend bärtige Männer, die sich anscheinend auf einen Kampf vorbereiteten. Die Situation eskalierte, und René beschloss, dass es an der Zeit war, ihnen einen Gruß aus der Luft zu schicken. Zunächst sollte es nur ein Signal der Stärke sein, um den Taliban zu zeigen, dass der Pilot auf unsere Anweisung eine 500 Kilo schwere Präzisionsbombe auf ihre Köpfe abwerfen konnte. René schnappte sich das Funkgerät und forderte Luftunterstützung an.

Um 12:48 Uhr gab er Henrik das Gerät zurück. Er war wütend. Die Idioten im AWACS hatten ihm geantwortet, es sei kein Flugzeug verfügbar. Aber wir könnten es später wieder versuchen. Da saßen wir nun auf diesem Berg im Garten der Taliban fest, und plötzlich fanden sie beim Kommando keine Mittel, um uns zu helfen.

Niemand sagte etwas. Die Stimmung war gespannt. In den erschöpften Gesichtern und den blutunterlaufenen Augen meiner Kameraden spiegelte sich der Ernst der Lage wider.

Um 14:10 Uhr hatten wir immer noch keine schnelle Eingreiftruppe angefordert. René war der Meinung, es sei noch nicht nötig. Warum waren die Taliban dort unten noch nicht zum Angriff übergegangen? Vielleicht dachten sie, es mit einer größeren Streitmacht zu tun zu haben, und warteten auf Verstärkung.

Um 14:41 Uhr erhielten wir aus Kandahar eine Mitteilung, die uns eine Flut unflätiger Schimpfworte entlockte: Unsere Kommandanten am Stützpunkt waren auf die großartige Idee gekommen, wir sollten nach Einbruch der Nacht zusammenpacken, unseren Posten um fünf Kilometer verlegen und die Beobachtung des Dorfs fortsetzen. War ihnen nicht klar, wie kritisch unsere Lage war? Hatte sich irgendein Schreibtischhengst, der vermutlich noch nie sein Büro verlassen hatte, diesen abstrusen Plan ausgedacht, während er an einem Glas eisgekühlten Wassers nippte?

Obwohl wir meldeten, fast sicher zu sein, dass sich die Taliban sammelten, um uns zur Strecke zu bringen, verlangte das Kommando von uns, weiter in ein Gebiet vorzudringen, in dem es von feindlichen Kämpfern wimmelte. Zu allem Überfluss konnten wir die fünf Kilometer entfernte neue Position nicht auf direktem Weg erreichen. Wir würden etwa zehn Kilometer durch schwierigstes Gelände marschieren müssen. Und die Annahme, wir könnten einen neuen Platz für ein Lager finden, ohne Karten studiert oder uns auf die Anforderungen des Geländes vorbereitet zu haben, war lächerlich. Ich wusste nicht, wen ich in diesem Augenblick mehr fürchten musste: die Taliban oder meine wütenden Kameraden?

René lehnte die Anweisung kategorisch ab und erklärte den Leuten beim Kommando so diplomatisch wie möglich, dass er die Lage besser einschätzen konnte als sie.

Um 15:53 teilten sie uns mit, dass noch immer keine Luftunterstützung verfügbar sei, aber dass uns der Chinook um sieben Uhr abends abholen werde. Wenn wir Glück hatten und der Pilot geschickt war, würden wir in drei Stunden im Hubschrauber sitzen.

»Gib mir das Swarovski«, sagte Peter zu mir. Er wirkte besorgt. »Ich kann es durch mein Zeiss nicht genau sehen, aber ich glaube, sie bekommen Verstärkung.«

Mein Herz setzte ein paar Schläge aus. Rasch zog ich das größere Fernglas aus meinem Rucksack. Peter richtete es nach Nordosten.

»Mist«, murmelte er.

Die Täler lagen schon im Schatten, und es war schwierig, sich auf so große Distanz ein klares Bild zu machen, aber es bewegten sich definitiv 20 bis 25 Männer auf das beflaggte Gebäude zu. Sie näherten sich uns. Es lief mir eiskalt über den Rücken: Deshalb hatten die Männer im Dorf gewartet. Vorher hatten sie sich nicht stark genug für einen Angriff gefühlt. Und sie wussten, dass sie uns rasch attackieren mussten. Mit Sicherheit war ihnen klar, dass wir nicht mehr lange auf diesem Berg sitzen würden und dass man uns entweder bald ausfliegen oder Verstärkung schicken würde. Die nächste Stunde würde entscheidend sein.

René fällte eine Entscheidung.

»Wir hauen ab. Anscheinend meinen sie es ernst. Wir haben noch eine Stunde bis zur Abholung – eine halbe Stunde, um zum Landeplatz zu gelangen, und eine halbe Stunde, um ihn zu beobachten. Irgendwelche Fragen?«

Keine Fragen.

»Dann gehen wir nach Hause und essen ein paar Steaks«, sagte er lachend. Wir beschmierten unsere Gesichter mit Tarnschminke, kontrollierten Waffen und Ausrüstung und prüften, dass wir nichts Wichtiges im Lager zurückgelassen hatten. Henrik nahm einen letzten Funkspruch entgegen und meldete triumphierend, dass sie ein Gunship schicken würden. In den fünf geschwärzten Gesichtern konnte man ein schwaches Grinsen erkennen. Endlich bekamen wir die ersehnte Unterstützung. Innerhalb einer Stunde würde eine AC-130 eintreffen. Diese umgebaute Herkules würde uns mit ihrer enormen Feuerkraft Deckung geben: eine 25-mm-Gatling-Maschinenkanone, eine 40-mm-Kanone und eine 105-mm-Haubitze. Wir würden lediglich unsere Laser auf den Feind richten müssen, und die AC-130 würde ihn auslöschen.

Beim Abstieg fühlte sich mein Rücken schwerer an als je zuvor. Ich war schweißgebadet und fühlte mich schwach. Durch die lange Untätigkeit hatte ich mehrere Pfund Muskelmasse verloren. Aber plötzlich fühlte ich neue Kraft in mir aufsteigen, als ich den schönsten Klang hörte, den ich in diesem Augenblick hören konnte: das tiefe Grollen der vier Turboprop-Motoren einer AC-130. Die Maschine kreiste 3000 Meter über uns. Mit einem Schlag hatte sich unsere Lage deutlich verbessert. Henrik gab mit gedämpfter Stimme, aus der man jedoch seine Aufregung heraushören konnte, unsere Position durch. Er teilte der Crew der AC-130 mit, dass wir ihre Gegenwart zu schätzen wussten.

»Ist uns ein Vergnügen, Gentlemen«, lautete die Antwort.

Etwa 200 Meter von der Stelle entfernt, von der aus wir ausgeschleust werden sollten, machten wir halt. Wenn uns der Feind am Landeplatz des Hubschraubers entdeckte, konnte der Chinook nicht landen. Dann wären wir in größten Schwierigkeiten. Aber die Dunkelheit war hereingebrochen, und die Zone wirkte sicher. Also setzten wir unseren Weg fort. Wir hielten etwa auf halbem Weg den Hang hinauf und versteckten uns 20 Meter von dem kleinen Plateau entfernt, auf dem der Hubschrauber landen würde, hinter ein paar Büschen. Ich studierte ungeduldig meine Uhr. Es war 18:56 Uhr.

»Ja, ich habe ihn in der Leitung«, flüsterte Henrik. »Eine Minute. Also macht euch bereit.« Mit einem Knie auf dem Boden richtete ich mich auf und schaltete mein Nachtsichtgerät ein. Einen Augenblick später »verbrannte« ein ungeheuer starker Lichtstrahl die gesamte Landezone. Ich war wie betäubt. Die AC-130 setzte ihren Infrarotprojektor ein, um Ziele für ihre Waffen zu markieren und dem Hubschrauberpiloten dabei zu helfen, die genaue Landeposition zu finden.

Jetzt hörte ich auch das näher kommende Geräusch der Tandemrotoren. Wir aktivierten die Infrarotlampen an unseren Helmen und krabbelten den Hang hinauf. Mein Magen drehte sich. Ich war nervöser als in jedem anderen Augenblick des Einsatzes. Wenn jetzt etwas schiefging, so wäre das eine Katastrophe.

Aus dem schwarzen Nichts tauchte der Chinook auf. Laut brüllend näherte er sich mit großer Geschwindigkeit, stellte sich auf wie ein bockendes Pferd, als er unvermittelt bremste, und verwandelte den Hügel in eine Wolke aus Staub und Sand. Der Pilot legte die Seite der Maschine gegen den Hügelkamm und setzte zurück, bis die Laderampe beinahe den Boden berührte. Die sich drehenden Rotoren saugten Steine auf, die funkensprühend gegen die Blätter schlugen. Der Lademeister gab uns mit einem Infrarotlicht das Signal, an Bord zu kommen.

Ich konnte die Rampe nur ahnen und mich im Wirbel der Rotorblätter kaum aufrecht halten. Kleine Steine flogen umher und trafen mich wie Nadeln im Gesicht. Ich fiel auf die Knie. Ich hatte das Gefühl, das Bewusstsein zu verlieren, aber ich musste wieder auf die Beine kommen. Ich kämpfte mich über die Rampe in den Bauch des Hubschraubers und warf mich auf die Sitzreihe. Nie zuvor hatte mein Herz so heftig geschlagen. Ich hatte das unbestimmte Gefühl, gerettet zu sein, aber ich fühlte mich erst wirklich sicher, als der Hubschrauber nach einer Weile in der Luft seinen fast leeren Tank bei einem KC-130R-Tankflugzeug gefüllt hatte. Erst als sich das Flugzeug wieder von uns abgekoppelt hatte und wir genug Treibstoff für den Weg nach Hause hatten, entspannte ich mich. Nie zuvor hatte ich eine solche Erleichterung empfunden. Ich wollte nur noch die Augen schließen und schlafen. Aber ich zwang mich, wach zu bleiben. Noch waren wir nicht zu Hause.

Ein Jäger schläft nie, bevor er zu Hause ist.

KAPITEL 11: DER MULLAH HAT DAS GEBÄUDE VERLASSEN

Die Tage nach unserem Einsatz verbrachten wir damit, uns zu erholen und wieder zu Kräften zu kommen: Wir schliefen, aßen und reinigten unsere Ausrüstung. Wir trainierten auch ein wenig, aber bei dem Einsatz hatte ich fünf Kilo abgenommen, weshalb ich beim Gewichtheben keine großartigen Leistungen brachte. Meine Füße waren sehr in Mitleidenschaft gezogen, nachdem sie viele Tage in den Stiefeln gesteckt und keine frische Luft bekommen hatten. Ich litt unter Fußpilz, aber mit viel Luft und Cremes würde er rasch wieder verschwinden.

In Kandahar war endlich der Frühling angebrochen. Die Sonne schien aus einem tiefblauen Himmel, die Temperatur näherte sich wieder den in Afghanistan üblichen 40 Grad, und wir gewöhnten uns an das Leben auf dem Stützpunkt. Zwischen den Einsätzen und Übungen konnten die Tage rasch eintönig werden, denn sie waren mit dem immer gleichen Training, den Schießübungen und der Theorie gefüllt. Immerhin freundeten wir uns im Lauf der Zeit mit Soldaten aus anderen Einheiten an. Wir hatten fast jeden Tag in unserer Kantine Gäste zum Abendessen. Die Qualität des Essens hatte sich seit unserer Ankunft deutlich verbessert. Gelegentlich setzte uns unser Koch statt den Feldrationen Steaks, Kartoffeln und Salate vor, die er bei den Amerikanern beschaffte. Das ganze Lager versammelte sich zum Grillen um in der Mitte durchgeschnittene Ölfässer, die wir zwischen unseren Zelten und dem Hauptgebäude aufgestellt hatten. Eine aus Dänemark eingeflogene Ladung Bier hob die Stimmung deutlich.

Bald tummelten sich in unserer Kantine australische, amerikanische und deutsche Elitesoldaten, die sich in dem kleinen, gut organisierten und gastfreundlichen dänischen Lager wohlfühlten. Im Verlauf dieser Besuche tauschten wir Geschichten über unsere Einsätze aus. Die extremen Bedingungen in Afghanistan, das raue Klima, das schwierige Gelände und der vollkommen unberechenbare Feind waren für uns alle eine große körperliche und geistige Herausforderung.

Die dünne Luft in 3000 bis 4000 Metern Höhe erschwerte das Atmen, was zur Folge hatte, dass wir uns ständig am Rand unserer körperlichen Leistungsfähigkeit bewegten. Ein Jäger verlor bei einem Einsatz fast zehn Kilo Gewicht. Andere waren nach ihren Missionen so ausgelaugt, dass sie zusammenbrachen und an einen Tropf gehängt werden mussten. Dazu kamen Phasen der Untätigkeit, in denen man Muskelmasse verlor und unter allgemeiner Erschöpfung zu leiden begann. Das und die ständige Dehydrierung erschwerten uns das Leben sehr.

Ein Einsatz mit einem fünfköpfigen Team in 3000 bis 4000 Metern Höhe auf einem wenige Quadratmeter großen Felsvorsprung ist nichts für schwache Nerven. Einige Teams mussten im Februar in die schneebedeckten Berge im Südosten Afghanistans ausrücken. Die Jäger trugen Winteruniformen, klebten ihre Waffen mit weißem Klebeband ab und zogen weiße Taschen über ihre Rucksäcke. Sie hatten sogar darüber nachgedacht, Skier mitzunehmen, mit Blick auf das zusätzliche Gewicht jedoch Abstand davon genommen.

Die Einsätze waren mental extrem fordernd, weil jeder Fehler in den Bergen tödliche Folgen haben würde. Wer ins Stolpern geriet, würde sich nicht einfach ein Bein brechen, sondern in einen Abgrund stürzen. Die ständige Gefahr setzte uns psychisch sehr zu. Ein Jäger namens Hans, mit dem ich einige Jahre in einem Team dienen sollte, eröffnete mir geradeheraus, dass er nie so große Angst vor dem Tod gehabt habe wie in den afghanischen Bergen, wo er mit seinem 60 Kilo schweren Rucksack auf unsicheren Pfaden balancieren musste.

Es war auch sehr belastend, tief in Feindesland operieren zu müssen, Hunderte Kilometer vom sicheren Stützpunkt entfernt. Ein Jäger aus einem anderen Team erzählte mir von einem Nachteinsatz, der beinahe schiefgegangen war. Gemeinsam mit einem Kameraden hatte er mehrere Tage lang ein kleines Dorf beobachtet und festgestellt, dass sich al-Qaida-Kämpfer in den Häusern versteckten. Eines Nachts beschlossen sie, sich die Sache näher anzusehen. Sie waren bis auf wenige Meter an die Häuser herangekommen, als sie plötzlich in ihrem Rücken Schritte hörten und ins Gebüsch am Wegrand sprangen. Wenige Augenblicke später schlenderten die bewaffneten al-Qaida-Leute an ihnen vorbei und verschwanden in einem der Häuser.

***

Eines Abends, als wir gerade beim Essen saßen, wurde unserer Task Force eine dringende Mission aufgetragen. Die Bediener einer Predator-Drohne hatten eine dringende Mitteilung an das Hauptquartier in Kandahar geschickt: »Der Mullah hat das Gebäude verlassen. Er ist in Bewegung.« Die Drohne hatte einen gesuchten hochrangigen Taliban-Führer beim Verlassen seines Verstecks im afghanisch-pakistanischen Grenzgebiet beobachtet. Der Mullah, ein ehemaliger Gouverneur und Minister des Taliban-Regimes, war seit November 2001 auf der Flucht. Er war zum ersten Mal seit dem Sturz der Taliban entdeckt worden. Robert Harward, der Kommandant der U.S. Navy SEALs und befehlshabende Offizier der Task Force, versammelte seinen Stab um sich. Sie berieten eine halbe Stunde lang darüber, wie sie den Mullah fangen konnten, und beschlossen, dass sie für die Kommandoaktion vier Jäger-Teams brauchten. Leider gehörte mein Team nicht dazu, aber 20 Kameraden von mir würden sich innerhalb einer halben Stunde am Hubschrauberlandeplatz versammeln müssen. In den Zelten begann hektische Aktivität. Die Plattenträger mussten vorbereitet werden, Munition, Signalpistolen, Rauch- und Brandgranaten und Sprengmittel mussten gepackt werden. Ebenso mussten die Funkgeräte eingestellt und die tragbaren GPS-Systeme programmiert werden. Der Plan war, das Auto des Mullahs aus der Luft zu verfolgen. Die Drohne würde den Crews der zwei Transporthubschrauber vom Typ MH-53M

Pave Low, die von einem Apache-Kampfhubschrauber (einer AH-64A) begleitet würden, Anweisungen geben.

25 Minuten später standen die vier Teams vor den abgedunkelten Hubschraubern bereit. Weitere 20 Minuten später landeten sie auf einer kleinen Schotterstraße, auf welcher die Predator den Wagen des Mullahs geortet hatte. Der Apache-Hubschrauber brachte das Fahrzeug mit seinen starken Suchlichtern zum stehen und blieb drohend vor dem verängstigten Mullah und seinen drei Begleitern in der Luft stehen. 20 Jäger sprangen aus den beiden Transporthubschraubern, umzingelten das Fahrzeug und nahmen die Insassen fest. Anschließend durchsuchten sie den Wagen nach nachrichtendienstlich verwertbarem Material.

Die vier Afghanen waren ohne Begleitschutz unterwegs und leisteten keinen Widerstand. Nur zwei Minuten nach Beginn des Einsatzes hob das Spezialkommando mit dem Mullah und seinen Begleitern ab.

Später stellte sich heraus, dass der Gefangene nicht der gesuchte Mullah war. Die Predator-Drohne, die den Mullah verfolgt hatte, war kurzzeitig umgelenkt worden, um ein anderes Ziel zu beobachten, und als sie die Verfolgung des Mullahs wieder aufnahm, nahm sie offensichtlich den falschen Wagen ins Visier. Die vier geschockten Männer, die meine Kameraden gefangen hatten, wurden mit Wasser und Lebensmittelrationen versorgt und zu ihrem Wagen zurückgeflogen.

Ein solcher Fehler war offenkundig frustrierend und peinlich, aber solche Dinge geschehen einfach im Chaos eines Kriegs. Glücklicherweise gelang es den Amerikanern einige Wochen später, den Mullah dingfest zu machen, obwohl sie dabei unter heftigen Beschuss gerieten.

Das Durcheinander bei dieser Kommandoaktion änderte nichts daran, dass die Jäger ihre Sache sehr gut gemacht hatten. Die ganze Mission hatte vom Einsatzbefehl bis zur Landung auf dem Stützpunkt weniger als anderthalb Stunden gedauert. Die Jäger konnten stolz auf ihre Arbeit sein.

Ich wage zu behaupten, dass die Jäger zu den besten Elitesoldaten der Welt gehören. Wir schnitten in internationalen Wettbewerben und Manövern mit anderen Eliteeinheiten immer gut ab und machten uns bei den Einsätzen in Afghanistan, im Irak und auf dem Balkan einen Namen.

Wir hatten einen Teil der Zeit auf dem Stützpunkt Kandahar damit verbracht, unseren Wettbewerbsgeist zu entwickeln. Die Mitglieder des Jægerkorpset und des Frømandskorpset sind sehr kompetitiv, und wir forderten die anderen Eliteeinheiten unentwegt heraus. Insbesondere in Lauf- und Schießwettbewerben ragten wir heraus. Ich arbeitete mit vielen talentierten Elitesoldaten aus verschiedenen Ländern zusammen, aber meine dänischen Teamkollegen beeindruckten mich stets von Neuem. Sie bewahrten unter Druck stets die Ruhe, waren intelligent und einfallsreich. Komischerweise beruhten unsere Kreativität und Hartnäckigkeit nicht zuletzt auf der Tatsache, dass wir verglichen mit unseren Brüdern aus den amerikanischen, britischen, skandinavischen und deutschen Elitetruppen eine kleine Einheit mit sehr viel geringeren Ressourcen waren.

Natürlich gab es eine gewisse innerdänische Rivalität zwischen dem Jægerkorpset und dem Frømandskorpset. In beiden Einheiten gab es Soldaten, die die Angehörigen des anderen Korps verachteten, obwohl wir eine gleichermaßen harte Ausbildung hinter uns und ähnliche menschliche Qualitäten und Wertvorstellungen hatten. Ich hatte nichts gegen die Kampfschwimmer als Personen. Es stimmt jedoch, dass sich die Kultur der Seestreitkräfte von jener der Armeeeinheiten unterschied. Das Frømandskorpset rekrutiert etwa die Hälfte seiner Mitglieder direkt von der Straße, weshalb ein Teil der Kampfschwimmer am Anfang ihrer Ausbildung keinerlei militärische oder operative Erfahrung besitzt.

In den Zeiten ohne Wettbewerbe, Training, Ausbildungseinheiten, Übungen und Einsätze versuchte ich, mich auf dem Stützpunkt nützlich zu machen, und half den amerikanischen Pioniereinheiten dabei, in der Wüste und rund um den Stützpunkt Blindgänger unschädlich zu machen. Da die Amerikaner alle Hände voll zu tun hatten, nahmen sie mein Angebot dankend an. Außerdem gab ich unseren Teams Unterricht in der Beseitigung von Minen und Blindgängern.

Es waren bereits mehrere Mitglieder der Task Force durch Landminen, Sprengfallen und Blindgänger getötet oder verwundet worden. Im April

2002 starb ein Navy SEAL in den Tarnak Farms. Auch ein Mitglied des australischen SAS starb, und einer seiner Kameraden verlor ein Bein, als sie bei einem Einsatz in einem Gebäude, das sie für sicher hielten, auf eine Antipersonenmine traten. Eigentlich hätte mein Team diese Mission durchführen sollen, aber die Australier hatten sie übernommen, weil sie bereits im Einsatzgebiet waren.

Aufgrund der vielen Unfälle schrieben sich sehr motivierte Soldaten in unseren Kurs ein. Zunächst räumten wir an mehreren langen und heißen Tagen mehrere große Munitionslager der Taliban. Unsere Task Force hatte diese Depots in Kellern, Tunneln und Brunnen aufgespürt. Wir brachten Tonnen von Panzerabwehrminen, Mörsergranaten und Munition an einen wenige Meilen vom Stützpunkt gelegenen Ort in der Wüste, wo wir sie vorsichtig stapelten. Anschließend brachten wir Plastiksprengstoff an den Seiten und an der Spitze des Haufens an. Wir bezeichneten das als »Bulk Demolition«. Aus einer Entfernung von wenigen Kilometern aktivierten wir per Funk die Sprengladungen, lehnten uns zurück und genossen den Anblick der feindlichen Munition, die sich nach einer gewaltigen Explosion in einer großen pilzförmigen Wolke über der Wüste auflöste.

Es gab jedoch auch dunkle Zeiten im Lager. An einem Morgen Anfang April wurde ich von einer Reihe tiefer, hohler Schläge geweckt. Sie mussten aus unmittelbarer Nähe des Lagers kommen. Es war nicht ungewöhnlich, solche Geräusche zu hören, da die Pioniereinheiten fast täglich in der Umgebung des Stützpunkts Blindgänger in die Luft sprengten – aber normalerweise taten sie das zu Mittag oder gegen fünf Uhr nachmittags. Es war halb sieben Uhr am Morgen. Ich kümmerte mich nicht weiter darum, doch einige Stunden später wurde das gesamte Lager zusammengetrommelt. Die Kommandanten überbrachten uns eine furchtbare Nachricht: Zwei amerikanische F-16 hatten irrtümlich lasergelenkte Bomben auf eine kanadische Infanteriekompanie abgeworfen, die zu einer Übung zu den Tarnak Farms ausgerückt war. Vier Soldaten waren tot, acht weitere schwer verletzt.

Ein solcher irrtümlicher Eigenbeschuss wird üblicherweise als »friendly fire« (auch »blue-on-blue«) bezeichnet. Der Krieg bringt solche Tragödien mit sich. Es sollte eigentlich unmöglich sein, von Einheiten der eigenen Seite getötet zu werden, aber es kommt vor. Solche Zwischenfälle versetzen der Moral der Truppe einen schweren Schlag. An einem dieser Tage wurde ich meines Jobs überdrüssig.

KAPITEL 12: SICHERHEIT FÜR EUROPA

Wenn man mit Erinnerungen an in Schwarz gehüllte Krieger, braune Staubwolken und weiße Berggipfel in eine Stadt wie Kopenhagen zurückkehrt, wirkt diese Welt alles andere als exotisch oder chaotisch. Sie scheint eher ein wenig eintönig – und sehr sicher.

Etwas mehr als ein halbes Jahr nach meiner Rückkehr aus Kandahar bereitete ich mich mit einem Team auf einen EU-Gipfel in Kopenhagen vor. Etwa 4000 Polizisten, SWAT-Einheiten, Armeeeinheiten, Kampfschwimmer und Jäger waren für die Sicherheit der Gipfelteilnehmer verantwortlich. Sicherheitsbeamte aus dem ganzen Land waren in den vorangegangenen Monaten für den Umgang mit gewalttätigen Demonstranten ausgebildet worden, und die Polizei hatte unbegrenzte Mittel für die Sicherheitsvorkehrungen erhalten. Bei den letzten EU-Gipfeln hatte sich Beunruhigendes zugetragen. Es war zu gewalttätigen Zusammenstößen zwischen Demonstranten und Polizei gekommen. Im Vorjahr hatte die schwedische Polizei versucht, den Gipfelgegnern in Göteborg die Hand zu reichen und mit den Demonstranten ins Gespräch zu kommen. Beim G8-Gipfel in Genf hatten die Sicherheitskräfte einen ganz anderen Zugang gewählt, die Stadt vollkommen abgeriegelt und radikale Gipfelgegner abzuschrecken versucht. Beide Strategien waren gescheitert.

Die dänische Polizei hatte sich entschlossen, ein gesundes Gleichgewicht zwischen Dialog und »harter Hand« herzustellen. Sollte es trotzdem zu Ausschreitungen kommen, mussten die Sicherheitskräfte in der Lage sein, zahlreiche gewalttätige Demonstranten zu verhaften. Zu diesem Zweck wurden in mehreren Polizeiwachen zusätzlich zu den Arrestzellen große Stahlkäfige aufgestellt. Die Zahl der Gipfelteilnehmer würde hoch sein. Die meisten Hotels in Kopenhagen waren ausgebucht und mussten abhängig von der Prominenz der Gäste beschützt werden. Für diese Aufgabe wurde das gesamte Jäger-Korps mobilisiert. Wir erhielten unter anderem die Aufgabe, für den Fall von Terroranschlägen, Bränden oder anderen Vorfällen Routen zu planen, auf denen wir die Politiker rasch in Sicherheit bringen konnten.

In den Wochen vor dem Gipfel verbrachten wir viele Stunden auf den Dächern der Hauptstadt. Wir wurden auch für den Fall geschult, dass wir uns bei einem Feuer durch Rauch bewegen mussten, und übten den Einsatz von Atemschutzausrüstungen, damit wir uns in verrauchten Gängen bewegen konnten, wenn wir wichtige Gäste evakuieren mussten. Für die Evakuierung bereiteten wir Seile vor, mit denen wir Personen von einem Dach aus in Sicherheit bringen konnten. Wir bereiteten Gurte vor, die wir bedrohten Personen rasch anlegen konnten, damit sie von einem Hubschrauber geborgen werden konnten. In anderen Hotels brachten wir Sprengladungen an sämtlichen Antennen an, um sie im Notfall rasch sprengen zu können, damit sie den Rotorblättern nicht im Weg waren und die Rettungshubschrauber auf dem Dach landen konnten, sodass die Leute selbst einsteigen konnten. Die meisten Hoteldächer konnten die Last eines Hubschraubers jedoch nicht tragen.

Wir mussten auch über unsere eigene Sicherheit auf den Dächern nachdenken. Wenn wir in eine lebensbedrohliche Situation gerieten und keine andere Option mehr blieb, hatten wir noch ein letztes As im Ärmel: Wir legten unsere Fallschirme auf eine bestimmte Art zusammen, sodass sie sich schneller als normal öffnen würden. So konnten wir tatsächlich von einem Hoteldach springen. Normalerweise wird das als Basejumping bezeichnet, und einige meiner Kameraden übten diese Praxis aus freien Stücken in ihrer Freizeit. Das Basejumping ist sehr gefährlich, was teilweise an der geringen Höhe der Häuser und teilweise daran liegt, dass der Wind zwischen den Gebäuden unvorhersehbar und oft turbulent ist.

Während des Gipfels standen alle unsere Hubschrauber zum Einsatz bereit: die unverwüstlichen alten S-61-Rettungshubschrauber, die Lynx-Hubschrauber der Kriegsmarine und die sehr viel kleineren Fennec des Heers. Und daneben die Jäger-Teams, die als Atemschutzträger eingesetzt werden konnten und in der Lage waren, sich auf Hoteldächer abzuseilen, um den SWAT-Teams der Polizei zu Hilfe zu eilen. In den Hafenanlagen und Kanälen patrouillierten Taucher des Froschmann-Korps und schnelle Festrumpfschlauchboote.

Zum Gipfel reisten etwa 15 000 »Globalisierungsgegner« aus aller Welt an, doch abgesehen von kleineren Ausschreitungen verlief das Treffen ohne größere Störungen, und die Jäger mussten nicht eingreifen. Wir verbrachten drei Tage in Bereitschaft in Hotelzimmern und militärischen Einrichtungen. Bei dem Gipfel wurde die Aufnahme von zehn neuen Ländern in die Union beschlossen. Menschen, die mehr von diesen Dinge verstehen als ich, waren der Meinung, dass dies ein politischer und organisatorischer Erfolg war. Mich interessiert die Politik nicht; ich weiß nur, dass die Sicherheitsvorkehrungen ein Erfolg waren.

KAPITEL 13: ALS LEIBWÄCHTER IN DER GRÜNEN ZONE

Die Botschaft hatte größere Ähnlichkeit mit einer Festung als mit einem Haus. In den vergangenen sechs Wochen hatten wir hart gearbeitet, um das 1800 Quadratmeter große Haus für seinen neuen Zweck vorzubereiten. Ein Jahr früher war es noch der Wohnsitz einer wohlhabenden irakischen Familie in einer der besten Gegenden der Stadt gewesen. Nun war das Haus als Sitz der dänischen Botschaft in einer der gefährlichsten Städte der Welt zu neuem Leben erwacht. Bagdad war ein Kriegsgebiet. Wir hatten rund um das Gelände eine drei Meter hohe Mauer errichtet, die Granat- und Raketenbeschuss standhalten konnte. Wir konnten uns nicht vollkommen vor Selbstmordattentätern schützen, die sich von der Straße näherten, aber die Mauer würde die Wirkung einer Autobombe zweifellos weitgehend abfangen. Die einzigen Öffnungen in der massiven Mauer waren zwei schwere Stahltore und eine Metalltür, die den einzigen Zugang zum Botschaftsgelände darstellten. Zwischen der Eingangstür des Gebäudes und dem Tor bauten wir einen schmalen Gang, der wie ein in die Länge gezogener Käfig wirkte. Diesen Gang würden Personen benutzen, die einen Amtsweg zu erledigen hatten, um beispielsweise ein Visum zu beantragen.

Ein Techniker war damit beschäftigt, Kameras in den vier Ecken des Botschaftsgeländes zu installieren, damit wir jederzeit jeden Winkel des Grundstücks von innen beobachten konnten. Auf der Mauer und dem Dach hatten wir große Scheinwerfer angebracht, um den Garten, die Zufahrt und die Straße vor der Botschaft in der Nacht beleuchten zu können. In der Garage hatten wir einen riesigen Generator aufgestellt, damit uns die in Bagdad alltäglichen Stromausfälle nicht in Schwierigkeiten bringen konnten. Die Fenster hatten wir mit einer Spezialfolie beklebt, damit sie bei einer Bombenexplosion nicht unter der Druckwelle zerbarsten.

In der glühenden Sonne füllten wir Sandsäcke und schleppten sie auf die Terrasse und das Flachdach, wo wir auch Zementblöcke zu Gefechtspositionen arrangierten, die wir mit Maschinengewehren und Panzerbüchsen ausstatteten.

Wir waren acht Jäger, die als Leibwächter eingesetzt wurden. Es war das erste Mal, dass dänische Soldaten unter derart widrigen Bedingungen zu einem solchen Einsatz abkommandiert worden waren. Vor unserer Entsendung hatten wir ein intensives zweimonatiges Training absolviert, das Schießübungen, Fahrstunden, Nahkampftechniken und Verfahrenstraining beinhaltete. Und wir hatten uns die Denkweise eines Leibwächters angeeignet. Als Jäger waren wir dafür geschult, den Feind aufzuspüren, zu identifizieren und nach Möglichkeit auszuschalten. Als Leibwächter bestand unsere Aufgabe darin, jeglichen Feindkontakt zu vermeiden. Im Fall eines Angriffs mussten wir unbedingt versuchen, uns den Angreifern so schnell wie möglich zu entziehen. Den Feind zu besiegen hatte keinen Vorrang, und es war auch nicht wichtig, wie viele Feinde wir töteten. Wenn wir angegriffen wurden, ging es nicht darum, im Gefecht die Oberhand zu behalten. Unser einziges Ziel war es, die zu schützende Person in Sicherheit zu bringen.

Unser Schutzbefohlener war der dänische Botschafter Torben Gettermann. Ihm sollten wir den Rücken freihalten, während er sich an den Versuchen beteiligte, den Irak wiederaufzubauen. Er knüpfe sowohl diplomatische als auch wirtschaftliche Beziehungen zwischen dem Irak und Dänemark und beriet die Iraker bei ihren Versuchen, die junge Demokratie zu festigen.

Sollte er angegriffen werden, so würde sein persönlicher Bodyguard als menschlicher Schutzschild fungieren, während die übrigen einen Kreis um ihn bildeten. Wir würden ihn rasch in Deckung bringen, um uns anschließend den Weg zu unseren Fahrzeugen frei zu schießen, damit wir den Botschafter rasch aus der Gefahrenzone bringen konnten. Das einzige Erfolgskriterium war, dass Gettermann am Leben blieb. Egal, wie der Anschlag ablief, wir mussten ihn retten. Sein Überleben war unser einziges Ziel.

Gettermann war Anfang 50, verheiratet und Vater von drei Kindern. Zuvor war er in Saudi-Arabien, Mexiko, Ungarn und Griechenland stationiert gewesen. Er hatte ein einnehmendes und geselliges Wesen, was ihm die Zuneigung und den Respekt seiner Leibwächter sicherte. Eine Schutzperson konnte eine schwierige und egozentrische Primadonna sein, die den Rat ihrer Beschützer entweder ignorierte oder sich dem Sicherheitsprotokoll sogar widersetzte. Gettermann war das Gegenteil davon: Er war klug und zählte zu den pflegeleichtesten Menschen, denen ich je begegnet bin. Er verstand, dass wir über seine Sicherheit mehr wussten als er, und respektierte stets unsere Entscheidungen über seine Besuche in Ministerien, offiziellen Einrichtungen und Botschaften.

Mein Jäger-Team war eine Gruppe energiegeladener, talentierter und umgänglicher Jungs – es machte Spaß, sie um sich zu haben. Wir gingen jeden Tag zusammen laufen und stemmten Gewichte. Wir waren alle in ausgezeichneter Form und trieben einander gegenseitig an. Unsere Freizeit verbrachten wir damit, zu lesen, uns Filme anzuschauen oder uns auf dem Dach der Botschaft bei einer Cola zu unterhalten. Von dort aus hatte man einen tollen Blick auf den 2000 Kilometer langen Tigris, der sich durch die Stadt schlängelt. Das Dach war ein angenehm kühler Ort in einer der heißesten Städte der Welt – mitten in der Steppe, wo die Quecksilbersäule an den meisten Sommertagen auf 49 Grad im Schatten steigt.

Wir stellten eine große Zahl einheimischer Wachmänner ein, die für die Kontrolle der Besucher verantwortlich waren und das Grundstück bewachen sollten. Viele von ihnen verstanden nichts von Waffen, und wir mussten ihnen den Umgang mit einer Kalaschnikow erst beibringen. Wir verbrachten viel Zeit damit, diese Männer auszubilden. Da wir sehr wenig über ihren persönlichen Hintergrund wussten, konnten wir ihnen nicht vollkommen vertrauen und mussten sie ständig kontrollieren, um sicherzugehen, dass sie ihre Arbeit richtig machten. Sogar in der Nacht blieb immer einer von uns auf, um sie zu überwachen.

Wir behielten auch das gesellschaftliche und politische Klima in Bagdad im Auge. In unserem Kommandozentrum hatten wir Computer, Drucker und zahlreiche Stadtpläne und Karten des Irak. In diesem Raum bewahrten wir auch all unsere geheimen und verschlüsselten Informationen und unsere Funkausrüstung in großen verschlossenen Kisten auf. In diesem Raum werteten wir die Informationen aus, die für unser Vorgehen wichtig waren. Wir mussten wissen, wo welche Gefechte zwischen den Koalitionstruppen und feindlichen Kämpfern ausgefochten wurden, wo die meisten unkonventionellen Sprengsätze explodierten und wo es zu Hinterhalten sowie Mörser- und Raketenangriffen kam: All diese Faktoren beeinflussten unsere Entscheidungen, wenn wir bei den täglichen Trips durch die tödlichen Straßen der »Roten Zone« Routen planten und Ziele auswählten. Fast ganz Bagdad gehörte zur Roten Zone. Relativ sicher waren wir nur in der Grünen Zone, einem nicht ganz 20 Quadratkilometer großen, eingezäunten und schwer bewachten Areal, in dem die ausländischen Diplomaten und Beamten sowie die meisten Journalisten lebten.

Unsere Autos hatten eine Metamorphose durchgemacht. Der gepanzerte Toyota Land Cruiser und das »Biest« (der Mercedes) waren mit Notlaufreifen ausgestattet, mit denen die Autos trotz platter Reifen noch eine beträchtliche Strecke weiterfahren konnten. Außerdem waren sie mit Elektronik wie GPS, Satellitenempfangs- und Funkgeräten sowie Störsendern ausgerüstet, die uns vor Sprengfallen schützten, die per Handyanruf gezündet werden konnten.

Für den Fall, dass wir mit dem Auto ein Hindernis rammen mussten, hatten wir sämtliche Airbags deaktiviert. Es kam oft vor, dass die Leibwächter in einem Konvoi von Angreifern aufgehalten wurden, die aus Seitenstraßen kamen und ihnen den Weg versperrten. Wir konnten solche Hindernisse nur dann aus dem Weg räumen, wenn die Airbags nicht explodierten und uns die Sicht nahmen oder dem Fahrer das Lenken unmöglich machten.

Natürlich gab es ganz klare Regeln für das Fahren in der Stadt, und für den Notfall hatten wir Fluchtrouten aus der Hauptstadt und aus dem Irak geplant. In der Botschaft richteten wir einen kleinen Schutzraum ein, in dem wir Vorräte für mehrere Wochen lagerten. Wir übten die Notfallverfahren wieder und wieder bis ins kleinste Detail. Auf einer Freifläche in der Nähe simulierten wir Angriffe mit Sprengfallen und übten den Fahrzeugwechsel unter feindlichem Beschuss. Wir stoppten die Zeit, die wir für den Reifenwechsel bei den gepanzerten Dienstfahrzeugen brauchten. Wir machten auch nächtliche Notfallübungen, damit jeder von uns lernte, sich auch dann richtig zu verhalten, wenn er noch halb am Schlafen war.

Wann immer wir den Botschafter durch die Rote Zone fuhren, hatte ich das Privileg, den »Gimp« des Teams zu spielen. Die Bezeichnung stammt aus dem Tarantino-Film *Pulp Fiction*, in dem eine Bondage-Figur in Lackleder, der Gimp*, für eine »besondere Gelegenheit« aus einer Kiste geholt wird. Nicht dass ich ein behinderter Perverser gewesen wäre, aber auf der Rückbank des Land Cruisers befand man sich in einer ähnlich beengten und unangenehmen Lage wie in einer Kiste. Als Gimp hatte ich die Aufgabe, Bedrohungen auszuschalten, die sich dem Auto von hinten näherten. Obwohl ich mich kaum bewegen konnte, rüstete ich meine Gefechtsstellung im hinteren Teil des Wagens mit einem Maschinengewehr, Rauch- und Handgranaten, Raketen und reichlich Munition aus.

***

Es war weniger als ein Jahr her, dass der Diktator Saddam Hussein den Irak mit eiserner Hand regiert hatte. 24 Jahre lang hatte er seine Untertanen aus Rachsucht oder weil ein unbestimmter Verdacht auf sie gefallen war, foltern und ermorden dürfen. Saddam Hussein war eine Halbwaise und wurde von einem grausamen Onkel großgezogen, dessen Idol Adolf

---

* Das Wort *gimp* ist eine abwertende Bezeichnung für einen behinderten Menschen. In der deutschen Synchronfassung des Films wird der Begriff mit »Hinkebein« übersetzt, da die Figur hinkt.

Hitler war. Saddam gewöhnte sich daran, von diesem Onkel brutal miss-handelt zu werden, und diese Erfahrung machten ihn zum brutalsten Schläger in der Nachbarschaft. Man erzählte sich über ihn, dass er stolz darauf war, im zarten Alter von 14 Jahren seinen ersten Mord begangen zu haben. Schon als Jugendlicher schloss er sich der Baath-Partei an, die ursprünglich panarabisch und sozialistisch war und die Wirtschaft des Landes modernisieren wollte. Der ehrgeizige junge Mann machte sich als Auftragsmörder der Parteioberen nützlich. Im Jahr 1959 versuchte der 22-jährige Hussein, den irakischen Staatschef Abdul Karim Kassim zu ermorden. Aber der Anschlag wurde stümperhaft geplant und durch-geführt, und Kassim kam mit Verletzungen am Arm und an der Schulter davon. Saddam Hussein entkam mit einer Kugel in der Hüfte und floh ins Ausland.

Im Jahr 1963 gelang es der Baath-Partei, Kassim zu ermorden. Anschei-nend mit Unterstützung der Vereinigten Staaten wurde die Partei in die Regierung aufgenommen. Nach vierjährigem Exil in Beirut und Kairo konnte Saddam Hussein in seine Heimat zurückkehren. Nur ein Jahr später ließ der neue starke Mann des Irak, Abdul Salam Arif, mehre-re Baath-Mitglieder, darunter Saddam Hussein, ins Gefängnis werfen. Doch Saddam gelang erneut die Flucht. Im Jahr 1967 kehrte er in den Irak zurück. Im Jahr darauf kam die Baath-Partei an die Macht. Der neue Präsident war Ahmed Hassan al-Bakr, ein Vetter Saddams. Al-Bakr machte seinen Verwandten zu seinem Stellvertreter. Im Jahr 1979 er-langte Saddam das höchste Amt im Staat und machte sich sofort daran, eine Diktatur zu errichten. Er unterdrückte große Teile der bis dahin gut funktionierenden und wohlhabenden irakischen Gesellschaft. Im Jahr darauf schickte er Hunderttausende junge Iraker über die Grenze in den Iran. Der folgende Krieg dauerte acht Jahre und kostete eine Mil-lion Menschen das Leben. Trotz der katastrophalen Auswirkungen des Kriegs gelang es Saddam, sich an der Macht zu halten und das Gesicht zu wahren. Zu verdanken hatte er das dem ölreichen Kleinstaat Kuwait im Süden und der Unterstützung der Amerikaner, die in seiner Diktatur verglichen mit der iranischen Theokratie das geringere Übel sahen. Die

Staatengemeinschaft glaubte, nicht auf Saddam verzichten zu können, um das Machtgleichgewicht im Nahen Osten zu erhalten.

Der Krieg mit dem Iran hatte die irakische Wirtschaft an den Rand des Zusammenbruchs gebracht. Saddam war der Meinung, das Problem lösen zu können, indem er sich Kuwait einverleibte. Am 2. August 1990 marschierten seine Truppen in dem Nachbarland ein. Offenbar erwartete er, dass ihn die Vereinigten Staaten gewähren lassen würden. Den Ländern, die sich der Invasion widersetzten, drohte er mit Terroranschlägen. Aber er hatte sich verkalkuliert. Die von den USA geführte westliche Welt und die arabischen Staaten wandten sich mehrheitlich von ihm ab. Da er sich weigerte, seine Truppen aus Kuwait abzuziehen, begann im Januar 1991 die »Operation Wüstensturm«. Im folgenden Krieg wurde Saddams Armee innerhalb von nur sechs Wochen besiegt.

Aus Angst, die Region zu destabilisieren, verzichteten die Amerikaner darauf, den irakischen Diktator zu stürzen. Heute betrachten viele diese Entscheidung als strategischen Fehler: Obwohl der Irak durch die internationalen Sanktionen im Lauf eines Jahrzehnts in die Knie gezwungen wurde, gelang es Saddam Hussein, sich an der Macht zu halten. Gemeinsam mit seinen Söhnen Udai und Kusai führte er ein bizarres Leben, das von Luxus, sexuellen Ausschweifungen, Folter und Mord geprägt war. In den 90er-Jahren brachte Saddam die Welt wieder gegen sich auf, indem er ein gefährliches Katz-und-Maus-Spiel mit den Waffeninspektoren spielte, die die Vereinten Nationen geschickt hatten, um dafür zu sorgen, dass der Irak seine Massenvernichtungswaffen wie versprochen zerstörte. Anscheinend geschah das, aber Saddam erweckte den Eindruck, immer noch solche Waffen zu besitzen. In einem Anfall von Größenwahn verkündete er, er werde beweisen, dass er sich nicht davor fürchte, die einzige Supermacht herauszufordern.

Am 20. März 2003 erreichten die Spannungen einen Höhepunkt: Mit Genehmigung der Vereinten Nationen marschierten 248 000 amerikanische, 45 000 britische, 2000 australische und 194 polnische Soldaten im Irak ein. (Dänemark steuerte ein U-Boot bei.) Ich selbst trainierte monatelang mit meinen Jäger-Kameraden für den Einsatz, aber im letzten

Augenblick entschied sich die dänische Regierung gegen die Entsendung eigener Truppen.

Die Invasionsarmee hatte einen klaren Auftrag: Sie sollte die irakischen Massenvernichtungswaffen zerstören, das Unterstützungsnetz internationaler Terrororganisationen zerreißen und das irakische Volk von einem korrupten Diktator befreien, der nicht gezögert hatte, seine Untertanen in Massen zu ermorden und einen Genozid an den kurdischen und schiitischen Minderheiten zu versuchen. Im Jahr 1988 hatte Saddam Hussein gemeinsam mit seinem Vetter »Chemie-Ali« den al-Anfal-Feldzug gegen die Kurden im Nordirak geführt. Anfal bedeutet »Rückzahlung«. Er zahlte den Kurden die Unterstützung für die internationale Koalition heim, indem er mit Giftgas mehr als 80 000 Kurden in 200 Dörfern töten ließ.

Der zweite Golfkrieg war nicht schneller vorbei als der erste. Die riesige irakische Streitmacht wurde von den moralisch und technisch überlegenen amerikanischen und britischen Einheiten rasch überwältigt. Nicht einmal die gefürchtete Republikanische Garde leistete ernsthaften Widerstand. Saddam Hussein wurde zum letzten Mal gesehen, als er in einem Taxi aus Bagdad floh, während sein Informationsminister »Chemie-Ali« gegenüber den internationalen Medien erklärte, der Sieg der heldenhaften irakischen Truppen stehe unmittelbar bevor. Er stand offensichtlich unter Drogeneinfluss.

Der Koalitionsstreitmacht gehörten Soldaten aus 36 Ländern an. Später in jenem Jahr schickte Dänemark ein Bataillon mit 700 Soldaten zur Unterstützung der britischen Besatzungstruppen ins südirakische Basra. Neun Monate nach der Invasion wurde Saddam aus einem Erdloch gezerrt. Der zerlumpte ehemalige Herr über Leben und Tod bot mit seinem zotteligen Bart ein erbärmliches Bild.

Ein irakisches Sondergericht verurteilte ihn wegen Massenmords an seinem eigenen Volk und Verbrechen gegen die Menschlichkeit zum Tod. Am 30. Dezember 2006 wurde er am Galgen hingerichtet. Die Welt war von einem der schlimmsten Tyrannen befreit worden.

Leider währte die Begeisterung über den überzeugenden Sieg der Koalitionsstreitmacht nicht lange. Nur ein Jahr nach der Invasion hatte sich Bagdad in einen sehr gefährlichen Ort verwandelt. Die Sicherheitslage war chaotisch.

Während des Kriegs hatten einander zwei Parteien gegenübergestanden, die gegen einen sichtbaren Feind kämpften. Mittlerweile hatte sich das Schlachtfeld vollkommen verändert. Der oft unsichtbare Feind war unberechenbar und skrupellos. Dieser Feind würde vor nichts zurückschrecken, um die Bemühungen der Koalition um den Wiederaufbau des irakischen Staats zu torpedieren. Dieser Feind spielte nach ganz anderen Regeln als die Besatzer. An der Spitze des Widerstands standen Vertreter des gestürzten Baath-Regimes, die Unterstützung von radikalen Islamisten erhielten. Dazu kamen ausländische Kämpfer, die zumeist al-Qaida angehörten und in den Irak eingesickert waren, um dort den heiligen Krieg gegen den Westen fortzusetzen. Zur Instabilität des Landes trug auch der Konflikt zwischen der sunnitischen Mehrheitsbevölkerung und den Schiiten bei, die sehr unter Saddam Husseins Diktatur gelitten hatten und jetzt eigene Milizen bildeten.

Im ersten Jahr nach Kriegsende starben mehr als 900 amerikanische Soldaten im Irak. Dazu kamen Tausende Verletzte. In den ersten acht Wochen nach unserer Ankunft wurden rund 200 amerikanische Soldaten getötet, die Hälfte davon in den Straßen Bagdads. Etwa 14 000 irakische Zivilisten verloren im Verlauf der Invasion und in den anschließenden Kämpfen gegen die Besatzer und zwischen den verfeindeten irakischen Gruppen das Leben. Der Widerstand bestand nicht nur aus religiösen Fundamentalisten und Radikalen. Die Besatzer mussten auch Verbrecherbanden bekämpfen, die eine Chance witterten, sich in der chaotischen Lage nach der Invasion zu bereichern.

***

Seit einigen Tagen waren wir sehr beschäftigt. Torben Gettermann hatte einen Gesprächstermin nach dem anderen – in der Roten Zone. Aber die

letzte Nacht war relativ ruhig gewesen: Es war lediglich eine Mörsergranate ein paar Hundert Meter von der Botschaft entfernt explodiert. Die
Detonation hatte jedoch genügt, uns alle aus den Betten zu reißen und
uns zu zwingen, den Botschafter in den Schutzraum zu bringen.

An diesem Tag hatten wir wenig mehr vor als zu trainieren und uns im
Garten im Schatten zu entspannen. Vorher mussten wir allerdings noch
zu einem drei Kilometer entfernten Checkpoint fahren, um einige irakische Handwerker abzuholen, die in der Botschaft arbeiteten. Sie wurden
nur in die Grüne Zone gelassen, wenn jemand von uns sie abholte und
durch die strengen Sicherheitskontrollen an dem amerikanischen Kontrollposten brachte.

Es war fünf vor zehn, und die Handwerker sollten um zehn Uhr eintreffen, aber mein verfluchtes Funkgerät nahm meinen Code nicht an.
Jeder Leibwächter trug ein Gerät bei sich, und ein streng geheimer Code
machte es unmöglich, unsere Gespräche abzuhören. Wir durften die Botschaft unter keinen Umständen verlassen, wenn wir nicht vorher unsere
Funkgeräte verschlüsselt hatten.

Als das Gerät endlich den Code akzeptierte, machte ich einen Test mit
meinen Teamkollegen Kenneth und Christian, zwei erfahrenen Jägern,
mit denen ich mich eng angefreundet hatte. Mit ein paar Minuten Verspätung rollte der Land Cruiser durch das massive Metalltor. Die einheimischen Wachen sicherten unsere Ausfahrt, indem sie auf die Straße
hinaustraten und den Verkehr einige Meter vom Tor entfernt aufhielten,
damit niemand versuchen konnte, in die Botschaft einzudringen.

Da wir nur kurz in der Grünen Zone anhalten würden, waren wir nur zu
dritt in einem Fahrzeug unterwegs. Wenn wir die Grüne Zone verließen,
fuhren wir immer in mindestens zwei Fahrzeugen, in denen jeweils zwei
Mann oder mehr sitzen mussten.

Auf dem Weg zum Checkpoint kamen wir am Paradeplatz mit den zwei
riesigen gekreuzten Schwertern vorbei, wo früher Saddam Hussein gesessen und durch den dicken Rauch seiner unverzichtbaren Zigarre Tausenden vorbeidefilierenden Soldaten und Militärfahrzeugen zugesehen
hatte. Wir ließen die protzigen Villen und Palais mit ihren weitläufigen

Gärten hinter uns, in denen die Mitglieder der irakischen Machtelite Hof gehalten hatten, die jetzt jedoch leer standen oder von der Koalitionsverwaltung genutzt wurden.

Am Kontrollposten herrschte wie immer hektischer Betrieb. Die Besatzungsbehörden beschäftigten zahlreiche Iraker, die jeden Tag den Checkpoint passieren mussten. Es gab dort ein Eingangstor für Gäste und eine Straßensperre, an der die Fahrzeuge im Schritttempo Zickzack zwischen hohen Betonblöcken durchfahren mussten, die als T-Bones bezeichnet wurden. Die Kontrollen waren gründlich. Fußgänger wurden mit Metalldetektoren durchsucht und mussten sich identifizieren können. Wachsame und schwer bewaffnete US-Soldaten öffneten sämtliche Fahrzeuge und durchsuchten sie nach Waffen und Bomben. Sie suchten mit Spiegeln unter dem Motorblock nach verdächtigen Objekten. Etwa 50 Meter entfernt stand ein 63 Tonnen schwerer M1-A2-Abrams-Panzer, dessen Besatzung den Kontrollposten nicht außer Acht ließ. Die 120-mm-Kanone war auf die Fahrspur gerichtet, sodass der Panzer Selbstmordattentäter, die ein mit Sprengstoff gefülltes Fahrzeug in den Checkpoint steuern wollten, in weniger als einer Sekunde in Staub verwandeln konnte. Aus Schießscharten in einer massiven Betonmauer, die den Kontrollposten umgab, ragten die Läufe ungezählter Maschinengewehre hervor.

Kenneth saß am Steuer, ich auf dem Beifahrersitz. Meine Aufgabe war es, mich an die Amerikaner zu wenden und unsere drei Handwerker durchzuschleusen. Kenneth parkte etwa 50 Meter vom Checkpoint entfernt, da es zu riskant war, den Wagen direkt beim Posten abzustellen. Ich trug meinen Plattenträger und war mit meiner 9-mm-USP bewaffnet. Als ich die Tür öffnete, schlug mir die brütende Hitze entgegen. Ich warf die Autotür zu und ging auf den Checkpoint zu.

Ich war gerade an der Kühlerhaube des Land Cruisers vorbeigegangen, als ein gleißender Blitz und ein ohrenbetäubender Knall die Luft zerrissen. Die Druckwelle warf mich gegen das Auto. Eine orangene Flamme schoss in den Himmel und hüllte den Checkpoint in dichten Rauch.

Ich nahm an, dass eine Autobombe explodiert war. Einen Augenblick lang hatte ich das Gefühl, dass alles in Zeitlupe geschah. Eine surreale Stille hing in der Luft. Im nächsten Augenblick brach die Hölle los. Schreiende, brüllende und weinende Menschen liefen in alle Richtungen davon. Ich sah eine ältere Frau hinfallen; der Inhalt ihrer Geldbörse ergoss sich über die Straße, während andere Leute einfach über sie hinwegsprangen, um nicht selbst zu Opfern zu werden. Ein Maschinengewehr spuckte eine Salve aus. Die amerikanischen Soldaten versuchten festzustellen, welche Opfer tot und welche verwundet war. Wir waren an einem sehr gefährlichen Ort. Wir wussten, dass Angreifer oft das Chaos nach einer Attacke nutzten, um die Koalitionssoldaten mit Granaten und automatischen Waffen zu beschießen. Wir hatten den Wagen in einer Gefechtszone geparkt. Ich sprang in den Wagen und warf die Tür hinter mir zu. Kenneth legte den Rückwärtsgang ein, machte kehrt und trat aufs Gas. Meine Hände zitterten, ich war schweißgebadet. Langsam wurde mir klar, wie viel Glück ich gehabt hatte. Ich sah auf mein Funkgerät hinunter und war plötzlich sehr froh darüber, dass die Verschlüsselung an diesem Morgen nicht richtig funktioniert hatte. Hätte alles wie geplant funktioniert, so wäre ich zwei Minuten früher am Checkpoint eingetroffen – genau in dem Augenblick, als die Autobombe hochging.

Später erfuhren wir, dass bei dem Anschlag 15 Menschen getötet worden waren, darunter drei amerikanische Soldaten. Mehr als 50 Menschen wurden verletzt. Und wir erfuhren, dass unsere drei Handwerker gar nicht auf der anderen Seite gewartet hatten.

***

Die Arbeit eines Bodyguards kann eintönig und langweilig sein. Das weiß ich von Kollegen, die diese Tätigkeit zu ihrem Hauptberuf gemacht haben. Manche von ihnen halten den Personenschutz sogar für die langweiligste Tätigkeit überhaupt. Der Grund dafür ist, dass man die Fähigkeiten, die man sich in der Ausbildung angeeignet hat, fast nie einsetzen muss. Man trainiert jahrelang für diesen Tag, diese Minute, diese Sekunde, in der ein Terrorist, ein Verrückter oder einfach ein Betrunkener das Leben der Schutzperson in Gefahr bringt – und in diesem Augenblick muss man wie ein Blitz aus heiterem Himmel dazwischenfahren, alle in der Ausbildung erworbenen Fähigkeiten mobilisieren und im richtigen Reflex bündeln. Das Ergebnis sollte nicht Tod, sondern Leben sein. Fast kein Leibwächter kommt je in eine solche Situation, und die Leute, die diesem Beruf nachgehen, wissen das. Man braucht sehr viel Disziplin, um in diesem Job nie die Konzentration zu verlieren.

Insofern hatten meine Kameraden und ich in Bagdad einen Vorteil. Uns wurde nie langweilig. An einem so gefährlichen Ort konnte man sich keinen Augenblick entspannen. Die Bedrohungen waren real, egal, wo wir waren oder welche Aufgaben wir hatten. Ob wir nun hinter den Mauern der Botschaft oder in der Roten Zone waren, wir mussten in jedem Augenblick auf Angriffe mit Mörsern oder Panzerfäusten sowie auf Hinterhalte, unkonventionelle Sprengsätze am Straßenrand und Selbstmordattentäter gefasst sein. So etwas passierte in Bagdad jeden Tag, ja sogar fast jede Stunde.

Am nächsten Tag sollten wir Botschafter Gettermann zum irakischen Außenministerium bringen, wo er sich mit dem Ressortchef treffen würde. Es war eine sehr gefährliche Verabredung, vor allem, weil der Außenminister ein Kurde war. Die Beziehung zwischen der irakischen Zentralregierung und der kurdischen Minderheit, die im Norden des Landes lebt, ist seit jeher problematisch. Die Kurden haben wiederholt versucht, sich unabhängig zu machen. Der Großteil der Belegschaft des Ministeriums, das 1000 Personen umfasste, hatte in der Vergangenheit für den Kurdenhasser Saddam Hussein gearbeitet, und fast alle Mitarbeiter waren ehemalige Mitglieder der Baath-Partei.

Der letzte Anschlag auf den Außenminister lag ein Jahr zurück. Die Attentäter hatten eine Bombe mit Zeitzünder in seinem Büro versteckt, aber der Minister war bei einem Termin außer Haus aufgehalten worden. Die Bombe platzte im leeren Büro, und die irakischen und amerikanischen Ermittler fanden heraus, dass ein Mitarbeiter des Ministeriums – entweder ein Wachmann oder ein Beamter – die Bombe hineingeschleust hatte. Demnach war auch unser Botschafter selbst innerhalb der Mauern des Ministeriums nicht sicher. So oder so brachten wir ihn nie an einen Ort, ohne diesen vorher gründlich durchsucht zu haben.

Von dem Augenblick, in dem wir das Botschaftsgelände verließen, bis zur dem Moment, in dem wir zurückkehrten, lauerten überall Gefahren. An diesem Tag brach ich mit unserem Aufklärungsteam ins Ministerium auf. Doch zuerst mussten wir die beste Route dorthin finden; erst dann konnten wir uns im Ministerium ein Bild von der Sicherheitslage machen.

Wir planten die Route abhängig davon, in welchen Straßen ein Hinterhalt am wenigsten wahrscheinlich war, wo keine unmittelbare Gefahr von am Straßenrand versteckten Bomben oder Selbstmordanschlägen drohte und wo es weniger Checkpoints gab, an denen wir anhalten mussten. Je öfter wir anhielten, desto verwundbarer wurden wir. Es war schwierig, die Bedrohungslage in Bagdad einzuschätzen, das mit seinen 6,5 Millionen Einwohnern die zweitgrößte arabische Stadt nach Kairo ist. Bis in die 1970er-Jahre war die irakische Hauptstadt wohlhabend und wuchs dank des hohen Ölpreises. Die Einnahmen wurden in neue Infrastruktur investiert: in Kanalisation, Wasserversorgung, Autobahnen. Doch der Krieg mit dem Iran in den 1980er-Jahren erschwerte das zivile Leben, da Saddam Hussein den Großteil der Erdöleinnahmen des Landes in seine Armee investierte. Hinzu kam, dass Tausende Einwohner Bagdads durch iranische Raketenangriffe getötet wurden. Der erste Golfkrieg traf die Stadt ebenfalls schwer, und aufgrund der internationalen Sanktionen konnte in den 1990er-Jahren kaum etwas wieder aufgebaut werden, bevor die Bomben, die im Verlauf der Invasion im März 2003 auf Bagdad fielen, weitere Schäden anrichteten. Nach dem Zusammenbruch des Regimes wurden öffentliche Gebäude, Museen und die Paläste Saddam Husseins geplündert und die Symbole seiner Herrschaft zerstört.

So kam es, dass das Stadtbild im Jahr 2004 von löchrigen und holprigen Fahrbahnen, verfallenen Gebäuden, schmutzigen und übervölkerten Straßen und weitläufigen Elendsvierteln geprägt war. Besonders berüchtigt war Sadr City, wo die Amerikaner ein ums andere Mal in blutige Gefechte mit irakischen Milizen verwickelt wurden.

Abgesehen davon, dass die Straßen in miserablem Zustand waren, sperrte die Polizei sie oft nach Belieben ab. Daher war es schwierig, anhand von

Rasmus und ich im britischen EH101-Hubschrauber vor dem Start.

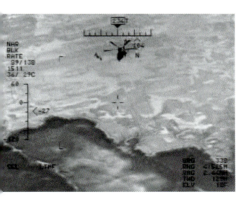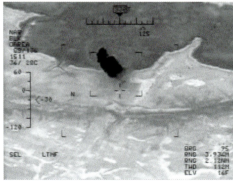

Diese Bilder wurden aus 3000 Metern Höhe von einem unbemannten Luftfahrzeug des Typs RQ-7 Shadow aufgenommen, das den Teams während des Einsatzes wichtige Informationen liefert. Auf dem ersten Bild sieht man, dass uns der Hubschrauber abgesetzt hat – wir sind die Punkte nebem dem Hubschrauber in der Bildmitte. Auf dem zweiten Bild ist die Explosion des Granatenlagers zu sehen.

94 Bewerber begannen im Jahr 1990 die Ausbildung. Nach neun Wochen waren noch 38 Kandidaten übrig – ich bin der sechste von links in der mittleren Reihe –, von denen jedoch nur 25 mit der Note »sehr zufriedenstellend« abschlossen und am Selektionskurs teilnehmen durften. Von diesen wurden acht schließlich in das Jäger-Korps aufgenommen. *(Foto: Jægerkorpset)*

So sieht ein Jäger aus, wenn er den Military Freefall HAHO (oder HALO) absolviert und aus großer Höhe abspringt.

Die russischen Streitkräfte ließen in Tschetschenien ungezählte Menschen verschwinden. Hier zeigt eine Mutter ein Foto ihres Sohns und seiner Freundin, die vermutlich von russischen Soldaten verschleppt wurden und nie wieder auftauchten.

Die vollkommen ausgebombte tschetschenische Hauptstadt Grosny war im Jahr 2001 eine Geisterstadt.

Ich stieg in Grosny für einen Augenblick aus dem Auto, aber die russischen Elitesoldaten wurden sofort nervös und zwangen mich, wieder einzusteigen.

Ich (rechts) sitze mit meinen Kameraden Rasmus und Daniel in der Nähe eines Minenfelds am Stadtrand von Kabul auf einem ausgebrannten russischen T55-Panzer.

Eine kleine Auswahl von Blindgängern, die wir überall in Afghanistan fanden. Hier verschiedene Versionen einer verbreiteten Mörsergranate und einer altmodischen Handgranate.

Eine typische afghanische Dorfstraße. Die Dorfbewohner bewegen sich zwischen roten Steinen und Fahnen, die vor Minen warnen.

Ein mit einer Kevlar-Weste und einem Gesichtsschirm geschützter Minenräumer arbeitet in einem Minenfeld außerhalb von Kabul (2001). Die verrostete Panzergranate vor dem Minenräumer zeigt, dass Afghanistan eine Munitionsdeponie ist.

Eine in Afghanistan ausgegrabene Antipersonen-mine. Mein Leahterman-Multifunktionswerkzeug gibt Aufschluss über die Größe. An der Oberseite der Mine sieht man die Bakelitplatte, über die die Zündung ausgelöst wird.

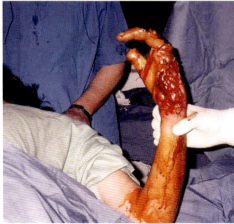

Der einheimische Minenräumer, der bei der Arbeit im Minenfeld eine halbe Hand verlor.

Selma wird eine Stunde, nachdem ich sie gefunden habe, zum ersten Mal in ihrem Leben gebadet. (Sie hat sich nie mit dem Wasser angefreundet.)

Als Vertreter der Danish Demining Group und Verantwortlicher für die Räumung von Minenfeldern in der Provinz Ghazni bei einer Feier mit dem Taliban-Gouverneur, der neben dem Mann in der purpurnen Jacke sitzt. (Ich bin der einzige Mann mit weißer Haut und ohne Bart).

In Eritrea bei der Vorbereitung der Zerstörung einer nicht explodierten Fliegerbombe.

Eine Gruppe dänischer Jäger aus der Task Force K-Bar kehrt nach einem Einsatz zum Stützpunkt zurück. *(Foto: Jægerkorpset)*

Verstreute nicht explodierte Sprengmittel. Ein gewohnter Anblick in der Umgebung des Stützpunkts Kandahar. Die Gegenstände, die wie Ananas aussehen, sind russische Antipersonenminen.

Das Zelt meines Teams auf dem Stützpunkt Kandahar. In der Mitte mein Bett. Privatsphäre gab es keine.

Der Bereich der Task Force Ferret auf dem Stützpunkt Kandahar. Links in der Mitte ist unsere »K-Bar« zu sehen. Die Absperrung diente dazu, den Sicherheitsabstand zum Satellitenempfangsgerät ganz links zu erhalten.

Mauerbrechen bei den Tarnak Farms.

Fast-Rope-Übung auf dem Stützpunkt Kandahar. Der Hubschrauber, aus dem sich die Soldaten abseilen, ist ein MH-47D Chinook des 160th Operations Aviation Regiment (»Night Stalkers«).

Vorbereitung für die »Operation QA05«. Ich bin der Jäger in der Mitte. Der Rucksack war jedoch noch nicht vollgeladen. Am Ende wog er mehr als 60 Kilo. Unser Scout Mikkel verwendete einen Schalldämpfer.

Das Gatling-Maschinengewehr des Chinook. Ich saß genau daneben, und es versetzte mir im Verlauf der Einschleusung einen Schreck.

Unsere Basis mit einem Blick über die Berge. Links hinter dem Tarnnetz erstreckt sich die Grenzregion zu Pakistan. Das Foto wurde vom Spähposten aus aufgenommen. Die »Mühle«, die man hinter dem Tarnnetz sieht, ist die Satellitenantenne.

Unser Beobachtungsposten. Man kann das Fernrohr erkennen, das aus dem Blow-Flash-Tarnnetz hervorragt. Das Netz war mit einem Seil am Felsen befestigt.

Der Spähposten von innen.

Das von uns ausgespähte Dorf, betrachtet durch ein Teleskop.

Dieses Foto nahmen wir in stockfinsterer Nacht durch das Wärmebildteleskop auf. Es zeigt einen Mann, der auf einem Haus im Dorf Wache hält.

Eines der Häuser, welche die Taliban und al-Qaida-Kämpfer nutzten, um Flaggensignale an das Nachbardorf zu übermitteln, und der Eingang einer der Höhlen, in denen sich al-Qaida-Kämpfer versteckten.

Aufgrund der extrem schwierigen Einschleusungen in den unwegsamen Bergen und der Höhenluft Afghanistans ist es nicht ungewöhnlich, dass Soldaten, wie auf diesem Foto zu sehen, an einen Tropf gehängt werden müssen. Dann ist der Sanitäter gefordert.

Wir waren in so großer Höhe im Einsatz, dass sich manche Teams in Wintertarnanzügen durch den Schnee kämpfen mussten. Meinem Team passierte das nicht, weil es bei unserem Einsatz im Gebirge zu warm war.

Der Stiefel eines australischen SAS-Mitglieds, dem eine Antipersonenmine, die nicht größer ist als der Boden einer Getränkedose, den halben Fuß abgerissen hat.

Torben Gettermann, der dänische Botschafter im Irak, in der Mitte neben mir, flankiert von seinen Leibwächtern. Das Bild entstand auf dem »Platz der Großen Feiern« in Bagdad, wo Saddam Hussein Paraden abhalten ließ.

Gettermann in einer kugelsicheren Weste. Ich trage meine Weste unter dem Hemd, meine Waffe ist eine H&K USP 9mm-Pistole.

Dieses Foto entstand während eines Treffens von EU-Botschaftern auf dem Dach der dänischen Botschaft in Bagdad. Es galt die höchste Alarmstufe. Im Hintergrund sieht man den Tigris.

Der neue Dienstwagen unseres Botschafters, den wir nur »das Biest« nannten, wird in Dänemark verladen. Es war ein gepanzerter Mercedes S600 mit 500 PS und zwölf Zylindern. Wie sich später herausstellte, war das Fahrzeug in Bagdad nutzlos, weil es die hohen Bordsteine in der Straßenmitte nicht bewältigen konnte.

Ein Toyota Land Cruiser, der von einer am Straßenrand versteckten Bombe getroffen wurde.

»Gimp«-Training auf dem Schießplatz in Bagdad. Der Gimp (Hinkebein) ist der Mann, der bei Fahrten durch die gefährlichen Straßen der Stadt auf der Rückbank sitzt und den Finger am Abzug hat.

Der Botschafter bei der Arbeit: Torben Gettermann, der dänische Botschafter im Irak, pflegt die Hündin Maggie.

Maggie ist gewachsen und tut als zusätzlicher Wachmann in der Botschaft Dienst. Ich bereite mich auf einen Ausflug als Gimp vor.

Jessica ist Hauptmann im U.S. Marine Corps. Wir
waren ein Jahr zusammen. Dieses Foto entstand
während eines Urlaubs in Berlin.

In afghanischer Tracht gekleidete Leibwächter. Ich selbst bin ganz rechts zu sehen. Die kugelsicheren
Westen beulen die Kittel ein wenig aus.

Stadtplänen oder GPS Fahrtrouten zu planen. Obendrein fand man täglich Tote auf Straßen, Boulevards, Plätzen und Autobahnen. Es war fast unmöglich, irgendetwas vorauszusagen. Aber wir hatten eine feste Regel: Wenn wir für die Fahrt zu einem bestimmten Ort eine Route wählten, durften wir nie auf demselben Weg zurückkehren. Außerdem planten wir immer eine Alternativroute für den Fall, dass wir auf der eigentlichen auf Probleme wie einen Hinterhalt, Kämpfe zwischen amerikanischen Truppen und Aufständischen oder einen ganz gewöhnlichen Stau stießen. Wir versuchten, nie anzuhalten, und wir wussten immer, wo sich der nächste amerikanische Stützpunkt befand, an dem wir uns im Notfall in Sicherheit bringen oder ärztliche Hilfe finden konnten.

Wir trafen im Außenministerium ein, stellten uns als Leibwächter des dänischen Botschafters vor und baten um Erlaubnis, das Gebäude zu inspizieren. Wir erklärten den Verantwortlichen, dass unsere Schutzperson den Außenminister in nächster Zukunft besuchen werde. (Aus Sicherheitsgründen gaben wir nie den genauen Tag oder die Uhrzeit unserer Ankunft preis.)

Wir planten eine Route vom Eingang des Gebäudes durch die langen und verwinkelten Gänge bis zum Büro des Ressortchefs. Dabei sahen wir uns an, in welchen Räumen unser Botschafter im Fall eines Mörser- oder Raketenangriffs am sichersten sein würde. Für den Fall eines Feuers, eines Bombenanschlags, eines Beschusses durch Heckenschützen oder einer anderen Notsituation, die eine Evakuierung nötig machen würde, legten wir auch eine Fluchtroute aus dem Gebäude fest. Wir prüften die Funkverbindungen zwischen Leibwächtern und Fahrern, da das Funksignal nicht immer durch verstärkte Mauern drang. Wir würden in große Schwierigkeiten geraten, sollten wir im Notfall nicht mit unseren Fahrern kommunizieren können. Sie mussten imstande sein, innerhalb von Sekunden an der Stelle vorzufahren, wo wir aus dem Gebäude kamen. Die Augenblicke, in denen sich eine Schutzperson zwischen einem Gebäude und dem Abholpunkt befindet, sind besonders gefährlich, weil sie im Freien ein leichtes Ziel für Scharfschützen, Selbstmordattentäter und aus einem fahrenden Auto schießende Angreifer ist.

Am folgenden Morgen verließen wir um 9:30 Uhr in zwei Land Cruisers die Botschaft. In unserem Wagen herrschte Stille, denn wir konzentrierten uns alle vollkommen auf unsere Aufgabe. Während der Fahrt war Small Talk verboten. Das wusste auch Botschafter Gettermann, der kein Wort sagte. Die vergangenen Tage waren sehr blutig gewesen. Selbstmordattentäter und am Straßenrand versteckte Bomben hatten mehr als 200 irakische Zivilisten und 25 amerikanische Soldaten getötet. Der Weg zum Außenministerium führte durch einige gefährliche Straßen und Viertel, und die Atmosphäre im Wagen war spürbar gespannt. Ich war der Gimp und musste jede potenzielle Gefahr melden, die sich von hinten näherte. Und wenn ich die Bedrohung als real einstufte, würde ich die Initiative ergreifen und das Maschinengewehr oder den Granatwerfer einsetzen. Dazu musste ich nicht erst die Erlaubnis von Michael einholen, dem Chef unserer Personenschutzeinheit. Die wahrscheinlichste und unmittelbarste Bedrohung ging von Selbstmordattentätern in Autos aus: Sie näherten sich dem Angriffsziel mit großer Geschwindigkeit und sprengten sich neben ihm in die Luft. Diese Wahnsinnigen saßen am Steuer apokalyptischer Gefährte, die mit Sprengstoff gefüllt waren und jeden im Umkreis von 50 bis 100 Metern töten würden. Sie stapelten den Sprengstoff im Kofferwagen, auf dem Boden und auf den Sitzbänken. Sollte eine solche Höllenmaschine neben uns explodieren, so hätten wir trotz der massiven Panzerung des Land Cruisers keine Überlebenschance. Zum Glück erkannte man die Selbstmordattentäter normalerweise an ihrem riskanten Fahrstil und daran, dass die Stoßdämpfer durch das Gewicht der Sprengladung vollkommen zusammengedrückt waren und der Wagen sehr tief lag. Außerdem saß normalerweise nur eine Person in einem solchen Wagen. Schließlich hatte es für die Terrorchefs keinen Sinn, zusätzliches Kanonenfutter zu vergeuden.

In der Stadt herrschte emsiges Treiben. Wir fuhren so schnell, wie es im Verkehr möglich war, und unsere beiden Fahrer umkurvten die Autos, die uns im Weg waren. Die meisten Autofahrer wussten, dass die Fahrer der leicht erkennbaren Fahrzeuge, in denen Amtsträger mit ihren Leibwächtern saßen, keine anderen Autos in der Nähe haben wollten. Aber es gab auch Leute, die sich nicht darum kümmerten. Ich hatte ständig eine Hand am Maschinengewehr und die andere an der Klinke der Gepäcktür, um sie jederzeit öffnen zu können: Es war eine Warnung an die Fahrer anderer Autos, uns nicht zu nahe zu kommen. Näherte sich ein Fahrer, ohne den Hinweis zu verstehen, gab ich ein paar Schüsse auf den Boden vor seinem Auto ab. Sollte jemand auch darauf nicht reagieren, würde ich auf seinen Motor schießen. Ließ er sich von dieser harschen Warnung nicht abschrecken, so würde ich das Feuer auf ihn eröffnen.

Wir sahen eine schwarze Rauchwolke, die vor uns aufstieg. Wir wollten von der breiten Allee abbiegen, auf der wir unterwegs waren, aber auf diesem Abschnitt führten keine Straßen von ihr weg. Wir näherten uns mehreren Humvees. Amerikanische Soldaten liefen auf der Straße umher und versuchten, den Verkehr um einen brennenden Geländewagen herumzuleiten. Es sah aus, als wäre ein mit Leibwächtern besetztes Fahrzeug von einer am Straßenrand versteckten Bombe getroffen worden. Als wir am Anschlagsort vorbeigefahren waren, entfernten wir uns so rasch wie möglich und überquerten die zweispurige Al-Sinak-Brücke über den Tigris. Nach einer nervenaufreibenden viertelstündigen Fahrt erreichten wir kurz vor zehn Uhr das Außenministerium.

Als Späher stieg ich als Erster aus und wandte mich direkt an die Person, die uns am Eingang in Empfang nahm, um mich zu vergewissern, dass alles in Ordnung war. Ein älterer Herr in dunklem Anzug, vermutlich der Sekretär des Ministers oder ein anderer hochrangiger Beamter, begrüßte mich. Der Minister erwartete uns. Ich gab das per Funk an Michael weiter, der ausstieg und dem Botschafter die Tür öffnete. Gettermann hatte gerade seine kugelsichere Weste abgelegt und kam rasch auf mich zu. Ich führte die Gruppe durch die langen Gänge des Ministeriums und zeigte den Personen, die unseren Weg kreuzten, mit Gesten, dass sie uns nicht zu nahe kommen sollten.

Gettermann ging immer schnell, und ich musste mich ständig vergewissern, dass der Abstand zwischen mir und den vier anderen Leibwächtern, die ihn in ihre Mitte genommen hatten, ausreichend war. Gleichzeitig musste ich die Augen offen halten, um jede potenzielle Bedrohung rechtzeitig zu erkennen. Ich achtete vor allem auf Waffen, die man in allen irakischen Ministerien und öffentlichen Gebäuden in großen Mengen sah. Ich hielt nach Personen Ausschau, die nervös wirkten oder sich ungewöhnlich schnell und ein wenig unbeholfen bewegten, weil sie unter ihrer Kleidung einen Sprengstoffgürtel trugen. Leider benutzten die Terroristen oft geistig behinderte Menschen, darunter Kinder, als Selbstmordattentäter, die sie ohne ihr Wissen zu einem Ziel schickten, um sie per Fernzündung in die Luft zu sprengen. Diese armen Menschen gaben nie klare Hinweise.

Mir fielen zwei Wachen auf, die etwa 15 Meter entfernt waren. Aber bei näherem Hinsehen wirkten sie einigermaßen träge und teilnahmslos: keine Gefahr. Ich beschleunigte meine Schritte und lief zu einer zehn Meter entfernten Tür voraus, die zu einer großen Halle führte, die von Balkonen umgeben war. Ich brauchte ein wenig zusätzliche Zeit, um diese Halle zu prüfen, bevor der Botschafter sie betrat. Auf den Balkonen schien alles in Ordnung zu sein, und in der Halle waren keine Waffen oder verdächtigen Personen zu sehen. Also gab ich ein Signal, und Gettermann trat ein. Wir durchquerten die Halle mit zügigen Schritten. In diesem Augenblick blendete mich das schräg durch die Fenster fallende Sonnenlicht, und ich konnte die Umgebung nicht mehr erkennen. Ich schob mir die Sonnenbrille von der Stirn auf die Nase.

Ein junger Mann in weiter weißer Kleidung kam mit großer Geschwindigkeit direkt auf mich zu. Seine Bewegungen waren sonderbar. Da ich der Gruppe als Späher vorausging, war meine Waffe entsichert. Ich legte den Finger an den Abzug. Als der junge Mann näher kam, erkannte ich, dass er hinkte. Als er bemerkte, dass wir Bodyguards waren, sprang er zur Seite und grüßte höflich. Keine Bedrohung. Wir erreichten das Büro des Ministers, und nur ein Leibwächter begleitete Botschafter Gettermann hinein. Die Funkverbindung zu den beiden Land Cruisers funktionierte gut. Wir meldeten, dass alles in Ordnung war und die Besprechung des Botschafters begonnen hatte.

Im Irak verliefen Besprechungen ganz anders, als ich es aus Dänemark kannte. Es war dort üblich, dass Sekretäre und Assistenten während des

Gesprächs im Raum ein und aus gingen, um irgendwelche Dinge zu erledigen. Obwohl wir einen bewaffneten Kollegen im Besprechungszimmer hatten, bestanden wir darauf, jeden zu durchsuchen, der den Raum betreten wollte. Das löste oft empörte Proteste der betroffenen Person aus. Wir bestanden höflich, aber bestimmt darauf, dass wir eine Leibesvisitation durchführen mussten, und die Leute fanden sich widerwillig damit ab. An jenem Tag hielten wir einen korpulenten älteren Mann auf, der eine schwarze Aktentasche bei sich trug und anscheinend eine wichtige Frage mit dem Minister zu besprechen hatte. Wir sagten ihm, wir könnten ihn nicht hineinlassen, und er machte kehrt, wobei er einige vermutlich wenig schmeichelhafte arabische Worte murmelte.

Kurz darauf waren wir wieder auf dem Rückweg durch die bevölkerten Korridore. »Die Sitzung ist beendet. Wir sind unterwegs«, teilte ich unseren beiden Fahrern per Funk mit. Vor dem Haupteingang des Ministeriums blieb ich zehn Sekunden stehen, um nach verdächtigen Personen oder Fahrzeugen Ausschau zu halten. Dann gab ich meinen Kollegen das Signal, den Botschafter herauszubringen. Ich wartete beim ersten Wagen und öffnete die Hintertür für ihn. Wenige Sekunden später waren wir mit unserer wertvollen Ladung an Bord wieder auf dem Weg zurück zur dänischen Botschaft.

Wir waren etwa eine Viertelstunde unterwegs, als sich von hinten ein »Cowboyteam« mit großer Geschwindigkeit näherte. Nach Terroristen, feindlichen Milizen und Bomben waren die »Cowboys« die Bedrohung, die wir am meisten fürchteten. Es waren oft amerikanische Teams von Amateuren, die sich auf der Suche nach leichtem Geld als Bodyguards verdingt hatten. Manche waren ehemalige Soldaten, aber sie hatten oft keinerlei Ausbildung als Leibwächter. Diese aufgepumpten Machotypen zögerten keinen Augenblick, auf alles zu schießen, was sich bewegte, egal, ob das Autos, Militärfahrzeuge oder andere Personenschützer waren. Die Cowboyteams hatten keinerlei Befehlsstruktur. An ihren Autos hatten sie normalerweise ein Schild angebracht, auf dem *Deadly force authorized* (Zum tödlichen Gewalteinsatz ermächtigt) stand, und diesen Freibrief nutzten sie nur zu gerne.

Diesen gemeingefährlichen Amateuren waren schon zahlreiche unschuldige Iraker zum Opfer gefallen. Zum Glück waren seit einiger Zeit weniger von ihnen auf den Straßen zu sehen, da die Sicherheitsunternehmen begriffen, dass ihre Kunden diese Narren nicht als Leibwächter wollten. Aber es waren immer noch einige Cowboys unterwegs. Und auf der Ladefläche des riesigen amerikanischen Geländewagens, der sich uns mit rasender Geschwindigkeit näherte, konnte ich einen großen, massigen Kerl erkennen, der an einem Maschinengewehr saß. Er trug ein hautenges T-Shirt und ein Kopftuch statt eines Helms und zeigte den anderen Autofahrern mit wilden Gesten an, dass sie Platz machen sollten. Wir konnten in unserer Spur bleiben, aber es lohnte sich nicht, das Risiko einzugehen, von dem schießwütigen Hinterwäldler unter Beschuss genommen zu werden. Die Situation schien mir zu unberechenbar, weshalb ich Michael vorschlug, stattdessen eine andere Route zu nehmen. Diese führte uns über die Brücke des 14. Juli, wo wir an einem amerikanischen Checkpoint angehalten wurden. Die wachsamen und wie immer professionellen amerikanischen Infanteristen überprüften uns gründlich, bevor sie uns durchließen. Wir überquerten den Tigris und erreichten die Grüne Zone. Die Botschaft war nur noch einen Steinwurf entfernt.

»Anhalten!«, schrie Torben plötzlich. Der Fahrer trat auf die Bremse, und wir griffen zu den Waffen. Aber es bestand keine Gefahr: Torben wollte sich lediglich etwas ansehen, was er am Straßenrand bemerkt hatte. In der Roten Zone hätten wir unter keinen Umständen angehalten, aber da wir jetzt in einem sicheren Gebiet waren, hatten wir nichts dagegen. Wir stiegen aus und folgten Torben zum Straßengraben. Jemand hatte einen Welpen mit einem Draht um den Hals an einen Baum gebunden. In der Nähe waren keine Menschen zu sehen. Das Tier war offensichtlich ausgesetzt worden. Torben sah sich das Hündchen an: Es war dehydriert, ausgehungert und schwach. Torben beschloss, dass wir es mitnehmen mussten. Wir schnitten es los, und der Botschafter führte das schmutzige kleine Fellknäuel zum Auto. In der Botschaft setzte er den Welpen in die Badewanne und richtete ihm mit weichen Decken einen Schlafplatz in einer Pappschachtel ein. Es war ein Weibchen. Er taufte sie auf den Namen Maggie.

Später an diesem Tag brachen wir zu einem weiteren Ausflug in die Rote Zone auf. Diesmal war unser Ziel das Integrationsministerium. Alles lief reibungslos, und wir hatten sogar Zeit, eine kurze Trainingseinheit im großen, klimatisierten Fitnessstudio der nahe gelegenen amerikanischen Botschaft einzuschieben. Ein guter Tag endete auf dem Dach der Botschaft, wo die Temperatur erträglich war. Wir genossen kalte Erfrischungsgetränke, und einige meiner Kollegen rauchten Pfeife. Der Abendhimmel wurde hin und wieder durch Maschinengewehrfeuer erhellt, das von den üblichen nächtlichen Einsätzen der Amerikaner oder von einem irakischen Familienfest stammen konnte. Die Iraker liebten es, bei Feiern mit ihren Kalaschnikows in die Luft zu schießen, wobei es leider immer wieder zu tödlichen Unfällen kam.

Einige Tage später saßen Michael und ich auf dem Dach und tankten ein wenig Sonne, bevor wir zu einem Ausflug in die Rote Zone aufbrachen. Die anderen Teammitglieder reinigten nach der morgendlichen Schießübung ihre Waffen, und der Botschafter arbeitete in seinem Büro. Ich lag auf dem Rücken und schaute gedankenverloren in den blauen Himmel, als ich plötzlich zwei schwarze Punkte bemerkte, die in etwa 30 bis 50 Metern Höhe über uns hinwegflogen. Michael musste sie ebenfalls gesehen haben, denn wir sprangen gleichzeitig auf. Die Grüne Zone wurde mit Mörsern angegriffen. Wenige Sekunden später schlugen die beiden Granaten etwa 50 Meter entfernt ein. Zwei ohrenbetäubende Explosionen erschütterten die Fenster der Botschaft. Ich lief die Treppe hinunter, um Botschafter Gettermann aus seinem Büro zu holen und in den Schutzraum hinunterzubringen, aber Lars und Christian waren bereits bei ihm. Torben, der bei Raketen- und Mörserbeschuss normalerweise sehr gelassen blieb, wirkte nervös: Diese Granaten waren in nächster Nähe eingeschlagen. In den nächsten Minuten hörten wir mehrere Explosionen aus Richtung der amerikanischen Botschaft, die nur anderthalb Kilometer entfernt war. Es war der Beginn eines mehrstündigen Angriffs mit Raketenwerfern und Mörsern.

Wir saßen auf dem Präsentierteller und konnten nichts anderes tun, als die Köpfe einzuziehen. Jedes Mal, wenn wir versuchten, unsere Arbeit fortzusetzen, begann eine neue Welle von Mörser- und Raketenangriffen. Wenn eine Mörsergranate oder eine Rakete in der Botschaft einschlug, konnte das für uns tödlich enden.

Die Stunden verstrichen, und wir gewöhnten uns an den Lärm der Detonationen. Wir saßen auf dem Boden und spielten Karten mit Botschafter Gettermann, während die Granaten in der Umgebung der Botschaft einschlugen. Irgendwann wurde mir bewusst, dass uns unser Kartenspiel mehr in Anspruch nahm als die tödliche Gefahr, die uns umgab.

Es war ein koordinierter Angriff. Zahlreiche Kämpfer versuchten gleichzeitig, den weitläufigen Komplex der amerikanischen Botschaft zu treffen. Die in einem ehemaligen Palast von Saddam Hussein untergebrachte Botschaft, in der mehrere Tausend Menschen arbeiteten, war ein verlockendes Ziel. Aufständische Milizen feuerten regelmäßig aus den Straßen der Rote Zone Raketen und Mörsergranaten ab, mit denen sie die Grüne Zone erreichen konnten. Sie fuhren mit Geländewagen vor, auf denen sie Raketenwerfer und Mörser unter einer Plane versteckt hatten, feuerten in ein oder zwei Minuten ihre Geschosse ab und verschwanden so schnell, wie sie gekommen waren.

Sogar die Amerikaner mit ihrer hochmodernen Technologie hatten keine Möglichkeit, die Rebellen schnell genug zu lokalisieren. Bei dem Angriff an jenem Tag mussten sie auch einige Verluste hinnehmen. Ein nepalesischer Wachmann wurde von einem Granatsplitter getötet, der seinen Helm durchdrang, und ein Amerikaner starb, als eine 122-mm-BM21-Rakete, die beim Aufprall nicht explodierte, eine Minute später, als alle Welt glaubte, es mit einem Blindgänger zu tun zu haben, doch hochging.

***

Jeder Einsatz als Leibwächter in Bagdad dauerte zwei oder drei Monate. Nachdem ich mich im Anschluss an meinen zweiten Einsatz einige Monate im feuchten und grauen dänischen Winter erholt hatte, freute ich mich tatsächlich auf meine dritte Mission. Es gefiel mir tatsächlich, an einen der gefährlichsten Orte der Welt zurückzukehren, und sei es auch nur, um erneut die Aufregung und das brüderliche Zusammensein mit meinen Jäger-Kameraden zu genießen.

Bei meiner Rückkehr fand ich die Botschaft unverändert vor. Die Blumenbeete und Hecken im Garten wirkten noch gepflegter als zuvor. Ich begegnete mehreren neuen Wachmännern, die ich höflich grüßte. Die Botschaft hatte zwei nagelneue Land Cruiser gekauft, um »das Biest« zu ersetzen, den Mercedes, der nie für den Einsatz zugelassen worden war, weil er im Fall einer Evakuierung die hohen Bordsteine und Barrieren nicht überwinden konnte. Und Maggie war gewachsen. Wir konnten nicht genau wissen, wann sie geboren war, aber sie musste jetzt etwa ein Jahr alt sein und hatte sich in eine lebhafte und sehr entschlossene junge Dame verwandelt. Sie schien sich zu freuen, mich wiederzusehen. Bei meinen vorhergehenden Einsätzen hatte ich viel Zeit mit ihr verbracht. Im Bagdader Spätwinter sanken die Temperaturen nachts auf fünf bis zehn Grad, aber am Tag verbrachten wir bei angenehmen 29 Grad viel Zeit im Garten, wo wir trainierten und mit Maggie spielten.

Botschafter Gettermann war in Kopenhagen, wo er an einer Reihe von Sitzungen im Außenministerium teilnahm, und wir sollten ihn am folgenden Tag am Bagdader Flughafen abholen. Ich erhielt die Aufgabe, im Vorfeld Informationen über die feindlichen Bewegungen zu sammeln.

Den Großteil der Informationen bekam ich vom amerikanischen Nachrichtendienst. In unseren täglichen Sitzungen gab ich meine Erkenntnisse an das übrige Team weiter. Ich würde auch der Fahrer sein und verbrachte einen Teil des Tages mit der Vorbereitung des Land Cruisers, für den ich bei unseren kommenden Ausflügen in die Rote Zone verantwortlich sein würde.

Die Amerikaner hatten alle wichtigen Nachschubrouten in Bagdad benannt. Einige der größten trugen Namen wie Brewers, Tampa und Pluto und wurden täglich genutzt, um riesige Mengen an Nachschub für die 100 000 Mann starke Besatzungsarmee zu verteilen.

Die Autobahn, die von der Grünen Zone zum Flughafen führte, wurde als »Route Irish« bezeichnet. Sie war nach den Fighting Irish benannt, dem Football-Team der University of Notre Dame. Im amerikanischen

Militär hat es Tradition, wichtige Nachschubrouten nach Sportteams zu benennen. Die Route Irish war nicht sehr lang – nicht einmal acht Kilometer –, aber zwischen 2003 und 2006 galt sie als der gefährlichste Straßenabschnitt auf dem Planeten.

Die wenige Kilometer lange Autobahn war der bevorzugte Ort für Angriffe auf die Koalitionstruppen. Milizionäre und Terroristen versteckten dort Bomben, schickten Selbstmordattentäter los, nahmen Koalitionssoldaten aus fahrenden Autos unter Beschuss und legten Hinterhalte. In den letzten Jahren waren dort Hunderte Soldaten und Zivilisten gestorben und Tausende verwundet worden. Es war nicht ungewöhnlich, dass Leibwächtern 20 000 Dollar dafür angeboten wurden, eine Person in wenigen Minuten entweder zum Flughafen oder in die Grüne Zone zu bringen.

Viele Diplomaten, Beamte, Journalisten und andere Personen, die in der Grünen Zone lebten und arbeiteten, hatten keine andere Wahl, als die Irish zu benutzen. Auf der Strecke zwischen der Grünen Zone und dem Flughafen verkehrten auch amerikanische Blackhawk-Hubschrauber, aber diese waren für hochrangige VIPs wie amerikanische Generäle und Politiker und für wichtige Diplomaten reserviert. Alle anderen mussten die Strecke im Auto zurücklegen. Einige von uns bereisten sie einige Male in der Woche oder sogar mehrere Male am Tag.

Als ich von dem Team, das ich ablösen sollte, am Flughafen abgeholt worden war, hatten wir dort drei Stunden warten müssen, weil die Amerikaner die Irish gesperrt hatten. Innerhalb von zwei Stunden waren drei am Straßenrand versteckte Bomben explodiert, und zwei Selbstmordattentäter hatten Autobomben in amerikanische Militärfahrzeuge gesteuert. Mehrere amerikanische Soldaten, zivile Mitarbeiter und irakische Zivilisten hatten das Leben verloren. Die Milizen und Terrorgruppen gingen immer skrupelloser vor. Nachdem eine Bombe am Straßenrand explodiert war, mussten die Toten geborgen und die Verwundeten evakuiert werden. Die amerikanischen Soldaten riefen immer einen Rettungshubschrauber, der deutlich mit einem roten Kreuz gekennzeichnet war. Die Kriegskonventionen verbieten es, das Feuer auf Rettungswagen zu eröffnen. Aber diesen Aufständischen schienen alle Konventionen gleichgültig zu sein. Die Milizen lagen oft mit Maschinengewehren und Panzerfäusten auf der Lauer und warteten auf den Rettungshubschrauber, um die Soldaten, die versuchten, die Toten und Verletzen zu evakuieren, aus dem Hinterhalt anzugreifen.

Die Aufständischen töteten auch Hunde und Esel, schnitten sie auf, füllten sie mit unkonventionellen Sprengvorrichtungen und legten sie am Straßenrand ab, um sie zu zünden, wenn Militärfahrzeuge vorbeifuhren. Viele am Straßenrand versteckte Bomben wurden mit drahtlosen Übertragungsgeräten wie Handys und kleinen Funkgeräten gezündet. Diese Zündmechanismen konnten wir mit dem Störsender an Bord des Land Cruisers deaktivieren. Aber die Milizen fanden rasch neue Frequenzen, die unsere Sender nicht stören konnten. Außerdem gewöhnten sich die Angreifer an, die Bomben mit einer Zündvorrichtung zu verkabeln, die alle Gegenmaßnahmen wirkungslos machte.

Auch unsere Methoden, um Autobomben zu erkennen, funktionierten nicht mehr zuverlässig. Immer öfter nahmen Selbstmordbomber Frauen und Kinder im Wagen mit, um keinen Verdacht zu erregen, wenn sie sich ihrem Ziel näherten.

Wir warteten am letzten Checkpoint in der Grünen Zone, bevor wir auf die Irish auffuhren, um zum Flughafen hinauszufahren und den Botschafter abzuholen, der in einem Militärflugzeug aus Kuwait eintreffen würde. Die Störsender der Land Cruiser waren eingeschaltet, die Funkgeräte gecheckt, und beide Fahrzeuge waren mit Waffen und Munition beladen.

Ich trank einen Schluck Wasser, atmete tief durch und begann, mich mental auf eine intensive Fahrt auf der Route Irish vorzubereiten, die gerade wieder eröffnet worden war, nachdem am Morgen zwei amerikanische Soldaten gestorben waren. Eine am Straßenrand versteckte Bombe hatte ihren Humvee zerstört.

Es war, als würden wir russisches Roulette spielen.

Wir ließen den Checkpoint hinter uns, und ich beschleunigte auf 120 Stundenkilometer. Nicht zu langsam und nicht zu schnell. Wir mussten langsam genug fahren, um die Umgebung beobachten zu können, durften jedoch nicht so langsam werden, dass wir uns in ein leichtes Ziel verwandelten. Die schwere Panzerung wirkte sich auf den Schwerpunkt des Fahrzeugs aus, sodass es sehr viel abrupter reagierte als ein normaler Land Cruiser. Ich musste die Geschehnisse auf der Straße ständig vorwegnehmen, um plötzliche Lenkbewegungen zu vermeiden. Der zweite Land Cruiser fuhr mit derselben Geschwindigkeit nur wenige Meter hinter uns, weshalb sich kein anderes Auto zwischen uns schieben konnte.

Der erste halbe Kilometer führte über eine Autobahnbrücke, die direkt in die dreispurige Route Irish mündete. Es herrschte dichter Verkehr. Ich blieb nach Möglichkeit in der Mittelspur. Auf diese Art würde die zerstörerische Wirkung einer am Straßenrand versteckten Bombe verringert.

Etwa 200 Meter vor uns fuhr ein viertüriges Auto extrem langsam in der Mittelspur. Ich würde es überholen müssen. Es war mir lieber, dass der Fahrer in die rechte Spur wechselte, weshalb ich ihm mehrere Lichtsignale gab. Er reagierte nicht.

Ich fuhr mit stetiger Geschwindigkeit, und als der andere Wagen nur noch 50 Meter entfernt war, hupte ich mehrfach und blendete auf. Schließlich verstand der Fahrer die Signale und schwenkte in die rechte Spur ab. Offensichtlich begriff er, dass man auf der Irish mit Fahrzeugen aufpassen musste, die Schutzpersonen beförderten.

Dann tauchte in 500 Metern Entfernung die erste Brücke über die Irish auf. Brücken waren sehr gefährlich. Im Schutz der Nacht versteckten Aufständische unkonventionelle Sprengvorrichtungen darunter, und oft wurden die Überführungen genutzt, um Bomben auf unterhalb durchfahrende Autos fallen zu lassen. Ich sah zwei Mann, die sich auf die Mitte der Brücke zubewegten, und meldete die Beobachtung sofort per Funk, damit das gesamte Team die potenzielle Bedrohung im Auge behalten konnte. Unter der Brücke war nichts Verdächtiges zu sehen. Keine Personen, keine toten Tiere, keine verdächtigen Gegenstände. Aber als wir gerade unter die Brücke fuhren, sah ich, dass die beiden Männer stehen blieben. Ich wechselte rasch in die linke Spur, um nicht auf derselben Höhe herauszukommen, auf der ich hineingefahren war. Nichts geschah. Sofort nahm etwas anderes meine Aufmerksamkeit in Anspruch. Etwa 500 bis 700 Meter entfernt stieg über der Straße eine Rauchwolke auf.

Als wir näher kamen, sahen wir einen Land Cruiser, der in Flammen stand. Ein britisches Team war von einer Bombe getroffen worden. Offenbar hatte sich die Explosion gerade erst ereignet, denn in der Umgebung des Autos waren keine Lebenszeichen zu sehen. Der zweite Wagen der Briten stand 50 Meter weiter am Straßenrand. Zwei mit Helmen und kugelsicheren Westen geschützte und mit Sturmgewehren bewaffnete Leibwächter sprangen heraus, und zwei weitere Kameraden folgten ihnen mit Feuerlöschern.

Als wir an dem getroffenen Fahrzeug vorbeifuhren, sah ich kurz hinüber. Die Fahrerkabine war in schwarzen Qualm gehüllt, Flammen schlugen aus den Fenstern. Wenn die Menschen im Inneren nicht von der Bombe getötet waren, so waren sie zweifellos verbrannt. Es war unmöglich, dass in diesem Feuerball noch jemand lebte.

Mir ging der Gedanke durch den Kopf, dass das Leben dieser Männer auf einer Autobahn in einem fremden Land, fern der Heimat, plötzlich geendet hatte. Die Klimaanlage lief auf Hochtouren, aber ich schwitzte stark. Wir waren immer noch gut zwei Kilometer vom Checkpoint an der Flughafenzufahrt entfernt. Wir huschten unter einer weiteren Überführung durch und wichen zwei großen Schlaglöchern aus, die Mörsergranaten in den Asphalt der Mittelspur gerissen hatten. Als wir noch anderthalb Kilometer entfernt waren, hörte ich über Funk, wie Magnus »Ich mache auf« sagte. Er war der Gimp im anderen Land Cruiser und teilte uns mit, dass er die Kofferraumtür öffnete. Ein Auto, das mit gefährlichen Manövern eine Gruppe anderer Fahrzeuge überholte, schien ihm verdächtig. Magnus hatte schon oft Warnschüsse abgegeben und wusste genau, wann sie nötig waren. Aber auf dieser Fahrt genügte es, dem Fahrer das Maschinengewehr zu zeigen. Er ließ sich sofort zurückfallen.

Wie immer war es eine Erleichterung, den schwer bewaffneten amerikanischen Kontrollposten zu erreichen. Ein schwarzer Infanterist näherte sich dem Wagen. Er sah sofort, dass wir keine Gefahr waren. Mit einem freundlichen, breiten Lächeln sagte er: »Hallo, Jungs. Was gibt's?«

In den folgenden Wochen brachten wir Botschafter Gettermann fast täglich zu Terminen in die Rote Zone. Ich fuhr auch jeden Morgen in die amerikanische Botschaft, wo ich nachrichtendienstliche Informationen und die Prognosen für die folgenden Tage abholte.

Ich arbeitete nunmehr seit drei Jahren eng mit den Amerikanern zusammen, und sie beeindruckten mich als Soldaten und als Menschen. Sie zählten zu den freundlichsten, umgänglichsten, hilfreichsten und diensteifrigsten Personen, denen ich je begegnet war. Ich weiß nicht, warum die Europäer die Nase über die amerikanischen Soldaten rümpfen. Das amerikanische Militär bildet die besten Soldaten der Welt aus. Mehr ist nicht dazu zu sagen. Im Gegensatz dazu wirkten so manche Europäer fast gleichgültig und verbittert auf mich. Sogar die einst unbeugsamen Briten schienen mürrisch und fast ein bisschen verweichlicht.

Zu jener Zeit galt die Aufmerksamkeit der amerikanischen Nachrichtendienste den Gefahren in der Grünen Zone. Dieses Rückzugsgebiet für die Mitarbeiter der Koalitionsverwaltung war nicht mehr so sicher wie in der Vergangenheit. In den letzten Wochen waren in der Zone zahlreiche Sprengsätze unter geparkten Autos und in Abfalleimern aufgetaucht. Die Amerikaner waren überzeugt, dass irakische Angestellte die Bomben in die Grüne Zone schmuggelten. Alle Bewohner wurden aufgefordert, die Sicherheitsvorkehrungen zu verschärfen. Von nun an mussten wir unsere Autos jedes Mal untersuchen, bevor wir losfuhren, selbst dann, wenn wir sie vor der amerikanischen oder unserer eigenen Botschaft abgestellt hatten.

Zusätzlich zu unseren dienstlichen Besorgungen besuchten wir die amerikanische Botschaft auch oft, um ihr fantastisches Büfett zu genießen. Sie boten in einem der Prunksäle des alten Präsidentenpalasts ein kostenloses Frühstück, Mittagessen und Abendessen für alle Amerikaner und Angehörige der Koalition an. Freundliche Kellner ganz in Weiß boten verschiedene Fleischgerichte, Salate, Hummer, Sandwiches, Obst, Kuchen, Eis und Erfrischungsgetränke an. Nach einem langen, heißen Tag war es ein Genuss, bei den Amerikanern essen zu gehen. Und noch verlockender wurde ihre Botschaft dadurch, dass dort viele Frauen arbeiteten. An einem Abend gingen wir alle acht mit dem Botschafter in der amerikanischen Botschaft essen. Wir ließen uns an einem Tisch mit einer

Gruppe junger Marines nieder. Botschafter Gettermann schnappte auf, dass sie sich über Afghanistan unterhielten, wo sie 2002 an Einsätzen unter dem Kommando dänischer Jäger teilgenommen hatten. Die jungen Infanteristen äußerten sich bewundernd über die großen und verrückten »Wikinger«, die mit ihren 130 Kilo schweren Rucksäcken auf den Schultern die Berge hinaufgelaufen waren und al-Qaida-Terroristen zum Frühstück verspeist hatten. Gettermann konnte sich nicht zurückhalten. Er wandte sich an die Marines, zeigte auf uns und sagte: »Gentlemen, darf ich Ihnen einige dänische Jäger vorstellen.«

Die jungen Männer starrten uns verblüfft an, aber aus ihren enttäuschten Gesichtern schlossen wir, dass die sonnengebräunten Dänen, die sich da den Bauch vollschlugen, wenig Ähnlichkeit mit den heldenhaften Jägern hatten, die sie in Afghanistan kennengelernt hatten.

***

Bei meinem dritten Einsatz als Leibwächter im Sommer 2004 fand ich in Bagdad kaum veränderte Bedingungen vor. Die Grüne Zone wurde weiterhin fast täglich mit Mörsern und Raketenwerfern angegriffen, und in den Straßen der Hauptstadt tobten weiterhin blutige Kämpfe. Selbstmordanschläge gehörten zum Alltag. Die Sicherheitslage hätte nicht schlechter sein können, die Gewaltexzesse waren furchtbar, und die irakische Gesellschaft stand am Rand des Zusammenbruchs. Die amerikanische Regierung stand aufgrund der schweren Verluste unter großem politischem Druck, und die Unterstützung der Amerikaner für den Kriegseinsatz schwand.

Torben Gettermanns Amtszeit als Botschafter neigte sich ihrem Ende zu. Dieses nervenaufreibende Jahr auf einem sehr ungewöhnlichen Posten schien spurlos an ihm vorbeigegangen zu sein, aber wir wussten, dass er sich auf eine weniger dramatische Gesandtschaft freute – und auch darauf, endlich wieder mit seiner Familie zusammen sein zu können. Tatsächlich wurde er mit einem sehr angenehmen Posten belohnt: Sie schickten ihn als Generalkonsul nach New York.

Ich werde Torben Gettermann immer als ausgezeichneten Chef und als freundlichen, ruhigen und ausgeglichenen Menschen in Erinnerung behalten. Und ich werde nie vergessen, wie er sich einen Besen schnappte und vor der Botschaft aufkehrte, wenn er wütend war. Ich erinnere mich noch, wie ein linksgerichteter Journalist vom dänischen Staatsfernsehen nach einem Interview eine Vereinbarung mit dem Botschafter brach und vertrauliche Information preisgab. Als Gettermann die Fernsehreportage gesehen hatte, ging er mit dem Besen hinaus und kehrte den Hof, bis er vor Anstrengung einen knallroten Kopf hatte.

Mit Gettermanns Mission war auch unser Einsatz in der dänischen Botschaft abgeschlossen. Wir hatten große Anerkennung erhalten und wertvolle Erfahrungen gesammelt, und die Militärführung beschloss, dem Jægerkorpset die Ausbildung der zukünftigen militärischen Personenschützer zu übertragen.

Aber bevor ich heimkehren konnte, musste ich noch etwas erledigen. Maggie würde in der Botschaft mit einer Vielzahl verschiedener Personenschützer, einheimischer Wachmänner und Diplomaten zu tun haben, und mir war klar, dass sich die Hündin nicht wohlfühlte. Natürlich war ein Leben in der Botschaft besser als eines in den Straßen Bagdads. Aber ideal wäre es, sie nach Dänemark zu bringen. Ich fand ein neues Zuhause für sie bei einem Kollegen und bereitete ihre Reise vor. Ein Jäger namens Ork nahm sie einige Wochen nach meiner Rückkehr zu sich. Nach einer eintägigen Reise mit Zwischenlandungen in Kuwait und Zypern – Maggie wäre fast gestorben, weil der Pilot der Hercules nicht wusste, dass er einen Hund an Bord hatte – landete sie an einem schönen Sommertag im Jahr 2004 auf dem Luftwaffenstützpunkt Aalborg. Ich holte sie ab, und nach einer kurzen Rauferei mit meiner Selma übergab ich sie ihrer neuen Familie (ihr Herrchen war ein amerikanischer Marine, der mit einer Dänin verheiratet war). Sie führt jetzt ein glückliches Hundeleben in der Geborgenheit Dänemarks.

Nach nur einem halben Jahr in Aalborg packte ich erneut meine Sachen zusammen und brach kurzfristig zu einer weiteren Reise nach Bagdad auf. Nach drei Einsätzen als Bodyguard hatte ich eigentlich genug von dieser Stadt und vom Irak, aber ich wollte lieber Abenteuer in der großen weiten Welt erleben, als mir daheim im Ausbildungslager den Hintern abzufrieren.

Ich wurde einem Team zugeteilt, das in den folgenden zwei Monaten den dänischen Generalmajor Agnar Rokos beschützen sollte. Er leitete die Ausbildungsmission der NATO, die irakische Offiziere schulen sollte. Der General verdiente sich rasch unseren Respekt. Er war kein Mann von vielen Worten und verschwendete nur ungern Zeit mit oberflächlichem Gelaber. Er hatte ein faltiges Gesicht, war jedoch in ausgezeichneter Form, was er täglichen Trainingseinheiten von anderthalb Stunden verdankte.

Die Ausbildungseinheit der NATO hatte ihr Hauptquartier auf einem kleinen Gelände in der Grünen Zone, das als »Klein-Venedig« bezeichnet wurde. Die Anlage war ein typisches Produkt von Saddam Husseins Geschmack und war dem tatsächlichen Venedig nachempfunden. Im Hauptquartier waren zwischen 40 und 50 Offiziere aus verschiedenen NATO-Ländern tätig, darunter eine Handvoll Dänen, die ihren Dienst gemeinsam mit Rokos antraten.

Die Leibwächter wurden von der amerikanischen Botschaft in komfortablen Wohncontainern untergebracht, die alle über Kabelfernsehen und eigene Duschen verfügten. Die Bedingungen waren ganz anders als in der dänischen Gesandtschaft, wo sich fünf Jäger einen sieben Quadratmeter großen Raum und eine Dusche hatten teilen müssen. Wir kamen auch in den Genuss all der anderen Vorzüge der US-Botschaft, darunter das ausgezeichnete Essen, das Trainingszentrum und der Pool.

Ich hatte noch einen weiteren Grund, mich dort wohlzufühlen. Jedes Mal, wenn ich die Anlage betrat, schaute ich in zwei ungewöhnlich schöne Augen. Ich wählte immer denselben Eingang, um der hübschen Frau in amerikanischer Uniform zu begegnen. Nach etwa einer Woche brachte ich den Mut auf und lud sie auf einen Kaffee ein. Sie lehnte das Angebot ab: Sie mochte keinen Kaffee. Aber sie sagte, sie würde sehr gerne einen *Tee* mit mir trinken gehen.

Jessica war eine hübsche, offene und intelligente Frau. Mit 26 Jahren war sie bereits Hauptmann im U.S. Marine Corps und hatte ein Wirtschaftsstudium abgeschlossen. Ihre Eltern stammten aus Puerto Rico, aber sie war in den Vereinigten Staaten aufgewachsen. Jede Nacht bereitete sie einen Nachrichtendienstbericht vor, den sie am Morgen den Generälen in der Botschaft vorlegte.

Wir kamen uns näher, und in den folgenden Wochen trafen wir uns, wann immer es unsere Arbeit zuließ. Jessica teilte sich einen Container mit einem weiblichen Oberst. Diese arbeitete am Tag, wenn Jessica frei hatte. So konnten wir oft für uns sein.

***

Der direkte Vorgesetzte von General Rokos war der berühmte amerikanische Vier-Sterne-General David Petraeus, der im Irakkrieg im Jahr 2003 die nicht weniger berühmte 101st Airborne Division befehligt hatte. Im Jahr darauf übernahm er die Leitung des Multi-National Security Transition Command, das die irakischen Streit- und Sicherheitskräfte wieder aufbauen und die Infrastruktur – Militärstützpunkte, Polizeistationen und Grenzposten – instandsetzen sollte. Mindestens einmal in der Woche nahm Rokos an einer Sitzung mit seinen amerikanischen Kollegen teil, die an diesem aufwändigen Vorhaben beteiligt waren.

Das Treffen fand in Petraeus' spartanischem Hauptquartier statt, das nicht ganz zwei Kilometer von der amerikanischen Botschaft entfernt war. An einem Abend warteten wir gemeinsam mit Petraeus' britischen Leibwächtern vor dem Gebäude. Wir kamen gut mit ihnen aus. Es überraschte uns ein wenig, dass ein hochrangiger amerikanischer General von Briten beschützt wurde, aber als wir sie nach dem Grund fragten, sagten sie uns ohne Umschweife, das liege daran, dass sie einfach die Besten seien. Die Leute stellten ihr Licht nicht unter den Scheffel.

Als die Sitzung an jenem Abend nach etwa einer Stunde beendet war, verließ Rokos gewohnt gelassen das Gebäude und stieg in den Land Cruiser. Er freute sich auf seine tägliche Trainingseinheit. Wir brachten ihn zurück und wollten den Feierabend genießen. Aber unser Aufenthalt in der Botschaft dauerte nur kurz. Ein dänischer Mitarbeiter der Ausbildungsmission musste heimkehren, weil ein Familienmitglied plötzlich schwer erkrankt war. Wir mussten ihn sofort zum Flughafen bringen.

Unter normalen Umständen wären wir nie auf die Idee gekommen, uns am späten Abend auf die Straßen Bagdads zu wagen, geschweige denn auf die Route Irish. Aber der Offizier musste unbedingt aufbrechen. Also schnappten wir uns unsere schwere Ausrüstung und sprangen in den Wagen. Wir verließen die Grüne Zone in der üblichen Formation und rauschten mit einer Geschwindigkeit von etwa 120 Studenkilometern auf der dunklen und trostlosen Autobahn dahin. Der andere Land Cruiser hielt in der Dunkelheit ein wenig mehr Distanz für den Fall, dass ich plötzlich bremsen musste.

Meine Begleiter waren Henrik und Lars, zwei erfahrene Soldaten, die mehrere Missionen in Afghanistan und dem Irak hinter sich hatten. Der dänische Offizier saß schweigend auf der Rückbank. Er wusste, dass er und das gesamte Team in großer Gefahr waren, und hatte ebenso wenig Vergnügen an der Situation wie wir.

Unsere Befürchtungen waren begründet: Dies war keine gute Zeit, um durch Bagdad zu fahren.

Von einer einige Hundert Meter entfernten Brücke kamen Leuchtspuren auf uns zugerast. Die Geschosse flogen knapp über unseren Wagen hinweg. Das Herz schlug mir im Hals, aber ich versuchte nicht, der Leuchtspurmunition auszuweichen, denn die Straßengräben zu beiden Seiten waren tief. Dann blitzte ein starker Suchscheinwerfer auf, der uns vollkommen blendete. Wir hatten Glück: Nur eine amerikanische Patrouille, die erst Leuchtspurgeschosse und dann einen Scheinwerfer einsetzte. Es war ein Warnsignal. Bei einem feindlichen Hinterhalt wären wir ohne Vorwarnung mit Raketenwerfern und Maschinengewehren unter Beschuss genommen worden. In diesem Fall wären wir vermutlich schon tot gewesen. Henrik griff rasch nach einem orangefarbenen Tuch und hängte es an die Windschutzscheibe. Dies war ein Kennzeichen aller zur Koalition gehörenden Fahrzeuge. Er sprang aus dem Wagen, schwenkte das Tuch über seinem Kopf und schrie aus vollen Lungen: »Coalition Force!«

Aus einer Flüstertüte drang eine metallische Stimme: »Treten Sie mit erhobenen Händen vor!«

Henrik ging mit über den Kopf erhobenen Händen langsam auf die amerikanische Patrouille zu. Die Soldaten hatten den Scheinwerfer ausgeschaltet, und ich hatte die Scheinwerfer des Autos abgedreht. Wir konnten Henrik nicht mehr sehen.

Nach einigen Minuten kam er angelaufen und stieg ein.

»Sie fanden es nicht toll, dass wir hier so durchgerast sind. Ich habe ihnen erklärt, dass es ein Notfall ist, und sie scheinen sich beruhigt zu haben. Wir können durch.«

Ich rollte langsam auf den gepanzerten M113-Mannschaftswagen zu, der quer auf der Straße stand. Als wir vorbeifuhren, grüßten wir die amerikanischen Soldaten. Sie hatten uns mit den 50-mm-Maschinengewehren auf ihren Fahrzeugen unter Beschuss genommen. Wir konnten von Glück sagen, dass es nur Warnschüsse gewesen waren. Direkte Treffer mit diesen Geschossen hätte die Panzerung nicht aufgehalten.

Henrik hatte die Soldaten gebeten, auch andere Patrouillen auf der Irish über unser Kommen zu informieren und ihnen mitzuteilen, dass wir in einer Stunde zurückfahren würden.

In der folgenden Woche war ich mehrmals mit General Rokos in einem Blackhawk-Hubschrauber unterwegs, da er Besprechungen hatte und irakische Militäranlagen inspizieren musste. Die Zeit verging wie im Flug. Wenn ich nicht im Einsatz war, trainierte ich oder traf mich mit Jessica. Im Frühjahr 2005 verließ ich Bagdad wieder. Das Jäger-Korps hatte neue Aufgaben für mich. Ich sehnte mich nicht nach Bagdad zurück, aber ich vermisste Jessica. Zum Glück hatten wir Gelegenheit, uns im Urlaub in Berlin und Kopenhagen zu treffen. Wir blieben ein Jahr lang zusammen, doch aufgrund unserer Arbeit konnten wir einander kaum sehen. Am Ende sahen wir ein, dass die Beziehung so nicht funktionierte.

Fast 20 Jahre lang war meine Arbeit mein Leben gewesen, und ich hatte es nie lange an einem Ort ausgehalten. Unter diesen Umständen war es schwierig gewesen, eine Freundin zu finden. Ich war einigen Frauen begegnet, die mir gefielen. Aber entweder hatten wir keine Zeit gehabt, einander kennenzulernen, bevor ich zu meiner nächsten Mission aufbrechen musste, oder die Beziehung zerbrach, weil ich lange fort war. Mir fehlte emotionale Harmonie im Leben.

***

Als ich den Irak verließ, gab es nicht den geringsten Hinweis darauf, dass sich die Sicherheitslage verbessern würde. Bagdad war weiterhin das Epizentrum der Gewalt, jeden Augenblick drohte ein Bürgerkrieg auszubrechen. In allen großen Städten sprengten sich täglich Selbstmordattentäter in die Luft, und die Aufständischen lancierten jede Woche mehr als 1500 Angriffe auf die Koalitionstruppen und die irakischen Sicherheitskräfte. Seit der Invasion vor zwei Jahren hatten allein die Vereinigten Staaten mehr als 1500 Soldaten verloren, und 13 000 waren verwundet worden. Schätzungen zufolge waren fast 2500 irakische Soldaten und Polizisten und mehr als 55 000 Zivilisten getötet worden.

Aber im Februar 2007 geschah etwas, das mir ein wenig Hoffnung für die Zukunft des Landes gab. David Petraeus, der ehemalige Vorgesetzte von General Rokos, übernahm das Kommando über sämtliche Koalitionstruppen im Irak.

»Man kann der Bevölkerung keine Sicherheit geben, wenn man nicht mit ihr lebt«, erklärte Petraeus. Er verlegte 30 000 amerikanische Soldaten aus den befestigten Stützpunkten in die irakischen Städte. Diese Strategie erwies sich als goldrichtig.

Allerdings kostete sie anfangs viele amerikanische Soldaten das Leben. Allein in den Monaten April bis Juni 2007 wurden rund 330 Soldaten getötet, womit dies das verlustreichste Vierteljahr für die Amerikaner im gesamten Irakkrieg war. Doch nur ein Jahr später, im Juli 2008, war es gelungen, die Zahl der getöteten Soldaten auf 13 zu verringern – das waren weniger als in jedem anderen Monat seit der Invasion im Jahr 2003. Bis zum Jahresende 2008 sank die die Zahl der Selbstmord- und Bombenanschläge deutlich. Im März 2007 wurden 130 Selbstmordanschläge verzeichnet. Im Juli 2008 waren es noch 40. Die Zahl der Gewalttaten schrumpfte um 80 Prozent, und auf bis dahin menschenleere Straßen war das Leben zurückgekehrt. Märkte und Läden eröffneten wieder. Die irakischen Politiker und die Sicherheitskräfte blickten mit neuer Zuversicht in die Zukunft, und die Amerikaner übergaben irakischen Militäreinheiten die Kontrolle über elf der achtzehn irakischen Provinzen. Als Präsident Barack Obama nach seinem Amtsantritt im Jahr 2009 ankündigte, am 31. August 2010 werde der Abzug der amerikanischen Truppen aus dem Irak beginnen, der ein Jahr später abgeschlossen sein sollte, schien es, als sei ein weiteres blutiges Kapitel in der Geschichte des Landes beendet. Es sollte ganz anders kommen.

KAPITEL 14: UNDERCOVER

Ich sehe nicht wie ein Afghane aus und werde nie wie einer aussehen. Mein breiter Kopf, mein kantiger Kiefer und meine skandinavischen Gesichtszüge sind das genaue Gegenteil des schmalen Gesichts und der langen, krummen Nase des typischen Afghanen. Aber ich hatte meinen Bart und meine Augenbrauen fast schwarz gefärbt und mein Gesicht und meine Hände mit Bräunungscreme behandelt. Ich trug einen traditionellen afghanischen Turban und den Salwar Kamiz, der aus einem khakifarbenen langen Hemd und weiten Hosen bestand.

Unter dem Hemd trug ich eine kugelsichere Weste und einen Gürtel, an dem eine 9-mm-H&K USP, zwei zusätzliche Magazine, ein Gerber-Klappmesser und ein Funkgerät befestigt waren, das mit einem unauffälligen, hautfarbenen Im-Ohr-Hörgerät verbunden war. Meine Stiefel waren das Einzige, was mich als Soldaten erkennbar machte. Aber wenn etwas schiefging, musste ich einen festen Stand haben.

Nach mehreren Jahren war ich zurück in Afghanistan. Dieses Land ließ mich einfach nicht los. Zusammen mit fünf weiteren Jägern war ich in einer der größeren Städte im Zentrum des Landes auf einer verdeckten Erkundungsmission unterwegs. Unsere Mission war streng geheim. Wir hatten uns unter die einheimische Bevölkerung gemischt. Keine Uniformen. Keine sichtbaren Waffen. Keine Militärfahrzeuge.

Mit mir im Auto saß Mikkel, mein alter Freund, mit dem ich seinerzeit im gebirgigen Grenzgebiet zu Pakistan die Bewegungen von Taliban und al-Qaida-Kämpfern beobachtet hatte. Wie immer arbeiteten wir verkleidet und in der Nacht, während die Stadt schlief. Bei Tageslicht wären wir sofort aufgeflogen. Wenn wir jedoch in der Dunkelheit in einem alten Toyota mit verdreckten Scheiben auf schlecht beleuchteten Straßen unterwegs waren, hatten wir gute Chancen, unentdeckt zu bleiben. Wir hatten den Wagen mehrere Monate nicht gewaschen und das Innere mit typischem lokalem Schnickschnack geschmückt, sodass er auf der Straße nicht auffiel.

Das heruntergekommene Äußere des Autos verbarg seinen ausgezeichneten mechanischen Zustand. Motor, Getriebe, Stoßdämpfer, Bremsen und Reifen waren relativ neu. Wir hatten die Reifen mit Flüssigkeit gefüllt, sodass der Wagen auch mit einem Reifenschaden noch gut 20 Kilometer fahren konnte.

Da wir als Undercover-Agenten unterwegs waren, konnten wir nur bei direkter Gefahr für Leib und Leben von unseren Waffen Gebrauch machen. Im schlimmsten Fall würden wir trotz unserer spärlichen Ausrüstung unbeugsamen Widerstand leisten.

Für alle Fälle lagen unsere C8-Sturmgewehre, bei denen es sich um für den Nahkampf umgerüstete Versionen mit verkürztem Lauf handelte, unter einem dunklen Teppich zwischen den Vordersitzen bereit. Ich hatte noch eine Reservepistole in einem Halfter zwischen den Sitzen stecken. An der Tür hatten wir sechs Magazine mit jeweils 29 Patronen unter einem Stück Stoff versteckt. Unter den Sitzen lagen einige Hand- und Rauchgranaten. Unsere kleinen Rucksäcke, die Extramunition, ein Nachtsichtgerät, ein Satellitentelefon, Batterien, 500 Dollar in bar, Wasser und eine Lebensmittelration enthielten, waren ebenfalls unter der Sitzbank versteckt. Sollten wir gezwungen sein, das Auto zu verlassen, so würde unser Leben davon abhängen, dass wir unsere Ausrüstung mitnehmen konnten.

An dem Einsatz war ein Geheimagent beteiligt, der die nachrichtendienstlich verwertbaren Informationen sammeln sollte. Er hieß Eric und war Mitte 30. Seine Information würde Regierungen der westlichen Koalition bei ihren Entscheidungen helfen. Solche Erkenntnisse waren sehr heikel, und die Personen, die sie besaßen, hatten oft großen Einfluss oder waren mit einflussreichen Personen verbunden. Eric suchte diese Personen auf und versuchte, ihr Vertrauen zu gewinnen. Dazu genügte es jedoch nicht, mit jemandem eine Tasse Tee zu trinken. Eine solche Einschleusung brauchte Zeit und war riskant.

Erics Arbeit war oft einsam und erforderte große kulturelle, politische, sprachliche und soziale Kenntnisse. Sich mit den technischen Erfordernissen auszukennen war eine Sache, aber ein Agent, dem es an sozialer Intelligenz mangelt, kann seine Quelle nicht bearbeiten und wird ihr nichts entlocken. Manche Informanten haben keine Prinzipien und rücken für Geld bereitwillig Informationen heraus, aber die wertvollsten Quellen sind ideologisch motiviert. Um solche Menschen zum Sprechen zu bringen muss man sehr gekonnt vorgehen.

Erics Erfolg hing natürlich davon ab, dass seine wirkliche Identität nicht bekannt wurde. Er reiste stets inkognito. Wie seine Kollegen gab er nicht nur beruflich, sondern auch im Privatleben kaum etwas über seine Tätigkeit preis. Nur wenige Freunde dieser Männer wussten, womit sie ihren Lebensunterhalt verdienten. Eric hatte es nicht einmal seiner Familie verraten. Er arbeitete am liebsten allein, ohne uns als Schutzschild. Je mehr Beteiligte und je größer der Aufwand, desto auffälliger war unser Einsatz und desto größer wurde das Risiko der Enttarnung, die uns alle in Gefahr gebracht und der Glaubwürdigkeit von Erics Organisation geschadet hätte. Doch seine Auftraggeber hielten Afghanistan für so gefährlich, dass sie das Jægerkorpset um Unterstützung baten.

Unsere Aufgabe war es, Eric zu beschützen und ihn zu seinen Treffen mit Informanten zu bringen. Das war eine einfache Mission, aber sie verlangte Kreativität von uns, da wir mit solchen Einsätzen nicht vertraut waren. Normalerweise konnten wir uns auf verschiedene Arten von Hilfe verlassen, wenn etwas schiefging. Hier waren wir vollkommen auf uns gestellt. Im Notfall konnten wir keine schnelle Eingreiftruppe und keine Luftunterstützung anfordern, und es würde niemand kommen, um uns auszufliegen. Mit unseren Funkgeräten konnten wir nur zwischen den beiden Autos kommunizieren. Sonst gab es niemanden, den wir anrufen konnten. Abgesehen von unseren engsten Kollegen wusste überhaupt niemand, wo wir waren. Und natürlich durften wir unsere Identität nicht preisgeben. Sollten wir als westliche Soldaten erkannt werden, so würden wir sterben – und unsere Kameraden oder Verbündeten würden nicht mehr in diesem Gebiet arbeiten können.

Wir hatten daheim in Dänemark mehrere Monate lang für diese Mission geübt. Wir hatten uns darauf konzentriert, wie man von einem Auto aus operieren konnte. Der Wagen würde unsere Operationsbasis sein, die wir nur im Notfall verlassen durften. Wir trainierten mit verbeulten alten Autos, was Spaß machte: Wir fühlten uns wie angehende Rennfahrer, wenn wir bei hoher Geschwindigkeit eine 180-Grad-Wende und verschiedene Ausweichmanöver übten. Auf Landstraßen und in dänischen Provinzstädten lernten wir, wie man ein Auto beschattet. Der Einsatz mehrerer Fahrzeuge, die einander bei der Verfolgung abwechseln, verringert die Wahrscheinlichkeit, entdeckt zu werden. Wir lernten auch, welche Vorsichtsmaßnahmen man ergreifen muss, um nicht selbst beschattet zu werden. Wir übten, mit halsbrecherischer Geschwindigkeit vor einem Verfolger zu fliehen. So manche Versuchsperson hockte nach unseren Manövern auf schmalen, dunklen Landstraßen bleich und zusammengesunken auf der Rückbank.

Wir trainierten auch, wie man einen Informanten zu einem bestimmten Zeitpunkt an einem bestimmten Ort abholte. Es mussten im Voraus alternative Treffpunkte für die Abholung vereinbart und Notfallpläne festgelegt werden. Wir übten auch Nahkampftechniken für den Fall, dass wir es mit halsstarrigen Widersachern zu tun bekamen.

Wir lernten grundlegende Vokabeln und Redewendungen in Paschtu, das in großen Teilen Afghanistans gesprochen wird. Und wir waren die ersten dänischen Soldaten, die je einen Schminkkurs absolvierten: Wir lernten, uns die Augenbrauen zu färben, unsere Haut abzudunkeln und uns einen falschen Bart anzukleben.

Aber im realen Einsatz sieht alles ganz anders aus als im Training.

Ich saß am Steuer des alten Toyota, als wir aus dem Hangar rollten und in eine schmale Schotterstraße einbogen, die zum Tor am anderen Ende des Stützpunkts führte. Wenn die Autos nicht benutzt wurden, standen sie in dem stillgelegten alten Hangar, zu dem keiner außer uns Zugang hatte. Dort wechselten wir auch die Kleidung und legten das Make-up für unsere nächtlichen Ausflüge auf. Mikkel saß neben mir auf dem Beifahrersitz und studierte unauffällig das GPS und den Stadtplan. Bei ihm war ich in guten Händen. Ich konnte mich vollkommen darauf verlassen, dass er seine Aufgabe wie immer fehlerfrei erfüllen würde. Ein paar Jahre früher hatten wir gemeinsam an jener extrem anspruchsvollen Mission in den Bergen im afghanisch-pakistanischen Grenzgebiet teilgenommen. Seit damals genoss er meinen uneingeschränkten Respekt. Er war der beste Partner, den man sich bei einer gefährlichen Mission wünschen konnte. Wir rollten durch das Tor, bogen links ab und fuhren in Richtung Stadtzentrum. Die vier anderen Teammitglieder fuhren außer Sichtweite einige Hundert Meter hinter uns in einem alten Toyota-Hiace-Kleinbus, der so wie unser Wagen in gutem mechanischem Zustand war. Vor den Fenstern im hinteren Teil des Wagens hingen Vorhänge, was in diesen Breiten üblich war. So hatten wir Gelegenheit, im Auto unbeobachtet mit Informanten zu sprechen.

Wir waren aufgebrochen, um Eric von einem Treffen in der Stadt abzuholen. Der Treffpunkt war eine kleine Gasse. Die Fahrt ins Zentrum führte über dunkle, mit Schlaglöchern übersäte Straßen, die oft nicht asphaltiert waren. Der Ort war friedlich und ruhig, es waren kaum andere Autos zu sehen. Tatsächlich wäre es ein Vorteil für uns gewesen, im Verkehr untertauchen zu können. Man hörte keine Muezzine, die die Gläubigen zum Gebet riefen. Die Häuser waren nicht beleuchtet. Wir sahen nur ein paar Männer, die zu Fuß unterwegs waren, und hin und wieder einen Radfahrer auf einem alten Drahtesel. Keine Frauen oder Kinder. Und viele Hunde, die auf der Suche nach Abwasser und Nahrungsresten durch die Straßen zogen.

Mikkel war damit beschäftigt, uns auf der geplanten Route zu halten. Ich fuhr langsam, um ihm genug Zeit zu lassen, damit er mit einer kleinen Taschenlampe die Karte und das GPS studieren konnte. Wir wussten, wo ungefähr sich die Kontrollposten der afghanischen Regierungstruppen befanden, hielten jedoch die Augen offen für den Fall, dass eine Straßensperre verlegt worden war. Das wäre schlecht für uns, denn eine überraschende Kontrolle konnte das Ende unserer Mission bedeuten. Wenn mir jemand mit einer Taschenlampe ins Gesicht leuchtete, würde meine Tarnung mit einiger Sicherheit auffliegen. Wenn ein Soldat hartnäckig darauf bestand, dass wir uns auswiesen, konnte die Situation leicht eskalieren, obwohl wir gegen denselben Feind kämpften: gegen die Taliban und al-Qaida.

Der Kleinbus fuhr auf einer Parallelstraße hinter uns. Wir hatten auf der Karte ein paar Orientierungspunkte markiert und meldeten über Funk, wenn wir diese Punkte passierten. So wussten wir immer, wo das andere Auto war. Auf einigen Streckenabschnitten fuhren wir gemeinsam. Wir hatten an beiden Autos die Lampe des linken Rücklichts und des rechten Vorderlichts herausgeschraubt, um einander im Dunkeln erkennen zu können. (In Afghanistan war es unwahrscheinlich, dass man von der Polizei angehalten wurde, weil das Fahrzeug nicht richtig beleuchtet war.) Mikkel wies mich an, nach links in eine Straße einzubiegen. Wir fuhren auf eine große Kreuzung zu. Etwa 100 Meter voraus sahen wir die Umrisse von Militärfahrzeugen und Straßensperren, hinter denen sich Gegenverkehr aufstaute. Mikkel fluchte leise: Dieser Kontrollposten war nicht auf der Karte eingetragen. Es gab keine Möglichkeit, abzubiegen oder umzudrehen. Wenn ich rückwärtsfuhr oder auf der Fahrbahn wendete, würde ich den Soldaten verraten, dass wir etwas zu verbergen hatten. Wir hatten keine andere Wahl, als weiterzufahren.

Mikkel versteckte den Stadtplan und das GPS-Gerät unter dem Sitz. Ich vergewisserte mich, dass meine dritte Waffe an ihrem Platz war. Es war kurz nach ein Uhr nachts. Ich hoffte, die afghanischen Soldaten würden müde sein und uns durchwinken. Aber als wir den Posten erreichten, trat ein mit einer Kalaschnikow bewaffneter Soldat auf die Fahrbahn und befahl uns mit Handzeichen, anzuhalten. Wir fluchten beide. Ich kurbelte das Fenster herunter und näherte mich langsam.

»Salam Aleikum«, grüßte er.

Er war jung und hatte eine helle Stimme. Unerfahren. Und er hatte mein Gesicht noch nicht gesehen.

»Wa Aleikum as-Salam«, antwortete ich mit gedämpfter Stimme, um meinen Akzent nicht zu verraten.

Er holte seine Taschenlampe hervor. Ich machte mich auf das Schlimmste gefasst. Er schaltete die Lampe ein und leuchtete das Innere des Wagens aus. Der Lichtstrahl fiel kurz auf Mikkels Gesicht, aber der Soldat schien sich nicht für ihn zu interessieren. Stattdessen leuchtete er mir direkt in die Augen. Ich fühlte mich wie ein kleiner Junge, der beim Klauen erwischt worden ist. Ich war bloßgestellt und wartete auf die unvermeidliche Strafe.

Der Soldat sagte etwas, das ich nicht verstand. Aber er klang freundlich und wirkte nicht aggressiv. Er beugte sich zu meinem Gesicht herunter. Zweifellos sah er, dass ich kein Einheimischer war.

»Tha tsanga je?«, fragte ich freundlich. »Wie geht es Ihnen?«

Er nickte, antwortete jedoch nicht. Es war klar, dass er meine Verkleidung durchschaut hatte. Ich würde mich nur noch verdächtiger machen, indem ich weiter versuchte, ihn mit meinen holprigen Paschtu-Phrasen zu täuschen.

Ich griff nach einigen 50-Dollar-Scheinen, die in einer Spalte des Armaturenbretts steckten. Das war das Geld für schwierige Fälle.

Ich riskierte es, hielt ihm den Geldschein hin und wechselte ins Englische: »Thank you.«

Er sagte nichts, beleuchtete jedoch den Geldschein und sah ihn sich genau an. Für ihn waren das wahrscheinlich mehrere Monatsgehälter. Die Taschenlampe ging aus. Er warf einen kurzen Blick in Richtung seiner Kameraden, die plaudernd bei einem Militärjeep standen und offenbar nichts bemerkt hatten.

Er steckte den Geldschein ein. »Okay«, sagte er leise.

Zu unserem Glück sah er keinen Grund, viel Lärm um nichts zu machen, sondern zog es vor, sich eine kleine Bonuszahlung zu sichern.

»Taschakur«, sagte ich. »Danke.« Ich legte den Gang ein und fuhr langsam an.

Wir atmeten auf. Lang lebe das Geld für schwierige Fälle.

Unsere Kollegen im Kleinbus, die in einer Parallelstraße unterwegs waren, hatten begonnen, sich Sorgen um uns zu machen. Aber jetzt konnten wir das Funkgerät wieder einschalten und ihnen mitteilen, dass alles gut gegangen war. Wir setzten die Fahrt fort und erreichten die kleine Straße, in der wir Eric abholen sollten. Wir waren eine halbe Stunde früher da als vereinbart.

Der Kleinbus fuhr an uns vorbei. Das andere Team sollte sich vergewissern, dass in der Umgebung oder auf der Route, die wir für den Rückweg gewählt hatten, keine Gefahren lauerten. Unsere Kameraden hielten Ausschau nach geparkten Autos, in denen Personen saßen, und achteten auf Leute, die auf der Straße auf und ab gingen. Zu dieser späten Stunde war jede Aktivität verdächtig. Wenn die Möglichkeit bestand, dass unser Treffpunkt nicht mehr sicher war, würden wir Eric ein Signal schicken, damit er wusste, dass wir zum Alternativplan übergingen.

Wir parkten in einem dunklen Winkel. Von dieser Stelle aus konnten wir den Treffpunkt nicht sehen, aber wir waren keine 15 Sekunden davon entfernt. Alle fünf Minuten schickte uns das Team im Kleinbus eine Botschaft, dass die Luft rein war. Dann kam eine weitere Meldung über Funk: »Noch zwei Minuten bis zur Abholung. Alles in Ordnung. Wir fahren weiter.« Das andere Team verließ die Gegend, um in einiger Entfernung auf der Route, die zum Stützpunkt führte, am Straßenrand auf uns zu warten.

Exakt 30 Sekunden vor dem vereinbarten Zeitpunkt ließ ich den Wagen an. 15 Sekunden später fuhr ich los und näherte mich dem Treffpunkt. Auf die Sekunde genau tauchte Eric aus der Dunkelheit auf. In seiner örtlichen Tracht und mit dem großen Bart hätte ich ihn nie erkannt, wäre da nicht sein charakteristischer Gang gewesen. Ich hielt auf seiner Höhe, er öffnete die Hintertür und stieg ein. Auf dem Heimweg erzählte er uns, dass das Treffen an diesem Abend sehr lohnend gewesen war.

Eric war ein scharfsinniger Bursche mit einem trockenen Humor, den ich sehr unterhaltsam fand. Er beteiligte sich kaum an unseren Unterhaltungen über Frauen und war nicht daran gewöhnt, von einem Haufen energiegeladener, rastloser Elitesoldaten umgeben zu sein. Vermutlich gingen wir ihm manchmal sogar ein wenig auf die Nerven. Aber im Allgemeinen kamen wir gut miteinander aus und konnten uns gut miteinander unterhalten. Er leistete uns Gesellschaft beim Essen und sah sich Filme mit uns an.

Ich verbrachte viel Zeit mit Eric, und er erzählte mir von seinem faszinierenden, ungewöhnlichen Leben. In diesen Tagen war er bester Laune, weil sich einer seiner Informanten als Goldmine erwiesen hatte. Er glaubte, dass seine Quelle so viel wertvolle Information besaß, dass er Geschichte schreiben konnte. Und er genoss bereits die Anerkennung seiner internationalen Konkurrenten.

Die Intensität der Einsätze mit Eric schwankte. Es gab Zeiten, da waren wir jede Nacht unterwegs, während manchmal tagelang gar nichts geschah. Es hing alles von Erics Informanten ab. Mit den meisten Quellen konnte er sich nur gelegentlich treffen.

Wir akzeptierten das, und es fiel uns nicht schwer, trotz der Phasen der Untätigkeit wachsam zu bleiben. Wir wussten, dass Afghanistan ein gefährlicher Ort war und dass wir diszipliniert bleiben mussten, wenn wir nachts in der Stadt unterwegs waren. Wir durften uns unter keinen Umständen entspannen oder die Fähigkeiten der Taliban oder von al-Qaida unterschätzen. Ganz in der Nähe waren vor Kurzem vier kanadische Soldaten getötet worden. Sie hatten sich mit einer Gruppe von Kindern unterhalten, als ein Selbstmordattentäter auf einem Fahrrad in die Gruppe gefahren war. Es war ihm gleichgültig, dass auch Kinder unter den Opfern sein würden. Mehrere von ihnen starben.

Obwohl wir verdeckt arbeiteten, gab es keine Gewähr dafür, dass uns der Feind nicht treffen würde. Er war dort draußen unterwegs, obwohl man ihn nicht immer erkennen konnte. Ein friedlicher Ort konnte sich von einem Moment zum anderen in ein blutiges Schlachtfeld verwandeln. Ein heimtückischer Informant konnte uns in einen Hinterhalt locken. In unseren »weichen«, nicht gepanzerten Autos und mit unserer geringen Feuerkraft würden wir in einer solchen Situation nur geringe Überlebenschancen haben.

Im Vorjahr war ein britisches Team vom Special Boat Service (SBS) nicht weit von unserem Einsatzort entfernt in einen Hinterhalt geraten. Zwei der fünf Mitglieder des Kommandos starben, ein weiterer erlitt schwere Verletzungen. Einige Monate nach unserem Einsatz gelang es als Regierungssoldaten verkleideten Taliban, in eines der großen Hotels der Stadt einzudringen – genau dort hatte sich Eric oft mit Informanten getroffen, und die Sicherheitsvorkehrungen waren eigentlich gut. Einer der Angreifer trug eine Sprengstoffweste und jagte sich in der Lobby in die Luft. Sechs bis acht Menschen wurden getötet, viele weitere verletzt.

Wenn wir nicht mit Eric unterwegs waren, hielten wir uns in unserer Basis im Hangar versteckt. Wir schliefen, aßen, trainierten, spielten Volleyball. Manchmal fuhren wir in die Berge und machten Schießübungen mit Dosen und anderen improvisierten Zielen: Wie ein Haufen Proleten ballerten wir mit nacktem Oberkörper herum. Wir genossen es, uns nicht an Vorschriften und Regeln halten zu müssen.

Hin und wieder hatten wir Gelegenheit, in unseren gepanzerten Land Cruisern auch am Tag in die Stadt zu fahren. Bei diesen Ausflügen trugen wir normalerweise Zivilkleidung, aber natürlich verzichteten wir nie auf kugelsichere Westen und bewegten uns nur bewaffnet. Da zahlreiche westliche Hilfsorganisationen in der Stadt unterwegs waren, fiel unser Geländewagen nicht auf.

Als ich das letzte Mal das städtische Leben in Afghanistan erlebt hatte, war das Land noch vom schrecklichen Unterdrückungsregime der Taliban beherrscht gewesen. Jetzt hingen keine Leichen mehr an den Laternenmasten, die Patrouillen in schwarzer Kluft waren verschwunden, und auf der Straße wurden keine Menschen mehr geschlagen. Es war schön, Drachen über den Dächern tanzen zu sehen. Man sah Kinder, die spielten und Eis aßen, und freundliche bartlose Männer grillten in kleinen Buden Kebab. Aus Läden und Autos drang Musik, und auf farbenfrohen Märkten drängten sich Frauen mit ihren Kindern. Es herrschte eine zuversichtliche Stimmung, und es schien, als könnte es dem Land gelingen, sich mit seiner Vergangenheit auszusöhnen.

***

Meine letzte Mission in Afghanistan galt einmal mehr einem Hund. Eine amerikanische Militärangehörige hatte in einem abgelegenen Winkel des Stützpunkts einen acht Wochen alten Welpen gefunden, der mit

Teer verschmiert am Rand der Landebahn lag. Sie rettete ihn, gab ihm den Namen Kaja und päppelte ihn auf. Als ihr Einsatz beendet war und sie heimkehren musste, bot ich an, den Hund in Pflege zu nehmen.

Das brachte mich einmal mehr in eine schwierige Lage. Ich gelangte zu dem Schluss, dass ich die kleine Kaja mit nach Dänemark nehmen und ein Heim für sie finden musste. Als Erstes musste ich einen griechischen Tierarzt mit Bargeld, Gin und Wodka bestechen, damit er die Hündin impfte und ihr die nötigen Papiere ausstellte. Da sie nicht mit mir in dem Spezialflugzeug reisen konnte, das mich nach Hause bringen würde, spendierte ich einem hilfsbereiten dänischen Soldaten sechs Flaschen Rotwein, und er erklärte sich bereit, sie in einer selbst gebauten Box in einem türkischen Linienflug mitzunehmen. Das gelang jedoch erst, nachdem ich einen breit grinsenden türkischen Piloten mit einer Flasche edlen schottischen Whiskeys dazu bewegt hatte, die Vorschriften zu missachten und den Hund an Bord zu lassen.

Aber Kaja war nicht bereit, als Undercover-Passagier zu reisen. Obwohl wir ihr eine doppelte Dosis eines starken Beruhigungsmittels unter das Futter gemischt hatten, bellte und jaulte sie in ihrer Kiste auf dem Schoß des dänischen Soldaten. Es blieb keinem der Passagiere verborgen, dass hier etwas Unzulässiges passierte. Trotzdem schaffte es Kaja bis nach Kopenhagen, wo sie in einer Reisetasche durch den Zoll geschmuggelt und von ihren neuen Besitzern unauffällig abgeholt wurde.

Kurz nachdem ich Kaja aus dem Land geschmuggelt hatte, kehrte ich ebenfalls heim. Eric wurde nicht abgelöst. Soweit ich weiß, geht er weiterhin seinem einsamen Beruf als Undercover-Agent nach.

KAPITEL 15: VORSICHT IST DIE MUTTER DER PORZELLANKISTE

Am 23. September 2006 wurde am Stadtrand von Basra, der zweitgrößten Stadt des Irak, ein dänisches Personenschutzteam, das in zwei gepanzerten Toyota Land Cruisern unterwegs war, von einer am Straßenrand versteckten Bombe getroffen. Der 36-jährige Luftwaffenstabsgefreite Kim Wadim war auf der Stelle tot. Ein weiteres Teammitglied wurde schwer verwundet, sieben weitere erlitten nicht lebensbedrohliche Verletzungen. Die Einheit war nicht mehr einsatzfähig. Am folgenden Tag wurde sie von meinem Team ersetzt.

Wenige Tage später bezogen wir Quartier in mehreren Zelten in Camp Danevang und richteten unseren Einsatzplanungsraum ein. In Danevang waren 500 dänische Soldaten stationiert, die eine 5000 Mann starke britische Infanteriebrigade in der Shaiba Log Base verstärkten. Der Stützpunkt war 16 Kilometer von Basra entfernt. Wir traten sofort unseren Dienst als Leibwächter von zwei Mitarbeitern des dänischen Außenministeriums an, die verschiedene zivile Wiederaufbauprojekte im Südirak leiteten. Bis zu dem Bombenanschlag hatten sie in Basra gelebt, aber jetzt hatten sie zu ihrer Sicherheit in das Militärlager umziehen müssen.

Der Irakkrieg tobte mittlerweile seit dreieinhalb Jahren. Die schiitisch dominierte Provinz Basra war in den ersten drei Jahren ruhiger gewesen als die Brennpunkte Bagdad oder Falludscha. Doch im Lauf des Jahres 2006 waren Briten und Dänen in Basra und Umgebung immer öfter in Kämpfe mit Schiitenmilizen verwickelt worden, in denen insgesamt fünf dänische Soldaten das Leben verloren hatten. Und in jüngster Zeit hatte die Mahdi-Miliz (Dschaisch al-Mahdi) die Angriffe mit unkonventionellen Sprengsätzen intensiviert. Diese Bomben wurden immer perfider. Das Kommando des dänischen Bataillons war besorgt.

Besonders verbreitet waren »projektilbildende Ladungen« (Explosively Formed Projectile, EFP). Diese sehr präzisen und durchschlagkräftigen panzerbrechenden Hohlladungen wurden von den Milizen mit Unterstützung iranischer Experten gebaut. Wie der Name sagt, verwandelte die Explosion eine Metallhülle in ein Projektil von einem halben Kilo Gewicht, das mit einer Geschwindigkeit von zwei Kilometern pro Sekunde auch Panzerungen von Fahrzeugen problemlos durschlug. EFP-Bomben wurden oft per Handy oder mit kleinen Bewegungsmeldern gezündet, sogenannten PIR (Passive Infrared). Diese Bomben konnten mit Pappmaschee als Steine getarnt werden. Fuhr ein Fahrzeug vorbei, löste der Bewegungsmelder die tödliche Ladung aus. So war der Stabsgefreite Wadim getötet worden.

Bis dahin waren keine Jäger als Personenschützer in der Region Basra eingesetzt worden, und die Umgebung unterschied sich sehr von der in Bagdad. Die Stadt Basra hat rund 2,1 Millionen Einwohner und liegt am Schatt al-Arab, der sich im Mündungsgebiet in ein weit verzweigtes Netz von Kanälen auffächert, weshalb die Region auch als »Venedig des Nahen Ostens« bezeichnet wird. Von romantischen Gondelfahrten konnte in Basra allerdings keine Rede sein.

Die Flüsse und Kanäle ziehen sich durch große Marschen und fruchtbare Felder, auf denen die Bauern Rinder halten und Mais, Reis, Getreide und Datteln anbauen. Zwischen der Stadt und Camp Danevang erstreckte sich jedoch eine kahle Wüstengegend, in der zahlreiche Raffinerien standen, die einen Großteil der 2,4 Millionen Barrel Öl produzierten, die der Irak täglich ausführte. Unser Problem in diesem offenen Gelände war, dass zwei Land Cruiser, die sich auf der langen Wüstenstraße näherten, die Ankunft eines Personenschutzteams ankündigten. Die Milizen hatten ihre Bomben am Straßenrand versteckt und beobachteten die Straße, um die Sprengsätze zu zünden, wenn wir vorbeifuhren. Daher vermieden wir es nach Möglichkeit, bei Tageslicht durch die Wüste zu fahren.

An jenem Abend brachen wir zu einem der vielen Ausflüge nach Basra auf, die wir jede Woche unternahmen. Wir sollten bei unseren Kollegen beim britischen Nachrichtendienst Informationen beschaffen. Das britische Hauptquartier war in einem von Saddam Husseins ehemaligen Palästen untergebracht.

Während unserer Reise ergriffen wir besondere Sicherheitsmaßnahmen. Es wäre zu riskant, ja sogar dumm gewesen, mit eingeschalteten Scheinwerfern durch die Wüste zu rasen. Daher fuhren wir ohne Licht und orientierten uns mit Nachtsichtgeräten. Wir hatten sogar das Armaturenbrett mit einem Tuch abgedeckt, damit die kleinen Anzeigeleuchten unsere Sicht nicht störten. Auch die Lampen aus den Bremslichtern schraubten wir heraus, um den Fahrer des zweiten Wagens nicht zu blenden.

Das einzige Problem war, dass die Briten entlang der Straße nach Basra zahlreiche Checkpoints eingerichtet hatten, die ebenfalls vollkommen abgedunkelt waren. Wenn es uns nicht gelang, sie rechtzeitig zu erkennen und ihnen Signale zu geben oder Funkkontakt aufzunehmen, um uns zu erkennen zu geben, bestand die Möglichkeit, dass sie das Feuer auf uns eröffneten. Sie rechneten jederzeit mit Selbstmordanschlägen. Daher schaltete das vorausfahrende Auto in den Abschnitten, in denen die Briten normalerweise Straßensperren errichteten, die Scheinwerfer ein.

An diesem Abend wählten wir die ruhigste mögliche Route, die in die südlichen Vororte der Stadt führte, wo wir Wohngebiete durchqueren mussten, um zum Palast zu gelangen. Ich saß am Steuer des ersten Wagens und musste immer wieder die Nachtsichtbrille in die Stirn schieben, da mich die orangenen Flammen der Ölraffinerien blendeten. Gleichzeitig musste ich versuchen, den tiefsten Kratern in der holprigen Straße auszuweichen. Das Gelände verlangte den Stoßdämpfern des gepanzerten Fahrzeugs alles ab.

»Irakischer Checkpoint in 500 Metern«, sagte Claus, einer der beiden Jäger, die mit mir im Wagen saßen.

Wir kannten diese Route gut und wussten, dass wir uns einem kleinen Kontrollposten näherten, an dem eine Handvoll schläfriger Polizisten

Dienst taten. Sie machten sich normalerweise nicht die Mühe, jemanden anzuhalten, sondern blieben auf ihren Stühlen neben einem kleinen Lehmhäuschen sitzen und sahen den vorbeifahrenden Autos nach.

Wenige Hundert Meter vom Checkpoint entfernt konnte ich sehen, dass sie tatsächlich neben dem Wachhaus saßen und rauchten. Ich sah keinen Grund, die Scheinwerfer aufzudrehen oder ihnen unser Kommen anzukündigen. Wir schossen wie zwei schwarze Meteoriten aus der Dunkelheit hervor. Die Polizisten erschraken dermaßen, dass einer von ihnen von seinem Stuhl fiel. Die beiden anderen flüchteten sich in das Wachhaus. Unsere Autos erbebten unter Gelächter.

Wenige Kilometer weiter erreichten wir die südlichen Vororte von Basra. Obwohl es fast zehn Uhr abends war, herrschte in den engen Gassen immer noch emsiges Treiben. Die Leute drängten sich in Läden, die Lebensmittel, Elektronik, Teppiche und Produkte des täglichen Bedarfs verkauften.

Hier fühlten wir uns zwar keineswegs sicherer, trotzdem mussten wir nun mit Licht fahren. Die Einheimischen erkannten uns natürlich als ausländische Soldaten. Einige Kinder und Jugendliche lächelten uns an und winkten freundlich, während andere Leute unsere Autos mit Steinen bewarfen. Wir behielten die Bewegungen im Auge und suchten nach Hinweisen auf Gefahren: nach Bewaffneten, nach Männern, die Funkgeräte in der Hand hielten oder am Handy sprachen, während sie den Blick auf uns gerichtet hatten, nach Motorrädern oder Autos, die uns folgten.

Wir waren nur noch etwa drei Kilometer von unserem Ziel entfernt, als ich in dem kleinen Vorort Abdalija nach links in eine weitere Einkaufsstraße einbog.

»Was ist hier los?!«, riefen Claus und ich gleichzeitig aus.

In krassem Gegensatz zu den belebten Straßen, die wir gerade hinter uns gelassen hatten, war diese hier vollkommen verwaist. Es herrschte Stille. Keine offenen Läden, kein Verkehr, keine Menschen auf der Straße. Ich fuhr an den Straßenrand und schaltete das Licht aus. Der zweite Wagen hinter uns tat dasselbe.

»Sieht nicht gut aus«, sagte Claus. Ich war derselben Meinung.

Warum mieden die Leute diese Straße? Wir hatten ein schlechtes Gefühl, und die Erfahrung hatte uns gelehrt, dass wir unserem Instinkt gehorchen mussten, wenn wir am Leben bleiben wollten. Claus teilte den Kameraden im anderen Wagen über Funk mit, dass wir die Alternativroute nehmen würden. Ich bog rasch ab und nahm eine Parallelstraße in Richtung des Palasts. Plötzlich tauchte ein Junge auf der Straße auf und winkte uns zu. Er versuchte, uns mit Gesten zu einem Punkt zu lenken, an der die Straße eine Kurve beschrieb. Dies war ein weiterer Gefahrenhinweis, der uns zwang, die Route erneut zu wechseln. Angesichts dieser Hinweise entschlossen wir uns, die südlichen Stadtviertel vollkommen zu vermeiden. Wir brauchten eine Stunde länger bis zum Palast. Aber wir hatten keine Eile. Vorsicht ist die Mutter der Porzellankiste.

Am nächsten Morgen schaute ich bei meinem morgendlichen Lauf bei der Nachrichtendienstabteilung unseres Bataillons vorbei, um mir eine Zusammenfassung der Vorfälle in der vergangenen Nacht abzuholen. Der Magen zog sich mir zusammen: Eine britische Einheit war genau in der Gegend, die wir lieber gemieden hatten, von einer am Straßenrand versteckten Bombe getroffen worden. Zehn der Männer waren schwer verwundet worden.

In den folgenden Wochen nahmen die Raketen- und Mörserangriffe auf Camp Danevang zu. Fast jede Nacht verbrachten wir mehrere Stunden in den Bunkern, bis die Angriffe nachließen. Leider wurde erneut ein dänischer Soldat getötet. Wir nahmen alle an der düsteren Verabschiedung des Sargs auf dem Flugfeld teil. Sämtliche britischen und dänischen Soldaten erwiesen dem 20-jährigen Gefreiten die letzte Ehre, als er an Bord einer C-130 gebracht wurde, in der er zum letzten Mal nach Dänemark heimreisen würde.

Am Ende jenes Jahres war Camp Danevang aufgelöst worden.

Das irakische Militär übernahm die Kontrolle über die Anlage, und das Bataillon zog ins Camp Einherjer am Flughafen Basra um. Damit endete unsere Mission, und nach drei Monaten in der heißen und staubigen Wüste freute ich mich sehr auf einige Wochen Übungen im kalten und nassen Dänemark.

KAPITEL 16: NIGHT HAWK - WAHRSCHEINLICH DIE BESTE ÜBUNG DER WELT

Die Ausgangslage: Ein dänischer Botschafter war während eines Besuchs in einem Kriegsgebiet entführt worden. Terroristen hielten ihn in einem abgelegenen Gebiet fest und verlangten von der dänischen Regierung, ihr Engagement in dieser Region sofort zu beenden. Die Terrorgruppe stand in dem Ruf, kein Erbarmen mit Geiseln zu haben, und sie hatte angekündigt, den Botschafter zu ermorden, sollte die Regierung ihrer Forderung nicht stattgeben. Nach 24 Stunden wurde beschlossen, das Jäger-Korps zu entsenden, um die Geisel zu befreien und die Terroristen auszuschalten.

Es war ein dunkler und feuchter Herbstabend auf dem Luftwaffenstützpunkt Aalborg, und das Jægerkorpset steckte mitten in seiner Übung »Night Hawk«, die bei den Spezialeinheiten der NATO sehr beliebt war, weil sie so realistisch und praxisnah war.

Amerikanische Navy SEALs, das deutsche Kommando Spezialkräfte (KSK), das niederländische Korps Commandotroepen (KCT) und die schwedische Särskilda operationsgruppen (SOG) nahmen ebenfalls an der fünftägigen Übung teil, in der die Elitesoldaten mit allen möglichen Arten von Ernstfall-Szenarios fertigwerden mussten. Unter anderem wurden Fernspäher- und Geiselbefreiungsaktionen geübt. Mein achtköpfiges Team war gerade mit den letzten Vorbereitungen für einen nächtlichen Einsatz beschäftigt. Ich war der Sprengmeister des Teams und bereitete die Sprengladungen vor, die wir verwenden würden, um die Tür des Hauses zu öffnen, in dem die Geisel festgehalten wurde. Ich hatte bereits mein C8-Sturmgewehr, meine 9-mm-STI-Pistole, meine Nachtsichtbrille und meinen Fallschirm vorbereitet.

Wir würden in der Nacht aus 4000 Metern Höhe abspringen. Ein Fallschirmsprung in der Nacht war immer eine zusätzliche Erschwernis, weshalb wir den Einsatz bis in letzte Detail durchgehen und die Ausrüstung sorgfältig prüfen mussten. Mein Team würde einige Kilometer von der Küste entfernt über der Nordsee abspringen und am Strand eine taktische Landezone einrichten. War das geschafft, würde eine britische C-130 Hercules dort landen und unsere beiden Humvees absetzen. Wir brauchten die Fahrzeuge aus zwei Gründen: Sie würden uns zu dem Versteck bringen, in dem der Botschafter festgehalten wurde, und wir würden die zusätzliche Feuerkraft ihrer schweren 50-mm-Maschinengewehre für den Angriff auf die Terroristen brauchen. Wir würden die Terroristen gefangen nehmen oder töten, die Geisel befreien und zum Strand zurückkehren, damit uns die C-130 ausfliegen konnte.

Night Hawk war immer wieder eine atemberaubende Übung und so realitätsnah wie keine andere. Und diese Nacht war keine Ausnahme.

Die Kabine der C-130 lag in völliger Dunkelheit. Nur das Flackern roter und grüner Lichter ließ die Silhouetten der Jäger aus den anderen Teams erahnen – sie würden in den sandfarbenen Humvees warten. Die beiden Fahrzeuge füllten den Großteil des Laderaums, und wenn sie an Bord waren, durfte die Laderampe nicht geöffnet sein. Daher konnten wir nicht aus der gewohnten Öffnung abspringen. Wir mussten eine Seitentür nutzen. Ich war der zweite Mann hinter unserem Scout Claus. Als sich die Tür öffnete, schlug uns der ohrenbetäubende Lärm der beiden Propeller entgegen, die wenige Meter entfernt am Flügel dröhnten.

Ich schaute hinaus in ein schwarzes Loch. Da war nichts. Kein Licht am Boden. Kein Mond. Pechschwarze Nacht. Aber ich wusste, dass etwa 4000 Meter unter mir die Westküste von Nordjütland lag. Und ich wusste, dass ich in den nächsten zwei Minuten in dieses schwarze Nichts hüpfen würde.

Das Adrenalin schoss mir durch die Adern, ich fühlte den Herzschlag im ganzen Körper. Es widerspricht jedem Instinkt, in einer finsteren Oktobernacht in 4000 Metern Höhe aus einem Flugzeug zu springen. Dennoch freute ich mich. Vernunft, Zweifel und Furcht waren ausgeschaltet. Es gab keinen alltäglichen Kleinkram und keine Ärgernisse, sondern nur das hier. Jede Faser meines Körpers erwachte zum Leben.

Ich sprang hinaus. Mit mehr als 180 Stundenkilometern raste ich der Erde entgegen. Die Nacht war kalt, aber ich spürte nichts davon. Ich traf auf eine Wolke und durchquerte sie in wenigen Sekunden. Jetzt konnte ich kleine leuchtende Punkte auf der Erde erkennen. Ich sah mich nach den anderen Jägern um, die wie ich grüne Leuchtstäbe um die Beine gebunden hatten, aber ich konnte sie nicht sehen. Ich sah auf meinen Höhenmesser. Er zeigte 3000 Meter an. Mir blieben noch etwa 2200 Meter im freien Fall, bevor ich den Schirm öffnen musste.

Als ich an der Leine zog, riss mich der Schirm hart zurück, und das am Helm befestigte Nachtsichtgerät schlug mir gegen die Nasenwurzel. Warmes Blut lief mir über das Gesicht und in den Mund. Ich wusste nicht, ob es ein Nasenbeinbruch oder nur eine Platzwunde war, aber ich kümmerte mich nicht weiter darum. Wichtig war jetzt nur, mich zu orientieren: Ich wollte nicht im Meer landen.

Es war schon öfter vorgekommen, dass Jäger beinahe in der Luft zusammengeprallt wären. Unerfahrene Fallschirmjäger neigen dazu, sich auf den Boden zu konzentrieren, aber eine Kollision mit einem anderen Springer kann tragisch enden, wenn sich die Schirme verheddern – *adios amigos!*

Als ich den Schirm öffnete, rutschten mir der Plattenträger und das Gewehr mit dem 40-mm-Granatwerfer über die Schulter und klemmten mir den Kopf ein, weshalb ich nur geradeaus schauen konnte. Ich konnte den Kopf weder nach links noch nach rechts wenden. Jedes Mal, wenn ich in eine andere Richtung schauen wollte, musste ich am Steuergriff ziehen und den ganzen Schirm wenden.

Aber das Schlimmste war, dass ich in einer vollkommen dunklen Landezone aufkommen würde. Das war der Sinn der Sache: Man sollte sie nicht mit bloßem Auge sehen können. Die einzige Orientierungshilfe waren ein paar blinkende Infrarotlichter, die ich mit dem Nachtsichtgerät schon aus etwa 750 Metern Höhe hätte sehen sollen. Aber ich fand sie nicht. Da waren Tausende Lichter von Städten, Häusern und Autos, aber keine blinkenden Lichter auf einem Feld. Ich war in Schwierigkeiten. Die Teammitglieder mussten unbedingt nahe beieinander landen, um rasch zum Strand zurückkehren und eine Landezone für die C-130 sichern konnten, die in den nächsten 60 Minuten kommen sollte.

Ein weiteres Problem war der Wind, der sehr viel stärker blies als erwartet. Tatsächlich war er so heftig, dass ich in 200 Metern Höhe rückwärts statt vorwärts segelte. Ich hatte keine Ahnung, wohin mich der Wind trieb. Ich entschloss mich, nicht weiter nach der Landezone zu suchen, denn jetzt ging es darum, sicher zu landen.

Ich segelte weiter rückwärts. Ich sah hinab und erkannte Felder. Es war in Ordnung, in einem Feld zu landen, aber ich konnte immer noch nicht sehen, was hinter mir lag. Ich fühlte mich nicht wohl in meiner Haut. Plötzlich hörte ich ein vertrautes Geräusch, und ein eiskalter Schauer lief mir über den Rücken: Es war das tiefe und monotone Rollen sich drehender Windräder.

Ich zog mit aller Kraft an der Steuerleine und drehte mich. Verdammt. Ich steuerte geradewegs auf zwei riesige Windräder zu. Wenn ich ihnen nicht ausweichen konnte, würden sie mich zerhacken. So viel zur erneuerbaren Energie.

Ich riss erneut an der Steuerleine, um die Windräder im Blick zu behalten. Aber jetzt erhöhte sich meine Geschwindigkeit deutlich, da ich den Wind im Rücken hatte. Ich war etwa 100 Meter vom Boden entfernt und trieb geradewegs auf die Rotorblätter zu. An der Flugrichtung war nichts zu ändern. Meine einzige Möglichkeit war, den Schirm zwischen den beiden Windrädern hindurchzusteuern und hinter ihnen zu landen. Die von den Rotoren erzeugten Turbulenzen waren gefährlich, aber ich hatte keine Wahl.

Im nächsten Augenblick trieb mich der Wind zwischen den beiden Riesen hindurch, und die gewaltigen Blätter sausten in nächster Nähe an mir vorbei. Wie durch ein Wunder gelang es mir, hindurchzuschlüpfen, ohne getroffen zu werden. Ich machte mich auf eine harte Landung mit heftigem Rückenwind gefasst. Zum Glück gab es keinen Frost, sodass der Boden noch weich war. Das waren meine letzten Gedanken, bevor ich auf dem Boden aufschlug und mich mehrfach überschlug. Ich landete mit dem Gesicht im Schlamm, und meine ohnehin beschädigte Nase bekam einen weiteren Schlag ab. Ich drehte mich auf den Rücken und lag einen Augenblick mit laut pochendem Herzen da. Ich warf einen Blick hinüber zu den Windrädern, setzte mich auf, kontrollierte meine Waffe, schaltete Funkgerät und GPS ein und verstaute den Rucksack in der dafür vorgesehenen Tasche. Ich musste mein Team finden und die Landezone vorbereiten.

Nachdem ich ein paar Kilometer durch die Felder Jütlands marschiert war, gelang es mir, meine Kameraden zu orten. Wir trafen uns an einem Waldrand und setzten den Weg zum Strand gemeinsam fort. Es blieb uns nur eine halbe Stunde, um dorthin zu gelangen und mit Infrarotlichtern eine Landebahn für die C-130 zu markieren.

In einer mondlosen Nacht bei starkem Wind ein großes Flugzeug an einem Strand zu landen verlangte großes Können von den britischen Piloten. Sie flogen ohne Licht und erledigten sämtliche Aufgaben im Cockpit mithilfe von Nachtsichtgeräten. Tatsächlich war dies nicht irgendeine Crew in irgendeinem Flugzeug: Diese Piloten und Navigatoren waren für Einsätze von Spezialeinheiten ausgebildet worden. Wir taten alles, um dafür zu sorgen, dass sie sich wohlfühlten, wenn sie in Aalborg zu Gast waren, und verbrachten so manche feuchtfröhliche Nacht in den Bars der Stadt mit ihnen.

Wir erreichten den Strand und platzierten die Infrarotlichter. Es dauerte nicht lange, da tauchte wie aus dem Nichts ein monströser, 70 Tonnen schwerer Vogel auf. Ich hatte das Flugzeug nicht hören können, da der Wind und das tobende Meer jedes Geräusch übertönten. Aber als die Maschine wenige Sekunden später aufsetzte und die Piloten die Schubumkehr aktivierten, war die Nachtluft vom Dröhnen der vier Motoren erfüllt. Ich saß bei einem der Infrarotlichter am Strand und wartete darauf, dass die Humvees aus dem Flugzeugbauch rollten. Ich fühlte mich sehr klein und verwundbar, als der riesige Umriss der Maschine auf mich zugerast kam und so nah an mir vorbeirauschte, dass ich mit ausgestrecktem Arm beinahe die Tragfläche hätte berühren können.

Die Piloten brachten das Flugzeug auf einer Landebahn von weniger als 700 Metern zum Stillstand, und wenige Sekunden später rollten die beiden Humvees über die Laderampe und rasten auf uns zu. Ich sprang in eines der Fahrzeuge. Die Piloten wendeten die C-130 und hoben vom weichen sandigen Untergrund ab. In weniger als drei Minuten hatten sie das Flugzeug gelandet, zwei Humvees abgeladen und wieder abgehoben. Beeindruckend.

Knapp fünf Kilometer südlich lag inmitten einer riesigen Marschlandschaft ein Gebäude, das eigens für die Simulation von Geiselbefreiungen errichtet worden war. Im Inneren befanden sich Möbel und mehrere Puppen, die als Terroristen und Geisel gekleidet waren. Das umliegende Gelände war ein Übungsplatz des Militärs, weshalb dort mit scharfer Munition geschossen werden durfte.

Wir hatten den Einsatz auf dem Luftwaffenstützpunkt bis ins kleinste Detail geprobt. Aber es war eine Sache, die Abläufe bei Tageslicht und ohne Druck zu üben, und eine ganz andere, sich unter Feuer in einem dunklen und verrauchten Raum inmitten von Schreien und Funksignalen zurechtzufinden. Dennoch durfte keiner von uns an irgendetwas zweifeln. Wir durften keinen »Verdacht« haben oder »mit etwas rechnen«. Wie unsere amerikanischen und britischen Kollegen zu sagen pflegen: *Assumptions are the mother of all fuck-ups.* (Mutmaßungen sind die Mutter jedes Versagens.)

Etwa 1500 Meter vom Ziel entfernt gingen wir in Stellung. Aus der Luft gaben zwei dänische F-16-Jagdflugzeuge und ein amerikanisches AC-130-»Kanonenboot« grünes Licht: In weniger als einer Minute konnten wir mit den Humvees losrasen. Aber zuerst mussten die Scharfschützen signalisieren, dass sie einsatzbereit waren. Sie waren bereit: Lautlos schalteten sie die beiden Puppen, die vor dem Haus Wache hielten, mit Kopfschüssen aus. Die Puppen fielen um und galten als eliminiert.

Im nächsten Augenblick hörte ich aus dem Kopfhörer das Signal: Ich war an der Reihe. Bis die Sprengladung an der Tür losging, musste alles in völliger Stille geschehen. Die letzten 150 Meter bis zur Tür ging ich am Ende des Zugs. Ich war der »Mann mit dem Schlüssel« und hatte die Aufgabe, die Tür rasch zu öffnen. Ich hatte den Sprengsatz in der einen und die Pistole in der anderen Hand (das Gewehr konnte ich mit einer Hand nicht benutzen).

Als der Späher die Tür erreichte, überholte ich die Gruppe, um die Hydrogel-Ladung und das Zündkabel zu platzieren. Durch das Nachtsichtgerät konnte ich die Details kaum sehen. Also zog ich am Zünder, um sicherzugehen, dass das Kabel gut befestigt war. Als ich das Kabel ausrollte, legte mir einer meiner Kameraden eine Hand auf die Schulter und führte mich langsam rückwärts. Wenn ich stolperte oder hinfiel, würde das Geräusch die Terroristen im Haus aufscheuchen und den Überraschungseffekt zunichtemachen.

»Bereit, bereit …«

Ich löste die Zündung aus, und ein hohler Knall zerriss die Stille. Die Tür war in einer Wolke von Staub und Holzsplittern verschwunden.

»Los! Los! Los!«

Im nächsten Augenblick schalteten wir von behutsamen, langsamen Bewegungen auf aggressives Angriffsverhalten um. Wir sprangen durch die Bresche, und es folgten mehrere Schüsse. Dann die Meldung: »Zwei Ziele ausgeschaltet.«

»Geschlossene Tür!«, schrie Claus. Ich war bereits auf dem Weg zu ihm. Die Geschwindigkeit war entscheidend. Kein Getue, keine überflüssigen Worte. Wir mussten schnell zu der Geisel gelangen, die wir als »Golf« bezeichneten.

Ich gab mit der Pistole drei Schüsse auf das Türschloss ab und versetzte ihr einen kräftigen Tritt. Die Tür flog auf, und eine Blendgranate flog hinein. Sechs hohle Schläge wurden von starken Lichtblitzen begleitet. Mehrere Kameraden stürmten in den Raum und gaben mehrere Schüsse ab. Weitere drei Terroristen waren ausgeschaltet worden.

Ich hörte einen lauten Schrei in meinem Rücken und drehte mich um. Lars, der zweite Mann in der Befehlskette, lag auf dem Boden und krümmte sich vor Schmerzen. Aus seinem Oberschenkel sprudelte Blut – anscheinend war er an einer Arterie getroffen worden. Ich stieß die Tür zu einem Raum auf, den wir noch nicht geöffnet hatten. Ich konnte Lars nicht helfen, denn damit hätte ich meine eigene Sicherheit aufs Spiel gesetzt. Aber ich schrie nach unserem Sanitäter Jan, der angelaufen kam und sich das Bein unseres verwundeten Kameraden ansah.

»Kümmere dich selbst darum«, sagte er. »Nimm den Arterienbinder.«

Jan tat das Richtige. Wir konnten die Operation nicht unterbrechen, nur weil ein Mann getroffen war, da wir den Kampf sonst verloren hätten.

»Vorwärts!«, schrie unser Kommandeur Tom. Wir bezogen vor dem letzten Raum Stellung. Ich öffnete die Tür wie die vorige mit Pistolenschüssen. Wenige Augenblicke später war auch dieser Raum unter Kontrolle. Unsere Geisel – eine massige Puppe, die Handschellen trug und eine Haube über dem Kopf hatte – saß hinter einem Möbelstück in einer Ecke.

»Wir haben ›Golf‹«, meldete Tom über Funk. »Verlassen das Zielgebiet.«

Jan kniete sich neben Lars nieder, der stöhnend am Boden lag. Er hatte die Blutung selbst gestoppt, aber Jan stabilisierte ihn weiter und hängte ihn rasch an einen Tropf. Lars war vor dem Aufbruch angewiesen worden, eine mit falschem Blut gefüllte Pumpe an seinem Bein zu befestigen und diese zu aktivieren, wenn er von feindlichen Kugeln »getroffen« wurde. Das übrige Team wusste natürlich nichts davon und musste diesen unvorhergesehenen Zwischenfall spontan bewältigen.

Zwischen dem Augenblick, als die Sprengladung an der Tür losging, und dem Moment, als wir das Haus mit der Geisel verließen, vergingen weniger als fünf Minuten. Jetzt zogen wir uns eilig zu unseren Fahrzeugen zurück, die wenige Hundert Meter entfernt hinter Sanddünen auf uns warteten. Über Funk erhielten wir die Nachricht, dass sich eine große Zahl feindlicher Kämpfer näherte.

Søren, der als Forward Air Controller dafür verantwortlich war, Luftunterstützung anzufordern, nahm Kontakt zu den F-16 auf, die in der Nähe kreisten, um jederzeit ihre 500-Kilo-Bomben oder präzisionsgelenkten JDAM-Bomben einsetzen zu können. Er markierte die feindlichen »Fahrzeuge« – ferngesteuerte Metallscheiben, die hochgeklappt wurden – mit dem Infrarotlaser und gab den Kampfpiloten kurze und präzise Anweisungen dazu, wann und wo sie ihre tödliche Fracht abladen sollten. Gleichzeitig eröffneten die auf den beiden Humvees montierten 50-mm-Maschinengewehre das Feuer auf die Ziele, und in den umgebenden Dünen schlossen sich Maschinengewehre an, die Leuchtspurgeschosse ausspuckten. Ich feuerte zwei AT-4-Raketen auf zwei Panzerziele ab und nahm feindliche Kämpfer unter Beschuss, die etwa 200 Meter entfernt in kleinen Gruppen auftauchten. In diesem Moment bewegten sich nur 30 Meter entfernt im dunklen Marschland weitere Fahrzeugziele. Søren rief über Funk die AC-130 zu Hilfe, die einige Kilometer über uns kreiste. Diese Version des »fliegenden Kanonenboots« war mit einem 25-mm-Gatlin-Maschinengewehr, einem 40-mm-Maschinengewehr und einer 105-mm-Haubitze bewaffnet und mit Wärmebildkameras ausgerüstet, mit denen die Besatzung aus großer Entfernung jede noch so geringe Bewegung am Boden verfolgen konnte. Søren markierte die Ziele mit seinem Laserpointer, und wenige Sekunden später lösten sie sich in Luft auf. Zurück blieben nur lodernde Flammen.

Wir mussten uns beeilen. Die Geisel musste in Sicherheit gebracht werden, und wir hatten weniger als 20 Minuten Zeit, um zum Strand zu kommen, wo wir im Schutz der Dünen auf die C-130 warten würden. Einer der Humvee-Fahrer hatte sich den Fuß verstaucht. Ich bot an, für ihn einzuspringen. Schließlich kannte ich das Fahrzeug in- und auswendig, da ich mehrere Jahre lang am Steuer eines Humvees gesessen hatte. Wenige Augenblicke später raste ich in stockfinsterer Nacht ohne Licht mit mehr als 100 Sachen und mit sechs Jägern an Bord auf einer Schotterstraße dahin. Ich orientierte mich mit meinem dualen Litton-Nachtsichtgerät, und mein Beifahrer sagte mir die Entfernungen zu den nächsten Kurven an: »500 Meter rechts, 300 Meter scharf links …«

Ich genoss es, am Steuer des zweieinhalb Tonnen schweren Achtzylinder-Geländewagens zu sitzen und durch den stockdunklen Wald zu rasen.

Wir erreichten den Strand und bezogen im Schutz der Dünen Stellung. Noch fünf Minuten bis zur Landung. Sobald die C-130 gelandet und zum Stehen gekommen war, würde es zehn bis fünfzehn Sekunden dauern, bis die Rampe offen war. Sobald der Vorgang begann, würde uns der Lademeister mit seiner Infrarotlampe das Signal geben. Wir mussten genau in dem Augenblick bei der Rampe sein, wenn sie vollkommen heruntergelassen war.

Ich sah auf meine Uhr. Es war 3:50 Uhr morgens.

Die knackende Stimme des britischen Piloten kam über Funk: »Landung in einer Minute.«

Und wieder tauchte das Dröhnen der Motoren wie aus dem Nichts auf, und das massige Flugzeug rauschte an uns vorüber die improvisierte Landebahn entlang. Als ich sah, dass die Maschine gleich zum Stillstand kommen würde, gab ich Vollgas und raste ihr hinterher. Als wir noch etwa 250 Meter vom Flugzeug entfernt waren, lenkte ich den Humvee genau hinter die Rampe. Ein Infrarotlicht leuchtete zweimal auf. Ich steuerte weiter mit hoher Geschwindigkeit auf die Rampe zu und trat erst auf die Bremse, als wir noch etwa sieben Meter entfernt waren.

Die Motoren der Hercules liefen auf Hochtouren. Der Lärm war unbeschreiblich, und obwohl unsere Fenster teilweise geschlossen waren, peitschte mir Sand ins Gesicht. Wir mussten vorsichtig manövrieren, denn zwischen dem Humvee und dem Rahmen der Ladeluke war auf beiden Seiten nur etwa eine Fußlänge Platz. Ich hatte nicht vor, bei einer nächtlichen Kommandoaktion einen Auffahrunfall mit einer Hercules zu verursachen.

Wenige Sekunden später rollte unser Humvee auf die Rampe. Ich rollte in den Laderaum und hielt an, als ich zu meiner Linken einen kleinen grünen Leuchtstab sah. Ich drehte den Motor ab und sprang hinaus, um den beiden britischen Lademeistern zu helfen, die bereits begonnen hatten, Bug und Heck des Fahrzeugs mit Ketten zu stabilisieren. Der zweite Humvee hielt hinter unserem, die Ladeluke schloss sich, und die Piloten hatten bereits begonnen, das Flugzeug zu wenden, um wieder abzuheben. Ich hielt mich am Seitenspiegel des Humvees fest, um nicht

umzukippen, sprang wieder auf den Fahrersitz und signalisierte den Lademeistern mit nach oben gedrehtem Daumen, dass ich bereit war.

Die Motoren heulten auf, und die Kabine begann zu vibrieren, als würde sie jeden Moment platzen. Die Piloten lösten die Bremsen, und die
Maschine raste los. Die Fliehkraft drückte mich in den Sitz. Sobald das
große Flugzeug in der Luft war, beruhigte sich alles. Der Pilot legte die
Maschine scharf zur Seite, und wir stiegen in einer Kurve über dem Meer
auf.

Der Einsatz war planmäßig verlaufen. Ich drehte mich zum Botschafter
auf dem Rücksitz um. Er saß stumm da und zeigte das breite, dum-
me Grinsen, das sie ihm in sein feistes Puppengesicht gemalt hatten. Ich
lachte. Es war eine tolle Nacht gewesen.

***

Nach wenigen Stunden Schlaf machten wir uns wieder an die Arbeit. Die
restliche Woche ging es so weiter. Am Tag bereiteten wir uns auf Einsätze
vor, die wir in der Nacht durchführten. Zwischendurch bekamen wir
wenige Stunden Schlaf. Ich liebte es.

Tagsüber übten wir auch einen für die Jäger unverzichtbaren Ablauf: die
Ein- und Ausschleusung per Hubschrauber. Besonders beliebt waren die
Einschleusungen in den Dschungel, die ein großer Spaß waren – und
vollkommen wahnsinnig. Wie die Bezeichnung sagt, wurde dieses Verfahren oft im Dschungel angewandt, wo der Hubschrauber wegen der
dichten Vegetation unmöglich landen konnte. Die dichten Baumkronen
erhoben sich 30 bis 40 Meter über dem Boden. Wenn ein Team in einem solchen Gelände abgeholt werden musste, ließ die Hubschrauber-
besatzung Seile zu den Jägern hinunter, die sie mit Karabinerhaken an
ihren Gurten befestigten. Dann stieg der Hubschrauber ab und verließ so
schnell wie möglich mit den Jägern im Schlepptau das Gebiet. Wir übten
dieses Verfahren am Luftwaffenstützpunkt und sahen viele fassungslose
Autofahrer auf der verstopften Straße, über die wir an einem 20 Meter
langen Seil schwebten. Wir übten auch das Abseilen, das nötig war, wenn

der Hubschrauber nicht nahe genug an das Ziel herankonnte oder wenn wir schweres Gerät mitnehmen mussten.

Eine weitere Technik wandten wir in einer nächtlichen Trainingseinheit beim riesigen Nordkraft-Stromkraftwerk am Limfjord an. Wir flogen in britischen, deutschen und dänischen Hubschraubern in dichter Formation in geringer Höhe über den Fjord. Ich saß im ersten Hubschrauber und lehnte mich gefechtsbereit halb aus der Luke. Ich konnte die sechs anderen Hubschrauber durch mein Nachtsichtgerät sehen. Ohne dass die Hubschrauber landeten, sprangen wir gleichzeitig auf das Dach des Kraftwerks, während sich andere abseilten.

In der mehrgeschossigen Anlage wurden wir von einer großen Zahl von »Terroristen« angegriffen. Wir verwendeten nur Paintball-Projektile, mit denen man jedoch aus 20 Metern Entfernung jemandem ein Auge ausschießen konnte; jeder noch so kleine taktische Fehler wurde mit schmerzhaften Treffern bestraft. Aber wir besiegten die Terroristen.

Einmal mehr erfüllte die Night-Hawk-Übung die Erwartungen. Unsere schwedische Schwestereinheit SOG wandelte den Werbeslogan von Carlsberg – »Wahrscheinlich das beste Bier der Welt« – ab und sang: »Wahrscheinlich die beste Übung der Welt.«

Ich genoss die extrem professionellen Übungen des Jægerkorpset sehr.

Wir verbrachten viel Zeit mit Nahkampftraining in eigens dafür gebauten »Kill Houses« in Schweden, Norwegen und Deutschland. In diesen Übungen wurde scharfe Munition eingesetzt. Die Mauern dieser Ausbildungsanlagen waren kugelsicher, und in den Gebäuden wurden wir zahlreichen lebensnahen Spezialeffekten ausgesetzt, um uns an die nervenaufreibenden Bedingungen in tatsächlichen Gefechtssituationen zu gewöhnen. Beispielsweise wurde Kohlendioxiddampf aus Trockeneis in einen Raum gepumpt, um schlechte Sichtverhältnisse zu schaffen. Lichtblitze und ohrenbetäubender Gefechtslärm sorgten für zusätzliche Verwirrung und erschwerten die Kommunikation mit den eigenen Einheiten sehr. Alle Räume waren mit kleinen Kameras ausgestattet, mit denen die Teams aufgenommen wurden, um später ihre Fehler zu analysieren.

Da ich täglich mit solchen Herausforderungen konfrontiert wurde, langweilte mich das Leben als Jäger nie. Wir hatten das Privileg, überall in der Welt mit den besten Sparringspartnern zu üben. Der Großteil unseres Trainings fand im Ausland statt, da wir daheim in Dänemark einfach keine geeigneten Einrichtungen und Klimabedingungen vorfanden.

Die jährlichen Kletterkurse fanden in der Schweiz, in Österreich und Norwegen statt. Die zermürbenden Bergmärsche brachten uns an die Grenze unserer körperlichen Leistungsfähigkeit und erinnerten viele von uns an ihre Erfahrungen in den Bergen Afghanistans.

Gemeinsam mit unserer schwedischen Schwestereinheit übten wir auch arktische Kriegführung im hohen Norden Schwedens. Es gab in der Welt kaum Elitesoldaten, die diese Art der Kriegsführung so gut beherrschten wie die Schweden. Bei Temperaturen zwischen minus 30 und minus 35 Grad Celsius übten wir Klettern und trainierten Einschleusungen auf Skiern und Schneemobilen. Wir schliefen in Eishöhlen, die wir uns selbst gruben. Wir schlugen Löcher in die Eisdecke auf Gewässern und hüpften in voller Montur ins Wasser, um uns anschließend wieder zu befreien und vor dem Erfrieren zu retten. Das war eine brutale Übung.

Später nahm ich in Florida auf dem Luftwaffenstützpunkt Hurlburt Field, wo die furchteinflößenden AC-130 stationiert waren, an einem Ausbildungskurs teil. In den Sümpfen Floridas lenkte ich die »fliegenden Kanonenboote« per Funk zu ihren Zielen, und sie schossen die »feindlichen« Panzer mit ihren Gatling-Maschinengewehren kurz und klein. Ich hatte sogar das Glück, in einer dieser beeindruckenden Maschinen fliegen und zuschauen zu dürfen, wie die Crew arbeitete. Es war eine Kombination von modernster Technologie und harter körperlicher Arbeit. Die sogenannten Kanoniere standen im Heck des Flugzeugs und schaufelten geradezu Granaten und Geschosse in das Waffensystem. Andere saßen vor Bildschirmen und bedienten die zahlreichen Systeme des Flugzeugs, darunter den extrem starken Infrarotscheinwerfer, den ich im Jahr 2002 in den afghanischen Bergen in Aktion gesehen hatte.

Im Rahmen unserer Ausbildung lernten wir auch einige exotische Länder kennen. Auf Borneo sowie in Belize übten wir Einsätze im Dschungel, lebten wochenlang in stickiger und schwüler Hitze und schliefen inmitten einer wilden Tierwelt in Hängematten.

Einige Teams hatten vor einigen Jahren sogar das Glück, mit der amerikanischen Delta Force in Hawaii trainieren zu können. Aus einer riesigen C-5-Galaxy, die lange Jahre das größte Transportflugzeug der amerikanischen Luftwaffe war, sprangen sie gemeinsam mit ihren amerikanischen Kollegen über dem Dschungel ab.

***

Nach 524 Absprüngen würde ich mich als erfahrenen Fallschirmspringer bezeichnen. Trotz aller Erfahrung machte ich jedoch immer wieder die Erfahrung, dass ein militärischer Freifall die gefährlichste aller Übungen ist. Ich kenne kaum einen Jäger, der sich dabei nie etwas gebrochen oder eine bleibende Verletzung davongetragen hat.

Im Spätsommer 2006 saß ich in einem zivilen zweimotorigen Skyvan-Transportflugzeug, das in gut 4000 Metern Höhe über dem Fallschirmtrainingslager Lapalisse in Frankreich kreiste. Das Jäger-Korps schickte seine Teams gerne zum Training nach Lapalisse, weil die Wetterbedingungen dort gut waren. An Bord der Maschine waren neben meinem Team auch sechs Mitglieder des britischen SAS.

Ich machte mich bereit für einen Sprung, bei dem ich einen knapp 50 Kilo schweren Rucksack auf dem Bauch tragen würde. Normalerweise wurde er hinten an den Beinen befestigt. Ausrüstung an der Vorderseite des Körpers macht einen Sprung sehr viel instabiler. Im Normalfall wäre ein Bremsschirm an der Ausrüstung befestigt worden, um ihre Wirkung auszugleichen und meinen Fall zu stabilisieren. Aber nicht diesmal: Ich wollte ausprobieren, wie es ohne Bremsschirm funktionieren würde, und meine Erkenntnisse an die Fallschirmabteilung des Korps weitergeben. Daher sprang ich mit einem Kameramann ab, der mich während des Freifalls filmte.

Kaum war ich in der Luft, merkte ich, dass es kaum möglich war, eine stabile Position zu finden. Ich machte mich so groß wie möglich und breitete Arme und Beine aus. Es half nichts. Die geringste Bewegung genügte, um die Balance zu verlieren. Solange ich mich nicht rührte, war alles in Ordnung. Aber es war unmöglich, mich nicht zu rühren, da ich mit fast 200 Stundenkilometern auf die Erde zuraste und wusste, dass ich in etwa einer halben Minute den Schirm öffnen und die Haltung ändern musste. Ich entschloss mich zu einem »Dummy Pull«, das heißt zur Simulation der Armbewegung zum Öffnen des Schirms, um festzustellen, wie schwierig das Manöver werden würde. Ich hatte kaum die Position meines rechten Arms geändert, um die Hand auf den Auslösegriff zu legen, als ich vollkommen die Kontrolle verlor. Jetzt fiel ich mit so großer Geschwindigkeit, dass mir der Kameramann nicht mehr folgen konnte. Himmel und Erde drehten sich rasend schnell um mich herum, während ich verzweifelt versuchte, meine Position mit Armen und Beinen zu stabilisieren. Es war unmöglich.

Die Zentrifugalkraft begann zu wirken und drückte das Blut in meinen Kopf. Ich hatte das Gefühl, er würde explodieren. Ich hatte keine Ahnung, in welcher Höhe ich mich befand. Alles wurde verschwommen, und es fiel mir schwer, bei Bewusstsein zu bleiben. Aber ich begriff, dass der Sicherheitsmechanismus jeden Augenblick den Reserveschirm öffnen würde, wenn ich weiter so schnell fiel. Das durfte nicht passieren, denn der Reserveschirm öffnet sich extrem schnell. Ich würde mich vermutlich in den Fangleinen verheddern, und dann wäre alles vorbei.

Ich lag auf dem Rücken und schaffte es schließlich, beide Hände auf den Auslösegriff zu legen und mit aller Kraft daran zu ziehen. Ich konnte nur hoffen, dass sich der kleine Hilfsschirm, der den Hauptschirm aus der Tasche zieht, nicht um mich wickeln würde. Und wie durch ein Wunder rutschte er unter mir durch und drückte mich zur Seite. Über meinem Kopf füllten sich die Zellen des Fallschirms mit Luft. Als ich wieder klar denken konnte, verfluchte ich mich selbst. Dieser Sprung hätte mich das Leben kosten können. Das war das vierte Mal, dass ein Sprung beinahe tragisch geendet hätte. Zur Hölle mit meiner dämlichen Neugierde.

***

An der Heimatfront war das Jäger-Korps in die Bemühungen eingebunden, Dänemark gegen den Terror zu verteidigen. Mindestens einmal im Jahr nahm ein Jäger-Team an den Übungen der SWAT-Teams teil, für die umfangreiche Ressourcen bereitgestellt und realistische Szenarien entworfen wurden. In einer Übung wurde angenommen, dass eine Fähre der Stena Line mit Hunderten Passagieren an Bord auf dem Weg von Frederikshavn nach Göteborg von einem Terrorkommando entführt worden war, das ankündigte, die Passagiere systematisch zu töten, sollten seine Forderungen nicht erfüllt werden.

Neben den Jägern nahmen Anti-Terror-Einheiten aus Schweden, Norwegen, Deutschland, den Niederlanden und Belgien an der Übung teil, deren Höhepunkt ein Sturm auf die Fähre in den frühen Morgenstunden war. An der Operation nahmen dänische und deutsche Hubschrauber und zahlreiche Festrumpfschlauchboote teil, deren Motoren zwischen 600 und 900 PS hatten. Vor dem Sturmangriff schlichen sich Kampfschwimmer des Frømandskorpset an Bord und versorgten die an Land bereitstehenden Einheiten mit wertvollen Informationen über die Terroristen.

Kurz nach Sonnenaufgang gingen die schwer bewaffneten Spezialeinheiten an Bord der Hubschrauber. Sie flogen mit großer Geschwindigkeit knapp über der Wasseroberfläche und näherten sich in V-Formation mit der Morgensonne im Rücken dem Schiff. Die RIB-Boote näherten sich der Fähre von hinten, und die Einsatzkräfte kletterten an Enterhaken an Bord. Mein Team seilte sich vom Hubschrauber auf das Oberdeck ab. Unsere Aufgabe war es, die Terroristen auf einem der Oberdecks auszuschalten, uns durch die Restaurants, Cafés und Aufenthaltsräume vorzukämpfen und Kabine für Kabine zu sichern.

Die vielen Dienstjahre hatten einen Tribut von meinem Körper gefordert. Ich hatte mir im Lauf der Zeit die Nase, einen Arm, eine Hand, mehrere Finger, beide Handgelenke und mehrere Rippen gebrochen und einige Zähne eingebüßt. Ich litt unter Verschleißerscheinungen an der Wirbelsäule und in den Knien. Im Sommer 2007 musste ich meine Liste um eine weitere Beschwerde erweitern. Wir mussten lernen, mit KTM-

Motocross-Maschinen umzugehen. Ich hatte das Vergnügen, mit »Bizeps«, unserem Schwadronskommandeur, eine Privatstunde auf einem dieser Monster zu absolvieren. Bizeps war ein ungewöhnlicher Bursche, der früher einmal Kraftsportler gewesen war und Arme wie Baumstämme und eine bissige Persönlichkeit hatte. Er hegte eine beinahe krankhafte Liebe zu Motorrädern.

Ich dagegen hatte kaum Erfahrung mit diesen Maschinen. Eines Tages befahl mir Bizeps, in einer Kiesgrube einen Rundkurs mit furchteinflößenden Kuppen, Steigungen und Kurven zu absolvieren. Beim Sprung über eine der höchsten Kuppen verlor ich die Kontrolle über das Motorrad und hob wie ein Zirkusartist ab. Nach ein paar verrückten Purzelbäumen kam ich auf dem Motorrad zu liegen.

Ich hatte mir zwei Rippen gebrochen und zwei weitere geprellt. Mit Schmerzmitteln versuchte ich, die Schmerzen zu unterdrücken. Aber das Schlimmste an der Verletzung war, dass ich nicht am täglichen Programm meines Teams teilnehmen konnte.

Allerdings hellte sich meine Stimmung einige Tage später deutlich auf. Trotz meiner Aktivitätseinschränkung machte mir Bizeps ein Angebot, das ich nicht ausschlagen konnte. Er fragte mich, ob ich an einer Mission im Irak teilnehmen wollte. Ich zögerte keinen Augenblick.

KAPITEL 17: BIS ZUM HALS IN DER SCHEIßE

Im Sommer 2007 war ich wieder im Südirak im Einsatz. Die »Operation Viking«, bei der mein Team das Raketenlager der Mahdi-Miliz zerstört hatte, lag nur wenige Tage zurück. Wir waren zu einer weiteren Mission in der irakischen Wüste aufgebrochen. Unser riesiger EH-101-Transporthubschrauber war noch fünf Minuten von der Landezone entfernt, und ich ging zum letzten Mal in Gedanken die Einschleusungsroute durch.

Anderthalb Kilometer nach Südosten in Richtung des Sumpfs. Am Rand des Sumpfs 1000 Meter nach Süden, dann weiter nach Osten, bis du nördlich einer kleinen Ansammlung von Häusern auf die Straße stößt. Einen weiteren halben Kilometer in östlicher Richtung bis zum Kanal. Von dort aus anderthalb Kilometer nach Südosten durch den Palmenhain bis zu dem Haus, in dem die Mahdi-Miliz anscheinend ein Waffenlager versteckt.

In dem Gebiet wimmelte es von Feinden. Die meisten Kämpfer gehörten der Dschaisch al-Mahdi an, aber in der Gegend waren noch weitere Milizen und Terrorgruppen aktiv, die von unserer Anwesenheit wussten. Die Einheimischen lehnten unsere Gegenwart in ihrem Land ab und sympathisierten mit den Milizen. Daher war es undenkbar, uns am Tag in einem achtköpfigen Team in dieser Gegend zu bewegen. Sollten wir entdeckt werden, hätten wir nicht die geringste Chance gegen einen zahlenmäßig deutlich überlegenen Feind gehabt. Die Dunkelheit war unser bester Verbündeter.

Ich kontrollierte meine Waffe, schaltete mein GPS ein, stellte mein Nachtsichtgerät ein letztes Mal scharf und vergewisserte mich, dass die

Tasche auf dem Oberschenkel meiner Hose, in der die Karte steckte, geschlossen war. Ich war bereits schweißgebadet, denn obwohl es längst dunkel war, lag die Temperatur immer noch bei 35 Grad. Die salzige Flüssigkeit lief mir über die Stirn herab. Ein wenig warmes Wasser aus meinem CamelBak stillte meinen Durst.

Die gebrochenen Rippen taten immer noch sehr weh, aber ich bemühte mich, die Schmerzen zu ignorieren. Die Einschleusungsroute sah auf der Karte und den Satellitenbildern nicht so schlecht aus, weshalb ich sicher war, dass ich keine Probleme bekommen würde. Wir würden durch einen Kanal schwimmen und durch etwa 30 Gräben kriechen, aber auf den Fotos sahen sie nicht allzu breit aus. Mit ein wenig Glück und Können würden wir in fünf bis sechs Stunden zurück sein, damit uns der Hubschrauber abholen konnte.

Unser Ziel war ein dreigeschossiger Komplex inmitten eines Palmenhains in einer Wohngegend am Rand einer großen Stadt. Das Gebiet war dicht bebaut und von einem Geflecht von Bächen und Kanälen durchzogen, was es sehr schwer machte, sich dort unbemerkt zu bewegen. Der Komplex diente der Mahdi-Miliz als Hauptquartier. Und wir hatten den Verdacht, dass dort ein großes Waffenlager versteckt war.

Aber die von den Satelliten und Aufklärungsdrohnen gelieferten Informationen hatten nicht genügt, um das Kommando dazu zu bewegen, eine direkte Kommandoaktion anzuordnen. Die Drohnen hatten auch Frauen und Kinder fotografiert, die sich auf dem Gelände bewegten, weshalb sich unsere Vorgesetzten entschlossen, eine vorsichtigere Vorgehensweise zu wählen. Sie wollten, dass wir uns dem Komplex so schnell wie möglich näherten und vor Ort möglichst viele Informationen sammelten, mit denen eine zukünftige Kommandoaktion vorbereitet werden konnte.

»Eine Minute«, sagte der britische Lademeister. Er saß in der Mitte der Laderampe an seinem 7,62-mm-Maschinengewehr und hielt einen Finger hoch.

Der Hubschrauber setzte auf, und auf das Signal des Lademeisters lief ich über die Laderampe in die irakische Nacht hinaus, weg von der großen Staubwolke und den Steinchen. Wenige Augenblicke später war der Hubschrauber fort. Ich drehte mich um und sah einen schwarzen Klumpen am sternenübersäten Himmel. Das Brummen der Motoren verlor sich in der Nacht. Die Stille stand in seltsamem Kontrast zu dem ohrenbetäubenden Lärm, der uns noch vor wenigen Augenblicken umgeben hatte.

In dieser Phase des Einsatzes waren wir sehr verwundbar. Die nächste Siedlung war nur etwa anderthalb Kilometer entfernt, zweifellos hatten die Bewohner den Hubschrauber gehört. Die Mahdi-Miliz wusste jetzt, dass sie ungeladene Gäste hatte.

Ich hörte die gedämpfte Stimme unseres Teamleiters Kenneth im Ohrstöpsel: »Vorwärts.«

Ich entsicherte mein Gewehr und marschierte in südöstlicher Richtung los. Mein Freund Rasmus ging direkt hinter mir, das übrige Team blieb 20 bis 30 Meter zurück.

Ich schätzte meine Teamkollegen sehr, nicht nur für ihre Professionalität und Erfahrung, sondern auch für ihren Charakter. Sie waren alle gelassen und beherrscht, vorbildliche Soldaten. Der temperamentvolle Rotschopf Kenneth war ein herausragender Soldat. Er hatte schon mehr als die Hälfte seines Lebens im Militär verbracht und war mehr als fünf Jahre auf dem Balkan, in Afghanistan und im Irak stationiert gewesen. Der stets entspannte Rasmus, der in diesem Team für die Beseitigung von Hindernissen verantwortlich war, war ein körperliches Wunder. Søren, mit 26 Jahren der Jüngste im Team, war unser Forward Air Controller. Unser Sanitäter Frederik war im Vorjahr in Afghanistan von einem Granatsplitter getroffen worden und beinahe verblutet. Die dänischen Streitkräfte versichern ihre Soldaten für den Fall einer Verletzung im Kampf. Frederik hatte mit den 5000 Dollar, die ihm ausgezahlt worden waren, eine Riesenparty für das Team geschmissen. Unser zweiter Sanitäter Christian war ein weiter Rotschopf mit ausgeprägtem Temperament, der ein enger Freund von mir wurde. Unser Funker John war ein ruhiger Junge vom Land und ein sehr angesehener Jäger. Dasselbe galt für unseren Scharfschützen Hans.

Wir behielten unsere Umgebung im Auge und hielten durch unsere Nachtsichtgeräte unentwegt Ausschau nach Bewegungen in der in Grün gebadeten Welt. Es schien keinerlei Aktivitäten zu geben. Wir hörten nur Hundegebell und die Stimmen der Muezzine, die aus den Lautsprechern der Moscheen drangen. Die Flammen zahlreicher Ölraffinerien leuchteten in meinem Nachtsichtgerät als grelle Punkte auf, und ich musste den Kopf abwenden, um nicht geblendet zu werden. Über der sandigen Ebene erhob sich kein Lüftchen.

Ich hatte unsere Route so gewählt, dass wir uns rasch von den Siedlungen entfernen konnten. Wo Häuser waren, da waren auch Menschen. Und wo Menschen waren, da waren auch Feinde. Wir gingen in südlicher Richtung am sumpfigen Ufer eines Sees entlang und hielten uns gerade weit genug vom Wasser entfernt, um keine Fußspuren zu hinterlassen. Hin und wieder knieten Rasmus und ich nieder, um zu lauschen und nach menschlicher Aktivität Ausschau zu halten. Wir konnten aus der Ferne Motorengeräusche und Stimmen hören und sahen glühende Zigaretten, die als winzige grüne Punkte durch das Gesichtsfeld unserer Nachtsichtgeräte schwebten.

Wir ließen das Sumpfgebiet hinter uns und gingen weiter zu der in östlicher Richtung liegenden Straße, die am Kanal entlangführte. Jetzt kamen wir einigen Häusern bis auf 30 Meter nahe. Ich erstarrte, als ich auf einem der Dächer einen Mann bemerkte. Ich kniete mich langsam hin, hob mein Gewehr an die Schulter und drückte zweimal auf den Knopf des Funkgeräts, um meinen Kameraden zu signalisieren, dass dies kein normaler Zwischenstopp war, sondern dass wir auf etwas gestoßen waren.

Der Mann auf dem Dach beobachtete die Umgebung. Sein Gesicht war uns zugewandt. Er hatte die Hände vor dem Gesicht, so, als hielte er ein Fernglas. Wenn er ein Nachtsichtgerät hatte, hatte er uns zweifellos bemerkt. Aber das war nicht wahrscheinlich. Wir wussten, dass die Mahdi-Milizen kaum solche Geräte besaßen.

Plötzlich begann einige Hundert Meter entfernt ein Rudel streunender Hunde zu bellen. Der Mann auf dem Dach rührte sich nicht, so, als interessierten ihn die Hunde nicht im Geringsten. Er hatte sich überhaupt nicht bewegt, seit ich ihn bemerkt hatte. Das gefiel mir nicht. Mit einiger

Sicherheit hatte er den Hubschrauber gehört und wusste, dass wir in der Gegend waren. Rasmus und ich hockten zusammengekauert am Boden, um uns so klein wie möglich zu machen. Es schien eine Ewigkeit zu vergehen, aber endlich nahm der Wachposten die Arme herunter und schlenderte ruhig auf die andere Seite des Dachs hinüber, um in südlicher Richtung zu schauen. Ich stand langsam auf und ging weiter.

Nachdem wir gut einen halben Kilometer entlang der Straße gegangen waren, überquerten wir sie vorsichtig in Paaren. Jetzt befanden wir uns am Rand eines großen Palmenhains. Gut drei Kilometer östlich befand sich unser Ziel. Vorsichtig näherten Rasmus und ich uns dem Kanal, um uns zu vergewissern, dass es am anderen Ufer keine feindliche Aktivität gab. Gleichzeitig konnten wir abschätzen, wie tief und breit der Kanal und wie stark die Strömung war.

Für das Überqueren fließender Gewässer gab es ein eigenes Verfahren. Im Kanal würden wir extrem verwundbar sein: Wenn wir im Wasser unter Beschuss gerieten, würden wir bis zum Hals in Schwierigkeiten stecken. Obendrein würde ein Teil unserer Ausrüstung in Plastikfolien eingewickelt sein. Wir konnten also nicht einfach hineinhüpfen und hinüberschwimmen.

Rasmus und ich waren als Erste an der Reihe. Die Lehmwand des Kanals fiel fast zwei Meter senkrecht ab. Ich brauchte die Hilfe unseres Muskelmanns Søren, der mich an seinen massiven Armen ins Wasser hinabließ. Ich konnte ein leichtes Stöhnen nicht unterdrücken, als meine Rippen über die Wand schleiften. Das Wasser war warm und stank verrottet. Ich fand Boden unter den Füßen, musste jedoch bei jedem Schritt die Stiefel mit Kraftanstrengung aus dem Schlick ziehen. Es war, als zögen Saugnäpfe an meinen Füßen

Langsam schwammen Rasmus und ich hinüber. Obwohl ich meinen Plattenträger nicht angelegt hatte, fühlte sich die Uniform schwer an. Aber es sollte noch schlimmer kommen: Die Strömung war sehr viel stärker, als erwartet. Wir konnten den Kurs auf die Stelle, an der wir am anderen Ufer aussteigen wollten, unmöglich halten. Die Strömung trieb uns flussabwärts, und wir entfernten uns gefährlich weit von unserem Team.

Wir kämpften gegen die Strömung an und versuchten gleichzeitig, das Ufer durch unsere Nachtsichtgeräte im Blick zu behalten. Schnaufend und prustend erreichten wir schließlich die andere Seite und zogen uns an Wurzeln und Ästen über die Uferwand hinauf. Im hohen Gras liegend, lauschten wir auf Geräusche. Leise legten wir unsere Ausrüstung wieder an. Ich gab den Kameraden am anderen Ufer mit meinem Infrarotlicht das Signal, dass sie das nächste zweiköpfige Team herüberschicken konnten. Nach etwas mehr als einer halben Stunde hatten alle acht den Kanal überquert. Weitere 30 Minuten später waren alle bereit zum Aufbruch. Die unbemannte Shadow-Drohne, die während des Einsatzes 3000 Meter über unseren Köpfen kreiste, meldete intensive Feindbewegungen in der Umgebung.

Wir setzten unseren Weg durch den dichten Palmenhain fort. Ich klappte das Nachtsichtgerät hoch, um mich umzusehen. Der Palmenhain wirkte wie eine Theaterkulisse: Die Silhouetten der Bäume hoben sich scharf von einem riesigen, tiefstehenden orangenen Mond ab. Die Hintergrundmusik lieferten die Abendgebete in zahlreichen Moscheen und das Hundegebell, das näher zu kommen schien. Nach einigen Hundert Metern wurde die Vegetation dichter. Büsche und Unterholz zwangen uns, langsamer zu gehen, vor allem aber machten wir jetzt mehr Lärm.

Ich erreichte den ersten Bewässerungsgraben und sah ihn mir besorgt an. Auf den Fotos hatte er machbar ausgesehen, aber jetzt stand ich vor einem zwei Meter breiten Graben mit steil abfallenden Wänden. Das Wasser stand zwischen anderthalb und zwei Metern unter der Kante. Obendrein verlief auf beiden Seiten ein Stacheldrahtzaun. Offensichtlich handelte es sich um die Grenze eines Privatgrundstücks.

Als das übrige Team eintraf, brummte Kenneth ärgerlich beim Anblick des Hindernisses, das unseren Vormarsch verzögern würde. Die Zeit wurde langsam zu einem Problem: Nach Plan sollten wir das Ziel innerhalb der nächsten Stunde erreichen. Jetzt war nicht mehr sicher, ob wir das schaffen würden.

Die über uns kreisende Drohne meldete wenige Hundert Meter voraus Aktivität bei mehreren Anlagen am Rand des Palmenhains. Wir würden noch vorsichtiger sein müssen.

»Vorwärts«, flüsterte Kenneth.

Wir waren weniger als zwei Kilometer vom Ziel entfernt. Ich setzte einen Fuß auf den Stacheldraht und versuchte, ihn zu Boden zu drücken, aber er schnellte zurück. Beinahe wäre ich vornübergefallen. Also versuchte ich gemeinsam mit Rasmus, das Drahtgeflecht zu entwirren. Ich verfluchte mich, weil ich meine Handschuhe nicht mitgenommen hatte. Ich schnitt mir beide Hände auf, aber im Augenblick konnte ich mich nicht darum kümmern. In jedem Fall war es mein Fehler.

Wir zwängten uns durch den Zaun und krochen zum Rand des Grabens weiter. Wir mussten versuchen, ins Wasser zu gelangen, ohne ein Geräusch zu machen. Wir konnten nicht hineinspringen. Ich fand ein paar Wurzeln, die aus der Seitenwand ragten, und benutzte sie, um mich langsam in den Graben hinabzulassen. Rasmus legte sich auf den Bauch und half mir hinein. Als ich seine Hand loslassen musste, hielt er mir sein Gewehr hin, an dem ich mich festhalten konnte. Als meine Füße ins Wasser eintauchten, grub ich die Finger in die lehmige Erde, um nicht plötzlich hineinzufallen.

Das Wasser war warm. Ich rutschte hinein, bis es mir über den Schultern stand. Ein widerwärtiger, zugleich süßlicher und saurer Gestank stieg mir in die Nase: Es war der eklige Gestank von Exkrementen und Urin. Ich hätte beinahe erbrochen. Ich begriff, dass ich einen Abwassergraben durchquerte: Ich steckte buchstäblich bis zum Hals in der Scheiße.

Ich kämpfte gegen den Brechreiz an und versuchte verzweifelt, nicht in dieser Kloake unterzugehen. Meine Ausrüstung war zu schwer, um damit zu schwimmen. Ich würde untergehen. Ich entschloss mich, mich von der schlammigen Wand abzudrücken und die andere Seite des etwa zwei Meter breiten Grabens mit einem Satz zu erreichen. Es gelang mir, und ich fand mit einem Fuß Halt. Mit einer Hand bekam ich eine kleine Wurzel zu fassen und schaffte es, das Gleichgewicht zu halten. Die andere Hand, in der ich das Gewehr trug, hielt ich die ganze Zeit über der Wasseroberfläche. Ich drehte mich zu meinen Kameraden um, die mir mit besorgten Gesichtern zusahen. Ich winkte Rasmus herbei, da ich unmöglich ohne Hilfe aus dem Graben herausklettern konnte.

Eine Minute später hing er an meiner Seite an der Lehmwand und grinste mich aus einem schmutzigen und verschwitzten Gesicht an. Unsere Lage war grotesk. Aber wir konnten nichts anderes tun, als uns rasch weiterzubewegen. Die Uhr lief.

Rasmus schob mit aller Kraft meinen Hintern, als ich versuchte, die zwei Meter hohe Wand hinaufzuklettern. Ich fand zwei Wurzeln, an denen ich mich festhalten konnte, und brachte all meine Kraft auf, um mich hinaufzuziehen. Meine Rippen drückten gegen die Wand, und durch meinen Brustkorb fuhr ein so heftiger Schmerz, dass für einen Augenblick alles vor meinen Augen verschwamm. Ich kletterte weiter und schaute über die Kante, nur um festzustellen, dass auch auf dieser Seite ein Stacheldrahtzaun verlief. Das Einzige, woran ich mich klammern konnte, war ein Draht. Ich biss die Zähne zusammen und griff erst mit einer und dann mit der zweiten Hand nach dem Draht. Als ich zupackte, gruben sich die Stacheln in mein Fleisch, und zwischen den Fingern lief dickes und warmes Blut aus meinen Händen. Als ich meinen Körper über die Kante des Grabens gewuchtet hatte, drückte ich die Drähte auseinander und kroch durch den Zaun, wobei ich den Kopf senkte, damit der Helm mein Gesicht schützte. Mein Nachtsichtgerät war jetzt vollkommen beschlagen. Ich konnte nur die Umrisse der Umgebung erkennen. Das war nicht gut: Ich war der Späher und musste beurteilen, ob wir vorrücken konnten.

Ich half Rasmus, der leise vor sich hin fluchte, durch den Stacheldrahtzaun, und der Reihe nach tauchten die gequälten Gesichter der anderen Teammitglieder über dem Rand des Grabens auf. Das war wirklich ein hartes Stück Arbeit. Die Ausrüstung wog samt Plattenträger, Gewehr, Granaten und Munition mindestens 30 Kilo.

Ich kontrollierte das GPS. Wir waren noch anderthalb Kilometer vom Ziel entfernt. Wir wussten, dass etwa alle 100 Meter ein Wassergraben zu überwinden war. Wenn sie alle wie die Kloake waren, die wir gerade hinter uns gelassen hatten, stand uns eine vergnügliche Nacht bevor.

Wir bewegten uns vorsichtig durch den Palmenhain. Ich setzte die Füße sorgfältig neben den schmalen Pfad, um möglichst wenig Spuren zu hinterlassen.

Der nächste Graben sah dem ersten zum Verwechseln ähnlich. Scheiße. Ich sah mich nach einer Stelle um, an der wir leichter hinüberkommen konnten, aber es gab keinen anderen Weg. Also kroch ich erneut durch den Stacheldrahtzaun, rutschte in einen Abwasserkanal hinunter und zog mich auf der anderen Seite mit meinen durchbohrten Händen hoch. Die Gräben waren alle gleich. Die Mission hatte sich in einen aberwitzigen Hürdenlauf in Zeitlupe verwandelt. Mit Urin und Exkrementen verschmiert, stießen wir an die Grenzen unserer körperlichen Leistungsfähigkeiten. Mein Brustkorb schmerzte mehr und mehr. Ich schmeckte die vertraute Würze von Blut im Mund: In meinen Lungen waren infolge der Überanstrengung Gefäße geplatzt. Meine Aufmerksamkeit als Späher des Teams ließ gefährlich nach.

Etwa 200 Meter vor dem Ziel stand ich erneut bis zum Hals in einer Fäkalienbrühe, als mir Rasmus zuflüsterte, ich solle stillhalten. Ich sah mich um und bemerkte, dass Kenneth und Hans reglos und mit den Gewehren im Anschlag auf der anderen Seite des Abwassergrabens standen. Bei einem etwa 30 Meter entfernten Haus flackerte ein weißes Licht auf. Dies war ein denkbar ungünstiger Ort, um entdeckt zu werden, vor allem für mich. Sollte es zu einem Gefecht kommen, würde ich nicht rechtzeitig aus dem Graben kommen. Ich hörte gedämpfte Stimmen, und das Licht näherte sich.

Kenneth und Hans gingen langsam zu Boden und legten sich unter den Büschen am Rand des Grabens flach auf den Bauch. Die anderen Teammitglieder konnte ich nicht sehen. Der Lichtstrahl bewegte sich dort, wo Kenneth und Hans lagen, an dem Drahtzaun und den Büschen entlang. Dann verharrte er an einer Stelle. Ich hörte männliche Stimmen murmeln, die vielleicht 15 Meter entfernt waren. Der Lichtstrahl tanzte weiter. Aus dem gegenwärtigen Winkel konnte er mich nicht erfassen, sondern beleuchtete nur die Kante des Grabens. Um mich sehen zu können, mussten die Männer näher an den Graben treten. Plötzlich schalteten sie das Licht aus und verschwanden laut sprechend.

Die Erleichterung darüber, dass sie uns nicht entdeckt hatten, gab mir neue Kraft. Ich kletterte aus dem Graben und bestimmte unsere Position. Das Ziel musste sich bei etwa 11:00 Uhr befinden. Ein kurzer Blick bestätigte die Berechnung. Jetzt lag nur noch ein Stacheldrahtzaun zwischen uns und unserem Ziel.

Ich kniete mich hin und wartete auf die anderen, während ich mein Nachtsichtgerät justierte und die Umrisse der Anlage studierte. Das etwa 30 Meter entfernte Gebäude war von Palmen und Gestrüpp umgeben.

Der Palmenhain war hier lichter, und ein Netz schmaler Pfade zog sich durch das Gelände. Aus den Aufklärungsfotos wusste ich, dass vor dem Komplex eine Schotterstraße verlief und linker Hand weitere Häuser standen. Zur Rechten lag ein 15 Meter breiter Kanal. Und in unserem Rücken wurde die Landschaft von unzähligen Abwassergräben durchzogen. Sollten wir in ein Gefecht verwickelt werden, gab es eigentlich keinen Ausweg. Der einzige denkbare Fluchtweg führte rückwärts am Kanal entlang zu einer kleinen Holzbrücke, die in einen anderen Teil des Dorfs führte.

Vor unserem Aufbruch waren wir darüber informiert worden, dass sich in der Nacht wahrscheinlich sechs Männer und ebenso viele Frauen in dem Haus aufhielten. Søren signalisierte uns mit Handzeichen, dass die Drohne zwei Personen vor dem Haus und möglicherweise weitere auf dem Dach fotografiert hatte. Ich bemerkte, dass Sørens Gesicht schweißgebadet war. Das Gewicht des Headsets und der Funkausrüstung, die er auf dem Rücken trug, machte ihm zweifellos zu schaffen. Für ihn musste es ein Albtraum sein, mit dieser Bürde durch die Gräben zu klettern.

Mit kleinen Schritten bewegte ich mich langsam auf dem schmalen Pfad auf das Ziel zu. Ich hielt nach den Wachposten im Hof vor dem Gebäude und auf dem Dach Ausschau. Ich konnte nur hoffen, dass sie auf dem Gelände keinen Hund hatten. Zwischen mir und dem Ziel lagen nur noch wenige Bäume und Sträucher. Und da war etwas, das aussah wie ein Komposthaufen. Normalerweise suchte ich nach festem Untergrund, um möglichst wenige Fußabdrücke zu hinterlassen, aber in der Stille der Nacht tastete ich nach den weichen Stellen neben dem Weg, damit meine Schritte im Schotter keine Geräusche machten. Das hatte natürlich den Nachteil, dass sie am Morgen sehen würden, dass sie Besuch gehabt hatten, aber im Augenblick war nur wichtig, dass wir nicht entdeckt wurden. Dann sah ich die Wachen. Durch eine Lücke zwischen den Bäumen bemerkte ich das Glühen einer Zigarette. Der Punkt leuchtete auf, wenn der Mann inhalierte. Er stand keine zehn Meter entfernt an eine Mauer gelehnt. Ein weiterer Wachposten hockte bei einem Metalltor, das der einzige Eingang zum Hof zu sein schien.

Ich schlich mich näher heran. Jetzt sah ich mehr von dem Haus. Die beiden Männer trugen Kalaschnikows über den Schultern.

Der Mann an der Mauer ließ die Zigarette fallen und trat sie aus. Der andere Wachposten erhob sich langsam, sagte ein paar Worte zu seinem Kameraden und verschwand im Haus. Von Wachen auf dem Dach war immer noch nichts zu sehen.

Sollte die Drohne Søren vor einer unerwarteten Bedrohung wie zusätzlichen Wachen auf dem Dach oder auf der anderen Seite des Hauses warnen, so würde er wiederholt den Knopf seines Funkgeräts drücken, um uns mitzuteilen, dass es Probleme gab. Ich hatte mittlerweile die kleine Lücke zwischen den Bäumen erreicht und konnte sehen, dass im Hof ein paar alte Autos standen. Auf mehreren Haufen lag Schrott. Der Hof war von einer etwa drei Meter hohen Mauer umgeben. Nur an der Seite, die an den Palmenhain angrenzte, war er offen.

Ich schob einen Fuß vor, um zu ertasten, ob der Boden weich war. Als ich den Stiefel aufsetzte, knackte ein Zweig. Ich erstarrte.

Der Wachposten fuhr herum und sah in meine Richtung. Ich hatte das Gefühl, dass wir einander anstarrten. Ich rührte mich nicht. Hoffentlich hatten die anderen bemerkt, was los war, und bewegten sich nicht.

Der Wachposten nahm seine Waffe von der Schulter und näherte sich den Bäumen, hinter denen ich stand. Es war zu spät, um mich zurückzuziehen. Jede Bewegung hätte meine Position verraten. Der Wachposten ging langsam an der ersten Baumreihe entlang und leuchtete mit seiner Taschenlampe in das Gebüsch. Ich entsicherte behutsam meine Waffe und legte den Finger auf den Abzug. Ich wusste, dass das grüne Licht des Nachtsichtgeräts meine Augenhöhlen ein wenig beleuchtete, und konnte nur hoffen, dass er es nicht bemerken würde.

Wenige Meter entfernt blieb er stehen. Wir standen einander genau gegenüber. Wenn er sein Gewehr hob, würde ich abdrücken. Mein Herz pochte so laut, dass ich befürchtete, er könnte es hören. Die Sekunden streckten sich zu einer Ewigkeit, und mein Standbein begann, unter dem Gewicht meines Körpers zu zittern.

Dann wandte er sich ab und kehrte zum Haus zurück, wo er sich auf der Türschwelle niederließ, um eine Zigarettenpackung aus der Hemdtasche zu holen. Er zog eine Zigarette mit den Zähnen heraus und zündete sie an. Mein Puls beruhigte sich langsam, und ich kniete mich hin, um das Bein zu entlasten.

Es war unwahrscheinlich, dass wir das Waffenlager finden würden, das nach Aussage unserer Informanten irgendwo auf diesem Gelände versteckt sein musste. Wir konnten nicht danach suchen, da uns die Wachen zweifellos bemerken würden. Daher konnten wir nicht mehr tun, als uns alle Details einzuprägen: wo sich Türen und Fenster befanden, aus welchem Material sie waren, ob die Fenster verglast waren, wie dick die Mauern waren, wie viele Geschosse das Gebäude hatte, wie es von der Straße aus zu erreichen war, ob das Tor geschlossen war, ob das Dach flach war und wie viel Munition die Wachen vermutlich bei sich trugen. Diese Details wurden zur Vorbereitung eines zukünftigen Sturmangriffs auf die Anlage benötigt.

Zwei Klicks in meinem Ohrstöpsel unterbrachen das Studium der Anlage. Die Zeit wurde knapp. Wenn ich mich rückwärts bewegte, bestand die Gefahr, dass ich über etwas stolperte. Also drehte ich mich langsam um und kehrte auf demselben Weg, auf dem ich gekommen war, zu den Silhouetten meiner Kameraden zurück, die ich in etwa 20 Metern Entfernung hinter einigen Büschen ahnte. Mit nach oben gedrehtem Daumen signalisierte ich ihnen, dass ich wertvolle Informationen gesammelt hatte.

Als wir den ersten Graben erreichten, knieten wir uns im Kreis um Kenneth hin, damit er uns erklärte, wie unsere Ausschleusung ablaufen sollte. Zum Glück kam eine Rückkehr durch die Abwassergräben nicht infrage. Dafür hatten wir einfach nicht genug Zeit, weil wir nur noch eine Stunde hatten, um zum Landeplatz des Hubschraubers zu gelangen. Wir mussten einen anderen Weg wählen. Wir würden am Kanal entlang zu der Holzbrücke gehen. Das Problem war, dass dieser Weg direkt in ein dicht besiedeltes Gebiet führte. Aber wir hatten keine Wahl. Selbst auf diesem Weg würde es uns schwerfallen, rechtzeitig beim Landeplatz zu sein.

Wir nahmen unsere Positionen in der Formation ein: Ich würde als Späher vorausgehen, dicht gefolgt von Rasmus und dem übrigen Team. Auch auf dieser Route würden wir nicht darum herumkommen, einige Gräben zu durchqueren, aber es war ermutigend, dass es nicht mehr als drei sein würden. Als wir die Brücke erreichten – die nur aus einer einzigen Holzplanke bestand –, blieb ich stehen, um sie ein paar Minuten zu beobachten, bevor ich sie überquerte.

Das Dorf begann etwa 20 Meter abseits eines Schotterwegs. Normalerweise vermieden wir es sogar nachts, Siedlungen zu durchqueren, aber wir mussten den kürzesten Weg nehmen, wenn wir den Hubschrauber nicht verpassen wollten. Zu unserem Glück war der Weg nur von zwei schwachen Laternen beleuchtet, und es schienen sich weder Menschen noch Tiere im Ort zu bewegen.

Wir gingen paarweise zu beiden Seiten des Wegs, um einander besser Deckung geben zu können. Wir erreichten das Ende der Straße ohne Probleme und setzten unseren Weg in westlicher Richtung fort, um die Landezone zu erreichen, eine große Fläche, die knapp zwei Kilometer entfernt war. Als wir etwa 150 Meter vom Dorf entfernt waren, führte ich das Team in einer Schleife zurück zu einem geeigneten Ort, wo wir in Deckung auf Verfolger warten konnten. Aber es tauchte niemand auf. 20 Minuten später erreichten wir die Landezone, und Søren nahm Kontakt zur Hubschraubercrew auf.

»Zwei Minuten bis zur Landung.«

Ich lief ein Stück voraus und kniete mich an der Stelle nieder, wo der Hubschrauber landen sollte. Als ich das Geräusch der Rotorblätter hörte, schaltete ich den Infrarotstrahler an meinem Helm ein, damit der Pilot meine exakte Position bestimmen konnte. Ich schob meine schlammverschmierte Nachtsichtbrille herunter, um die Augen vor dem Sand und den Steinen zu schützen, die der Hubschrauber aufwirbeln würde.

Der dröhnende schwarze Klumpen tauchte aus der Dunkelheit auf und setzte mit der Nase genau vor mir auf. Ich hatte das schon ungezählte Male erlebt und lehnte mich instinktiv nach vorne, um nicht von dem Luftwirbel weggepustet zu werden.

Das Ausfliegen mochte ich besonders. Es erinnerte mich daran, wie mich mein Vater als kleiner Junge von der Schule abgeholt hatte. Jetzt war ich in Sicherheit. Der Lademeister erschien auf der Laderampe und blinkte zweimal mit seiner Infrarotlampe.

Ich sprang auf und lief am Rumpf entlang, stürmte die Laderampe hinauf und warf mich auf einen Sitz am Ende der abgedunkelten Kabine. Das restliche Team folgte mir auf den Fersen, und wenige Sekunden später heulten die Turbinen auf, und der Hubschrauber hob ab.

Unsere Ausrüstung, Helme und Waffen durften wir erst am Stützpunkt ablegen, aber unsere geschundenen Körper konnten sich jetzt ausruhen. Meine Rippen schmerzten bei jeder Bewegung, und jetzt wurde mir auch bewusst, wie tief die Wunden an meinen Händen waren. Ich sah auf: Die britischen Lademeister hielten sich die Hände an die Kehle und machten Gesichter, als müssten sie sich übergeben. Wir rochen erbärmlich. Doch Hans und Søren lachten nur darüber. Und auch mich störte es in diesem Augenblick rein gar nicht.

KAPITEL 18: UNSICHTBAR IM HINTERHOF DER MAHDI-MILIZ

Nachdem ich meine verwundeten Hände und meine schmerzenden Rippen einige Tage gepflegt hatte, machte ich mich bereit für den nächsten Ausflug ins Land der Mahdi-Miliz. Es war Zeit für eine weitere Mission. Die auf dem Stützpunkt Basra stationierten dänischen und britischen Truppen litten im Winter und Frühjahr 2007 sehr unter massiven Raketenangriffen. Das dänische Lager, das nur eine Fläche von zehn Fußballplätzen einnahm, war allein in den letzten 24 Stunden 14-mal angegriffen worden. Die meisten Angriffe fanden in der Nacht statt, in denen sich der Feind unbeobachtet dem Stützpunkt nähern konnte.

Niemand konnte sich ohne Helm und Plattenträger im Lager bewegen. Wenn das Radarsystem eine anfliegende Rakete meldete, hatten wir 15 bis 30 Sekunden Zeit, um hinter einer Mauer oder in einem der Bunker Schutz zu suchen. Saß man am Steuer eines Fahrzeugs, so musste man anhalten, aussteigen und sich neben dem Auto auf den Boden werfen. Und wenn man nirgendwo Deckung finden konnte, konnte man sich nur auf den Boden werfen und das Beste hoffen.

Nach jedem Raketenangriff wurden die Bewohner des Lagers angewiesen, die Schutzräume nicht zu verlassen, bis ein Entschärfungsteam das Gelände nach Blindgängern abgesucht hatte. Das Gefühl, einer ständigen Bedrohung ausgesetzt zu sein und jeden Augenblick wachsam sein zu müssen, belastete die Soldaten sehr. Die Folge war, dass sie weniger und unruhiger schliefen und sich nicht richtig erholten. Viele schliefen in Uniform und zogen sich nicht einmal die Stiefel aus, um im Notfall rasch in die Bunker flüchten zu können, und einige waren sogar dazu übergegangen, nur noch in den Schutzräumen zu schlafen. Aber in der stickigen Hitze in den Bunkern schlief man sehr schlecht. Viele junge Soldaten litten sehr unter der Situation, und die Moral hatte sich in den letzten Wochen spürbar verschlechtert.

Es musste etwas getan werden. Zwei Jäger-Teams erhielten den Auftrag, die Gebiete auszukundschaften, aus denen die Raketen abgeschossen wurden, und weitere Angriffe nach Möglichkeit zu verhindern, indem sie die Angreifer ausschalteten und die Waffen zerstörten. Ich wurde einem dieser Teams zugeteilt.

Die Milizen bezogen einen Großteil ihrer Raketen, Waffen und Munition vermutlich aus dem Iran. Die Waffen wurden durch die Grenzregion, die die Koalitionstruppen nicht kontrollieren konnten, ins Land geschmuggelt. Das Problem war bekannt, aber es war für die Koalition einfach unmöglich, die Hunderte Kilometer lange Grenze zu kontrollieren, um den Iran daran zu hindern, Dschaisch al-Mahdi und andere Milizen mit Waffen zu versorgen.

Unsere Mission war schwierig. Man verlangte mehr von uns, als nur eine Nadel im Heuhaufen zu finden. Es war schon eine Herausforderung, den Heuhaufen zu finden. In der Umgebung des Stützpunkts erstreckten sich Wüsten, Sümpfe, Marschen und Siedlungen. Aber unsere Aufklärungsdaten zeigten uns ungefähr, welche Gegenden üblicherweise für die Angriffe genutzt und wann die Raketen normalerweise in Stellung gebracht wurden. Dabei standen die feindlichen Kämpfer nur selten persönlich an der Rampe und schossen die Rakete ab. Zumeist setzten sie Zeitzünder ein und saßen währenddessen daheim bei der Familie.

Als Erstes sollten wir uns ein Sumpfgebiet vornehmen. Es war eine sehr abgelegene Gegend, welche die Milizen nicht nur als Abschussbasis nutzten. Sie vergruben dort auch Raketen, Granaten und Munition.

Anschließend würden wir drei bis vier Kilometer weiter südlich ein landwirtschaftlich genutztes Gebiet erkunden, das an eine weitläufige öde Ebene grenzte. Dort war die Bevölkerungsdichte das Problem. Die Bauern brachten täglich ihre Rinder in die Gegend, damit sie äsen und aus den Bewässerungskanälen trinken konnten. Etwa anderthalb Kilometer weiter südlich lag eine größere Stadt. Diese Gegend war so dicht besiedelt, dass wir dort unmöglich unbemerkt arbeiten konnten, weshalb wir sie meiden mussten.

Im gesamten Gebiet waren Kämpfer der Mahdi-Miliz und einer Vielzahl anderer Milizen aktiv, bei denen es sich zumeist um rivalisierende schiitische Clans und Verbrecherbanden handelte, die einander brutale Kämpfe um die örtliche Macht lieferten. Wir mussten unbedingt vermeiden, in diesen Bruderkrieg verwickelt zu werden.

Die Milizen wussten bereits, dass das Jäger-Korps in der Gegend operierte. In den Wochen vor unserer Entsendung hatten die dänischen Medien ausführlich darüber berichtet, dass wir im Südirak zum Einsatz kommen würden. *Diese Idioten.*

Es war ein Auswärtsspiel für uns, und wir durften kein Risiko eingehen. Länger als vier oder fünf Tage würden wir nicht unentdeckt bleiben. Um möglichst große Feuerkraft zu erreichen, verschmolzen wir zwei Teams mit Schützen, die überwiegend jenseits der 30 waren und beträchtliche Erfahrung mit Kampfeinsätzen hatten. Zu Beginn würden wir als eine Einheit operieren. Anschließend würden wir uns aufteilen und in zwei verschiedene Gebiete eindringen, um vier Tage lang die Orte zu beobachten, von denen aus die Raketen offenbar abgefeuert wurden.

Wir packten Essensrationen, Wasser, Gewehre, Munition, Granaten, Nachtsichtgeräte, Batterien, Beobachtungsausrüstung, Funk- und GPS-Geräte ein. Das war viel Gepäck, aber da die Einsätze im Irak nicht so lange dauerten wie in Afghanistan, mussten wir sehr viel weniger Ausrüstung mitnehmen als seinerzeit am Hindukusch. Vor allem aber mussten wir keine großen Mengen Wasser mit uns herumschleppen.

Ich prägte mir noch einmal die Route ein, ging mich duschen, schmierte mich mit einer speziell für die Tropen entwickelten Mückenschutzcreme ein und bedeckte Arme, Hände und Gesicht mit schwarzer Tarnschminke. Dann prüfte ich ein letztes Mal mein Gewehr, die Munition und die Granaten, das Nachtsichtgerät und meinen Plattenträger.

Ich war bereit zum Aufbruch.

Nachdem uns der Hubschrauber in der weitläufigen kahlen Ebene abgesetzt hatte, brachen wir in nördlicher Richtung in das Marschland auf, in dem die Milizen operierten. Das andere Team ging voraus. Ich klappte das Nachtsichtgerät hoch. Die Nächte im Irak waren atemberaubend: Über einer vollkommen reglosen Landschaft stand ein riesiger Mond in einem mit zahllosen Sternen übersäten Himmel, der an diesem Ort viel größer wirkte als anderswo.

Aber ich konnte das malerische Bild nicht lange genießen: Als Scout des Teams musste ich alle Hindernisse untersuchen, und wir hatten einen mit stehendem, schmutzigem Wasser gefüllten Graben erreicht. Ich ließ mich hinuntersinken, um festzustellen, wie tief er war. Das faulige Wasser stand mir bis zur Brust, als ich den wenige Meter breiten Graben langsam durchquerte. Auf der anderen Seite bekam ich ein paar Wurzeln zu fassen und zog mich hoch. Meine Kameraden folgten mir. Als sich das Team sammelte, hörte ich Martins gedämpfte Stimme in meinem Ohrstöpsel. Martin war der Scout des anderen Teams, das etwa 50 Meter entfernt war. Er beobachtete ein kleines Haus, bei dem ein breiter Graben eine schnurgerade Schotterstraße kreuzte. Auf dem Dach hatte er eine Gruppe von Milizionären bemerkt, die mit einem schweren Maschinengewehr russischer Herkunft bewaffnet waren. Anscheinend hatten sie keine Nachtsichtgeräte, was unsere Lage verbesserte. Aber wir waren 16 Mann, und der geringste Laut würde uns verraten.

Geräuschdisziplin war bei solchen Missionen entscheidend. Jeder Schritt musste sorgfältig bemessen werden. Die Ausrüstung musste gut am Plattenträger befestigt sein, damit nichts wackelte. Jedes Klimpern aneinanderschlagender Metallteile, jeder knackende Zweig, jedes kleine Plätschern im Wasser konnte uns verraten. Und in diesem Gebiet durften wir nicht auf Gnade hoffen. Diese Kämpfer würden nicht zögern, ihre Waffen gegen uns einzusetzen. Tatsächlich würden sie glücklich sein, einen langweiligen Wachdienst durch ein heftiges Feuergefecht zu unterbrechen.

Aber wir waren nicht gekommen, um mit irgendwelchen Milizen zu kämpfen. Wir waren hier, um den Ort zu finden, von dem aus die Raketen abgefeuert wurden, und das sollten wir tun, ohne gesehen zu werden. Wenn sich die Gelegenheit ergab, ein oder zwei feindliche Einheiten, die Raketen auf unseren Stützpunkt abfeuerten, aus dem Verkehr zu ziehen, wäre das lediglich ein netter Bonus.

Morten gab durch, dass er und sein Kampfpartner sich an das Haus anschleichen und prüfen würden, ob wir es umgehen konnten, um tiefer in das feindliche Gebiet einzudringen. Wir schickten die beiden Maschinengewehrschützen voraus, damit sie mit ihrer 7,62-mm-H&K in Stellung gingen, um die Wachposten unter Beschuss nehmen zu können, sollte Morten gesehen werden. Die übrigen von uns bezogen im Schutz einiger niedriger Büsche und Sträucher Position.

Zehn Minuten später meldete Morten, es sei unmöglich, an den Häusern vorbeizukommen, ohne von den Dächern aus bemerkt zu werden. Die Wachposten schienen wachsam, und es wäre zu riskant zu versuchen, 16 Mann an ihnen vorbeizuschleusen. Wir beschlossen, uns aufzuteilen. Das andere Team wich in das trockene Gebiet östlich der Siedlung aus. Selbstverständlich blieb es wieder mal meinem Team vorbehalten, in westlicher Richtung in das feuchte Sumpfgebiet aufzubrechen.

Ich war der Späher des Teams und musste jetzt die Karte studieren. Ich suchte mir das dichteste Gebüsch in der Nähe aus, kroch so weit wie möglich hinein, holte meine Steppdecke hervor und deckte Kopf und Oberkörper damit zu, damit kein Licht hinausdrang. Dann schaltete ich mein kleines rotes Licht ein und sah mir die Karte an.

Der Scout war der Einzige im Team, der auf diese Art Licht verwenden durfte. Alle Jäger waren so geschult. Vor vielen Jahren im Selektionskurs hatte ich viele arme Kerle gesehen, die wochenlang große Steine und andere schwere Objekte hinter sich herschleifen mussten, weil sie gegen die elementaren Regeln zur Vermeidung von Licht und Lärm verstoßen hatten.

Bei einer Übung in Belgien Anfang der 90er-Jahre war ich für den Funk verantwortlich gewesen und hatte Schwierigkeiten gehabt, eine Verbindung zum Stützpunkt herzustellen. Ich lag unter der Decke, damit das Licht meiner Taschenlampe nicht zu sehen war. Ich hatte seit mehreren

Tagen nicht geschlafen, und irgendwann musste ich so dringend pinkeln, dass ich beschloss, die Arbeit zu unterbrechen und im Dunkeln zu dem kleinen Loch zu schleichen, das wir als Toilette benutzten. Als ich die Decke vorsichtig wegzog, stellte ich zu meiner Überraschung fest, dass eine strahlende Sonne am Himmel stand. Unter der Decke war es wirklich dunkel gewesen.

Nachdem ich mir die Route ins Sumpfgebiet eingeprägt hatte, packte ich Karte und Decke wieder ein. Es schien mir unwahrscheinlich, dass in dieser Gegend Raketenwerfer installiert sein sollten. Aber ein kleiner heller Fleck auf den Satellitenbildern zeigte, dass es dort eine trockene Fläche inmitten eines Netzes von Pfaden gab. Dieser Fleck war so abgelegen, dass er durchaus ein Abschussplatz sein konnte.

Wir näherten uns dem Ziel. Hinter mir ging Rasmus, der Sprengstoffexperte des Teams. Er hatte einen Schalldämpfer auf den Lauf seines Gewehrs geschraubt, um bellende Hunde erschießen zu können. Wir beide bildeten die Vorhut und gingen dem restlichen Team 30 bis 50 Meter voraus.

Nach knapp 500 Metern erreichten wir eine Gegend, in der der Pfad von hohem Schilf gesäumt wurde. Unvermittelt endete er an einem zehn Meter breiten Kanal.

Nachdem wir ein weiteres feuchtes Vergnügen hinter uns gebracht hatten, kniete ich mich am anderen Ufer nieder und lauschte auf Geräusche, die nicht hierhergehörten. Nichts. Ich drehte mich um und signalisierte den anderen, dass alles in Ordnung war. Ich sah auf meinen nordwestlich ausgerichteten Handgelenkskompass und folgte einem schmalen Weg, der wenig mehr als ein schlammiger Trampelpfad war. Meine Stiefel sanken bei jedem Schritt tief in den weichen Boden ein. Unter meinem Helm lief Schweiß über meine Stirn herab, und ich schmeckte die salzigen Tropfen auf meinen Lippen.

Wir stießen auf einen weiteren Kanal. Und es war nicht der letzte. Kaum hatten wir einen Kanal, einen Graben oder einen Teich durchquert, da standen wir vor dem nächsten Gewässer, das ich erkunden musste. Den anderen schien das großen Spaß zu machen, denn jedes Mal, wenn ich mich zu ihnen umdrehte, sah ich weiß schimmernde Gebisse in der Dunkelheit.

Ich fluchte leise und stieg in das nächste Wasserloch. Als ich am anderen Ufer herauskletterte, schien der Pfad ein wenig breiter zu werden, und durch mein Nachtsichtgerät konnte ich eine Lichtung erkennen.

Wir hatten den Ort erreicht, an dem wir die Raketenabschussbasis vermuteten. Die Lichtung konnte nicht mehr als 20 mal 30 Meter groß sein. Mehrere Trampelpfade führten von ihr weg. Wir durchkämmten den Platz. Aber wir fanden keinen Hinweis darauf, dass hier je eine Rakete abgeschossen worden war. Hätten wir bestätigt, dass dies eine Abschussbasis war, so hätte die über uns kreisende Drohne begonnen, diese Stelle zu beobachten, und ein Kampfflugzeug hätte den Rest besorgt.

Es war fast zwei Uhr nachts, die Zeit drängte. Wir mussten uns um drei Uhr mit dem anderen Team treffen, um fünf bis sechs Kilometer weiter nach Süden vorzustoßen und einen Spähposten einzurichten. Um sechs Uhr würde der Tag anbrechen. Bis dahin mussten wir gut getarnt in unserem Versteck sitzen.

Als wir die andere Gruppe trafen, sicherten wir den Umkreis, während die beiden Teamleiter rasch die nachrichtendienstlichen Informationen austauschten und an die Zentrale schickten. Ich trank ein wenig Wasser und aß einen Energieriegel. Nachdem ich den größten Teil der Nacht durch Gewässer gewatet war, war ich vollkommen durchnässt, aber mir war nicht kalt. Ich war schweißgebadet. Die Temperatur lag bei 30 Grad. Nach einer Pause von fünf Minuten brachen wir ohne das andere Team nach Süden auf. Die Landschaft veränderte sich rasch. Vor uns öffnete sich eine große, wüstenartige Ebene, die von Straßenböschungen und ausgetrockneten Gräben durchzogen war. Ich wusste, dass diese Ebene nach einigen Kilometern an Kulturland grenzte. Knapp fünf Kilometer entfernt lagen die Ausläufer der Stadt.

In diesem Gelände mussten wir uns ganz anders bewegen. Es gab keine Vegetation, die uns Schutz bieten konnte; im Mondlicht waren wir in der kahlen Landschaft leicht zu erkennen. Ich versuchte, mein Team so vorsichtig wie möglich durch dieses Terrain zu führen, nutzte jede Senke und jeden Schatten einer Sanddüne. Aber es war ein riskantes Unterfangen. Wenn sich eine feindliche Einheit, die auch nur mit einfachen Nachtsichtferngläsern ausgestattet war, an der richtigen Stelle befand, würde sie uns problemlos entdecken. Normalerweise hatten die Milizen keine solche Ausrüstung, aber wir wussten, dass einige ihrer Einheiten mit modernen oder alten russischen Nachtsichtgeräten ausgestattet worden waren.

Wie immer auf Patrouille hatte ich meine Waffe entsichert. Die Sekunde, die man brauchte, um sie zu entsichern, konnte in einem Hinterhalt oder bei einem plötzlichen Feindkontakt über Leben und Tod entscheiden.

Sollten wir in einen Hinterhalt geraten, so würde ich als Späher entscheiden müssen, was zu tun war, da der zurückhängende Teamleiter die Situation nicht richtig einschätzen konnte. Ich konnte entscheiden, vorzurücken und den Feind anzugreifen, aber dazu musste ich sicher sein, dass er zahlenmäßig unterlegen war: Sollte die feindliche Einheit größer sein, als ich ursprünglich angenommen hatte, so würden wir geradewegs ins Verderben rennen.

Daher würde ich mich im Normalfall zum Rückzug unter Feuerschutz entscheiden. Dabei würde sich das Team in zwei Gruppen aufspalten: Die eine würde der anderen Feuerschutz gewähren, damit diese 20 bis 30 Meter zurücklaufen und Gefechtsposition beziehen konnte, um ihrerseits der ersten Gruppe Deckung für einen Rückzug zu geben.

Wir hatten diese moderne Technik ungezählte Male in realistischen Trainingsszenarios mit scharfer Munition geübt. Das Schlüsselwort war Aggression. In einer solchen Situation musste jeder von uns einfach den wildesten, dunkelsten und aggressivsten Teil seiner Persönlichkeit wecken und versuchen, innerhalb kürzester Zeit größtmögliche Gewalt gegen den Feind auszuüben. Es war nicht ungewöhnlich, dass bei diesen Übungen innerhalb von fünf bis zehn Minuten Tausende Schuss Munition, 20 bis 30 HE-Granaten, Rauchgranaten und 40-mm-Granaten verschossen wurden. Es machte nichts, wenn wir den Großteil unserer Munition verbrauchten. Wichtig war in einer solchen Situation nur, dass wir überlebten.

Ich sah auf meinen Handgelenkskompass: Wir bewegten uns in der richtigen Richtung. Wir mussten eine schmale Straße überqueren, um in die Felder zu gelangen, wo wir unseren Beobachtungsposten einrichten würden.

Als wir die Schotterstraße erreichten, erstarrte ich. Durch das Nachtsichtgerät sah ich ein unbeleuchtetes Auto, das leise auf uns zurollte. Ich kniete mich langsam hin, machte mich so klein wie möglich und drückte mehrfach auf den Knopf des Funkgeräts, um meinen Kameraden zu signalisieren, dass sie sofort anhalten mussten.

Rasmus und ich befanden uns etwa 15 Meter von der Straße entfernt mitten auf einer Freifläche. Das Auto war nur noch etwa 100 Meter entfernt. Es war nicht normal, dass ein Auto mit fünf bis zehn Stundenkilometern ohne Scheinwerfer eine Straße entlangrollte. Die Insassen waren sicher nicht mit einer heißen Pizza auf dem Heimweg.

Zweifellos machten sie Jagd auf uns.

Die Milizen hatten den Hubschrauber gehört und ihre Truppen alarmiert. Das Auto kam näher. Rasmus und ich durften nicht hocken bleiben. Wir legten uns flach auf den Rücken, befreiten uns aus den Gurten unserer Rucksäcke und schoben diese als Deckung vor uns. Ich rührte mich nicht. Die Vene in meinem Nacken pochte gegen den Helm. Das Auto blieb etwa 60 Meter entfernt stehen. Wenn sie Nachtsichtgeräte hatten, konnten sie uns auf diese Entfernung nicht übersehen. Allerdings war es aus einem Auto heraus in der Dunkelheit sehr schwer, etwas zu erkennen, egal, ob mit oder ohne Nachtsichtgerät.

Das Auto stand da, der Motor surrte leise. Dann begann sich der schwarze Fleck wieder zu bewegen, kam jedoch genau auf unserer Höhe wieder zum Stehen. Es war jetzt nur noch 15 Meter entfernt. Ich vermied jede Bewegung und wandte dem Auto nicht einmal das Gesicht zu – ich schaute nur aus dem Augenwinkel hinüber.

Ich legte den Finger an den Abzug meines Gewehrs. Wenn sie die Tür öffneten, würde ich mein erstes Magazin leeren.

Aber dann heulte der Motor kurz auf, und das Auto rollte weiter. Ich drehte den Kopf und sah die Umrisse von vier Köpfen im Wagen. Ich holte mehrmals tief Luft, um meine Atmung zu kontrollieren. Obwohl es nicht zu einem Feuergefecht gekommen war, hatten wir keine Garantie, dass sie uns nicht gesehen hatten. Vielleicht waren sie nicht sicher, wie stark unsere Einheit war, und hatten beschlossen, Verstärkung zu holen. Vielleicht warteten sie auch einfach ab, um uns bei Tagesanbruch unter für sie günstigeren Bedingungen angreifen zu können.

Als ich gerade über Funk die Anweisung »Vorwärts« geben wollte, flüsterte Rasmus: »Motorrad rechts.«

Ich drehte den Kopf und sah ein Motorrad, das sich langsam näherte. Es war ebenfalls unbeleuchtet. Ich drückte mich erneut gegen den Boden. Der Motorradfahrer hielt die Geschwindigkeit. Als er vorbeifuhr, konnte ich sehen, dass er ein Sturmgewehr an der Schulter hängen hatte.

Wir waren in einer sehr gefährlichen Gegend gelandet, die wir so schnell wie möglich hinter uns lassen mussten. Ich wartete eine weitere Minute ab und gab dann leise das Kommando: »Vorwärts.«

Rasmus und ich wuchteten unsere Rucksäcke wieder auf die Schultern und liefen über die Straße. Wir hatten ein Gebiet mit Pflanzungen erreicht, die von unzähligen kleinen Kanälen und Gräben durchzogen wurden. 500 Meter weiter fanden wir eine von dichter Vegetation umgebene Stelle, die sich als Spähposten eignete. Aus diesem Versteck konnten wir bei Tageslicht die Straße beobachten. Wir nahmen Kontakt zu den Offizieren auf, die von der Zentrale aus unsere Shadow-Drohne steuerten, damit sie begannen, die Umgebung und die Straße zu beobachten. Wir beschlossen, den Spähposten am Abend wieder zu verlassen und näher an der Straße Position zu beziehen, damit wir verdächtige Fahrzeuge anhalten und wenn nötig angreifen konnten. Außerdem befanden wir uns in der Nähe von anderen Orten, die möglicherweise für den Abschuss von Raketen genutzt wurden. Wenn die Drohne dort Feindbewegungen beobachtete, konnten wir diese Punkte in 15 Minuten oder einer halben Stunde erreichen.

Es blieb uns noch etwa eine Stunde bis zum Morgengrauen, um uns so gut zu verstecken, dass die Bauern uns nicht entdeckten. Wir stellten zwei Wachposten auf, während die übrigen Teammitglieder in den umgebenden Wäldchen Palmwedel sammelten. Wir bastelten einen dichten Blätterzaun rund um unsere kleine Basis, die eine Fläche von drei mal drei Metern bedeckte und kaum genug Platz für acht erwachsene Männer mit Rucksäcken bot. Wer diesen Platz erreichen wollte, musste einen breiten Bewässerungsgraben überqueren. Wir hoffen, dass weder Menschen noch Tiere nahe genug an unseren Spähposten herankommen konnten, um uns zu entdecken. Zur Sicherheit platzierte Rasmus rund um das Lager noch einige Antipersonenminen, die wir von innen zünden konnten.

Jetzt blieb uns nichts anderes mehr zu tun, als zu warten und zu hoffen, dass wir zur richtigen Zeit am richtigen Ort waren, um Milizionäre auszuschalten, die Raketen abschießen wollten. Da ich nicht zur ersten Wache gehörte, rollte ich meine Matte aus, legte mir meinen Rucksack als Kopfkissen zurecht, aß ein paar dick mit Erdnussbutter belegte Cracker und schloss die Augen.

Ich wurde von einem Ziehen am Arm geweckt. Hans lag auf dem Bauch, sah mir direkt in die Augen und hielt sich den Zeigefinger an den Mund. Ich sah mich um. Meine Kameraden lagen alle mit der Waffe im Anschlag auf dem Bauch. John zeigte in das Feld und hielt zwei Finger hoch: Zwei Männer näherten sich.

Als sie näher kamen, sahen wir, dass sie nicht bewaffnet waren. Vermutlich waren es Bauern, die ihre Rinder auf die Weide führten. Sie waren keine direkte Bedrohung, aber wenn sie uns entdeckten, würden wir in eine kritische Lage geraten. Zweifellos würden sie aller Welt von ihrer Entdeckung erzählen, und die Nachricht würde sich wie ein Lauffeuer verbreiten. Wenn wir Pech hatten, würde innerhalb einer Stunde eine vielköpfige feindliche Streitmacht anrücken. Wenn wir entschieden, die Bauern festzuhalten, würden sich ihre Angehörigen auf die Suche nach ihnen machen, was uns ebenfalls in Schwierigkeiten bringen würde. Daher würden wir uns zurückziehen müssen, wenn sie uns entdeckten. Jetzt musste sich erweisen, ob unser Versteck gut genug getarnt war.

Die Männer blieben nur etwa 15 Meter entfernt stehen, und wir konnten ihre Unterhaltung hören. Ich dachte an die Fußspuren, die wir beim

Sammeln der Palmwedel hinterlassen hatten. Wenn sie die riesigen Abdrücke von Stiefeln der Größe 47 sahen, würden sie nicht lange darüber nachdenken müssen, von wem sie stammten.

Wir lagen vollkommen still da. Ich konnte die beiden Männer durch eine Lücke zwischen den Palmwedeln deutlich sehen. Sie schauten direkt in unsere Richtung. Aber sie schienen nichts zu bemerken, denn sie plauderten munter weiter und näherten sich ein paar Kühen, die in der Nähe ästen. Wir atmeten erleichtert auf: Wir hatten unseren Spähposten gut getarnt.

Die Zeit verstrich quälend langsam. Vor allem die Hitze machte uns zu schaffen. Ich hatte schon oft an heißen Beobachtungsposten gelegen, aber nie zuvor unter einer so erbarmungslosen Sonne. Mein ganzer Körper brannte – nur meine Stiefel lagen im Schatten –, und mein Mund war trocken wie ein Pinienzapfen. Jeder von uns hatte nur sieben Liter Wasser pro Tag. Das genügte nicht. Unser Scharfschütze Hans hatte gerade die Temperatur mit seiner Suunto-Uhr gemessen: 50 Grad Celsius! Das war viel zu heiß, um schlafen zu können. Ich fand einen Zweig mit Blättern und fächerte mir damit Luft zu wie eine fette Dame während einer heiß-stickigen Opernaufführung.

Besonders zu schaffen machte die Sonne anscheinend unserem Teamleiter Kenneth, einem Rotschopf mit sehr blasser Haut. Ich sah zu ihm hinüber und konnte mir ein Grinsen nicht verkneifen. Er sah aus wie eine schrumpelige Rosine und starrte teilnahmslos in die Ferne. Aber da er ein disziplinierter Profi war, beklagte er sich nicht. Trotz der Hitze kam es nicht infrage, unsere Stiefel oder Jacken auszuziehen. Im Fall einer Entdeckung würden wir unser Versteck sofort aufgeben müssen. Wir würden keine Zeit haben, unsere Stiefel zuzuschnüren und unsere Jacken anzuziehen.

Nach einem schlimmen, unerträglich heißen Tag warteten wir ungeduldig auf den Sonnenuntergang. In der Nacht würden wir uns auch endlich wieder bewegen können. Diese Hoffnung hob unsere Moral ein wenig. Im Lauf des Tags hatten wir einen Pick-up bemerkt, der mehrfach auf der Straße hin- und hergefahren war: Insgesamt war er achtmal mit mehreren Männern an Bord an unserer Position vorbeigefahren. Über die

Ladefläche war eine Abdeckplane gespannt, was sehr verdächtig war. Wir entschieden, uns am Straßenrand auf die Lauer zu legen und ihn aufzuhalten, wenn er erneut vorbeikam. Das war ein wenig gewagt, aber wir glaubten, dass es das Risiko wert war.

Endlich brach die Abenddämmerung herein. Ich befestigte das Nachtsichtgerät an meinem Helm, schmierte mir Nacken, Gesicht und Hände mit Mückenlotion ein und bereitete meine Waffe vor. Kaum war es vollkommen dunkel, da krochen wir aus unserem Versteck und schlichen zur Straße. Wir fanden eine geeignete Stelle in einem Graben etwa 20 Meter von der Straße entfernt und bezogen in einer Reihe Stellung. Von hier aus konnten wir die Straße im Handumdrehen erreichen und den verdächtigen Pick-up anhalten.

Die Nacht verstrich, aber aus der Dunkelheit tauchte weder ein Pick-up noch irgendein anderes Auto auf. Wir sahen nicht einmal Fußgänger. Im Morgengrauen kehrten wir enttäuscht in unser Versteck zurück. Den Pick-up bekamen wir nicht mehr zu Gesicht.

In der folgenden Nacht lag ich auf meiner Schlafmatte und wartete auf den Beginn meiner Wache. Ich sah zu den Sternen hinauf und lauschte dem fernen Bellen der Hunde und den Rufen der Muezzine. Obwohl wir den Jackpot noch nicht geknackt hatten, war ich zufrieden. An diesem Ort war alles so einfach, so klar. Ich war von den bestmöglichen Kameraden umgeben. Wir hatten ein festes Ziel und mussten uns nicht mit alltäglichem Kleinkram herumschlagen. Wir hatten eine Aufgabe.

Ich schloss die Augen und döste ein. Wenige Minuten später weckte mich ein tiefer, hohler Knall. Ich sprang auf. In südlicher Richtung erhellte die Leuchtspur einer Rakete den Himmel. Dann ein zweiter Knall und eine weitere Leuchtspur. Die Abschussrampen konnten nicht viel mehr als einen halben Kilometer entfernt sein. Ich sah mich um: Meine Kameraden hatten sich aufgerichtet, in gespannter Erwartung, nun womöglich eine aufregende Nacht vor sich zu haben.

Die Raketen waren 30 bis 40 Sekunden in der Luft. Erst hörten wir den Knall des Abschusses und wenig später die Detonation, wenn die Rakete auf unserem Stützpunkt einschlug.

Die Milizen feuerten ihre Raketen anscheinend nicht von der Stelle aus ab, wo die Drohne sie zuletzt beobachtet hatte.

Wir nahmen Funkkontakt zum Stützpunkt auf und erfuhren, dass es zwei Explosionen im britischen Teil des Lagers gegeben hatte. Glücklicherweise war anscheinend niemand getötet oder verletzt worden.

Wir warteten ungeduldig auf eine Gelegenheit, zuzuschlagen. Wir wollten unseren Kameraden im Lager unbedingt helfen und die Bastarde auf frischer Tat ertappen. Aber die Aufgabe war sehr schwierig. Das Gebiet war zu groß, und wir waren zu wenige. Wir hatten den starken Verdacht, dass der Feind von unserer Anwesenheit wusste – aber anstatt uns anzugreifen, verlegte er einfach die Abschussrampen für seine Raketen.

Am vierten Tag hatten wir erneut ungebetene Gäste. Schon sechsmal waren Bauern und andere Einheimische an unserem Versteck vorbeigekommen. Einer der Besucher war nicht mehr als 15 Meter entfernt stehen geblieben und hatte eine Weile zum Himmel hinaufgestarrt, während er sich im Schritt kratzte.

Diesmal kam ein Bauer mit seinen Kühen vorbei. Wir waren immer noch vorsichtig, wenn uns die Einheimischen sehr nahe kamen, aber mittlerweile waren wir von unserer Tarnung überzeugt. Vielleicht lag es auch nur daran, dass die Leute außergewöhnlich schlechte Beobachter waren. Tatsächlich schienen uns die Kühe eher zu bemerken als ihre Besitzer. Ein mageres Tier, das wir bald auf den Namen Nora tauften, kam direkt zu unserem Blätterzaun und starrte uns mit seinen riesigen braunen Augen an, während es nachdenklich an den Blättern zupfte. Als sie sich entschloss weiterzugehen, nahm sie ihren Eigentümer mit, und wir konnten uns wieder entspannen.

Am Nachmittag hatten wir das Gefühl, zu verglühen. Meine Füße drohten in den Stiefeln zu platzen. Ich zwang mich, eine weitere Ration kalte Ravioli mit Tomatensauce und einen Zwieback herunterzuwürgen. Es war fast fünf Uhr nachmittags, und in etwas mehr als zehn Stunden würde uns der Hubschrauber abholen.

Wir brachen um elf Uhr nachts auf. Wir sammelten alle Palmwedel um unseren Spähposten ein und versteckten sie unter ein paar Büschen. Wir mussten alle Spuren unserer Anwesenheit verwischen. Wir vergewisserten uns noch einmal, dass nirgendwo Abfälle lagen, und vergruben unsere Scheißsäcke. Jeder Papierfetzen, jedes Stück Plastik würde verraten, dass wir hier gewesen waren, womit eine Rückkehr sehr viel gefährlicher sein würde. Und es war durchaus möglich, dass wir erneut hier landen würden.

Als wir zum Landeplatz aufbrachen, wurde die Stille der Nacht plötzlich durch Schüsse aus automatischen Waffen zerrissen. In etwa drei Kilometern Entfernung zogen Leuchtspurgeschosse ihre Bahnen durch die Dunkelheit. Einige Minuten lang bellten kleinkalibrige Waffen. Aber wir blieben ruhig. Wir waren ziemlich sicher, dass es nichts mit den dänischen oder britischen Streitkräften zu tun hatte. Wir wussten, dass sie in dieser Nacht nicht in der Gegend operierten.

Wir verließen das Kulturland und überquerten lautlos die Straße, um durch die kahle Ebene zur Landezone zurückzukehren, die gut drei Kilometer in nordöstlicher Richtung lag. Ich konnte mich der Enttäuschung nicht erwehren: Es war eine Schande, dass wir in diesen vier Tagen weder die Raketen gefunden noch feindliche Kämpfer ausgeschaltet hatten.

KAPITEL 19: DIE SCHNELLE EINGREIFTRUPPE

Es war nur ein paar Stunden her, dass nicht einmal 100 Meter von unserem Zelt entfernt zwei Raketen mit einem ohrenbetäubenden Schlag explodiert waren. Der dicke Zeltstoff flatterte heftig unter dem Druck, aber wir kamen mit dem Schrecken davon. Zum Glück war das Zelt von einem zwei Meter hohen Maschendrahtzaun umgeben, der mit Erde und Sand bedeckt war.

Wir mussten etwas gegen die Angriffe der Milizen tun. Wir saßen in unserem beengten Achtmannzelt inmitten von Spinden, Waffenkästen, Rucksäcken und allen möglichen Ausrüstungsgegenständen auf unseren Betten und hörten uns an, welchen Angriffsplan unser Teamleiter Kenneth entwickelt hatte. Diesmal war unser Ziel eine Ziegelfabrik nahe der iranischen Grenze, wo die Mahdi-Miliz offenbar Munition und Waffen lagerte. Nach unseren Nachrichtendienstinformationen holten sie dort die Raketen ab und verteilten sie in Basra an die Milizionäre, die unseren Stützpunkt Basra Air Station damit attackierten.

Ein anderes Jäger-Team hatte in der Umgebung der Ziegelfabrik Informationen gesammelt. Jetzt sollten mein Team und zwei andere im Schutz der Nacht dorthin gebracht werden, um das Waffenlager zu zerstören. Bis es so weit war, sollte mein Team als schnelle Eingreiftruppe für das Team dienen, das die Fabrik observierte. Wenn die Kameraden dringend Hilfe brauchten, konnten wir innerhalb einer Stunde dort sein.

Aber dann wurde uns plötzlich eine andere Mission übertragen. Als »Bizeps« das Zelt betrat, machte er ein ungewöhnlich ernstes Gesicht.

»Vergesst die Ziegelfabrik. MECINF ist in Schwierigkeiten, und wir müssen als schnelle Eingreiftruppe für das Bataillon einspringen. Ihr habt 15 Minuten. Macht euch fertig. Ich komme gleich mit weiteren Informationen zurück.«

Die Mechanisierte Infanteriekompanie (MECINF) des dänischen Bataillons war anscheinend in ein Gefecht mit der Mahdi-Miliz verwickelt worden und befand sich in einer kritischen Lage. Unsere Ausrüstung war bereit, aber für diesen Notfall packten wir zusätzliche Munition, Granaten, einen weiteren Verbandskasten und ein paar Rucksäcke mit Wasser ein, um die Dehydrierung in der unerträglichen Wüstenhitze einige Stunden hinauszuzögern.

Normalerweise kamen Einsätze bei Tageslicht für uns nicht infrage. Das war Sache der Infanterie. Die Jäger sind Männer der Dunkelheit und operieren stets in sehr viel kleineren Einheiten als die Infanterie. Aber dies war eine Ausnahmesituation, denn das Bataillon sollte in Kürze abgelöst werden und operierte nur mit der Hälfte seiner Einheiten.

Bizeps steckte den Kopf durch den Eingang. »Alles klar! Nehmt eure Ausrüstung. In fünf Minuten bei den Autos. Ein dänischer Soldat ist vermutlich von einem Heckenschützen in der Brust getroffen worden, und die Mahdi-Miliz setzt das Bataillon stark unter Druck. Ich werde euch auf dem Weg zum Hubschrauber briefen.«

Wir liefen hinaus zu den Autos, die uns zum Startplatz brachten. Mir lief in der glühenden Mittagssonne bereits der Schweiß über das Gesicht, als wir dort eintrafen. Es herrschte Verwirrung. Als wir sahen, dass 30 bis 40 zusätzliche britische Soldaten als Verstärkung herbeigerufen worden waren, wurde uns klar, dass die Lage ernst war. Das war keine normale schnelle Eingreiftruppe. Sie kratzten alle verfügbaren Männer zusammen. Die Einheit musste wirklich in großen Schwierigkeiten sein.

»Hier sammeln!«, brüllte Bizeps, um den Lärm des britischen S-61-Hubschraubers zu übertönen, der mit sich drehendem Rotor wartete. »Okay, wir wissen Folgendes: Die dänischen Soldaten – einer wurde von einem Scharfschützen verwundet – haben sich in ein Haus zurückgezogen. Sie stehen unter heftigem Beschuss der Mahdi. Wir haben versucht, sie mit

einem Panzerfahrzeug herauszuholen, aber es ist auf einen Sprengsatz gefahren, und sechs oder sieben Mann sind verwundet, davon mindestens
einer schwer. Jetzt versuchen sie, die Verwundeten zu einer Landezone in
der Nähe zu bringen, um sie auszufliegen. Wir werden die Landezone sichern, damit sie zum Stützpunkt Basra gebracht werden können. Fragen?«
Keine Fragen.
»Wir haben Priorität im Hubschrauber. Los!«
Ich lief am Ende der Gruppe zum Hubschrauber, da ich als Späher als
Erster herausspringen musste. Die Hubschrauber flogen nur in Notfäl-
len bei Tageslicht über feindlichem Gebiet. Diese Maschinen waren sehr
verwundbar durch Maschinengewehre und andere kleinkalibrige Waffen,
und dieser alte S-61 war nicht bewaffnet. Das war nicht unbedingt beruhigend. Vor allem nicht, weil wir nur eine vage Vorstellung davon hatten,
wo wir landen würden – und wir wussten nichts über die Situation vor
Ort.
Ein mit Ungewissheit beladener Hubschrauber hob ab, schwenkte in
Richtung Nordosten und raste knapp über dem Boden durch die irakische Wüste nach Basa. Der Flug dauerte nur zehn Minuten, und als
uns der britische Lademeister signalisierte, dass wir noch eine Minute bis
zur Landung hatten, rissen die Piloten die Maschine einige Male scharf
herum, um Beschuss vom Boden auszuweichen.
Es war besonders heiß dort unten an diesem Tag.
Im nächsten Augenblick kam der Hubschrauber plötzlich zum Stillstand,
und ich konnte die Landezone sehen: eine offene Fläche umgeben von
Grünflächen, in denen vereinzelt Häuser standen.
Die Räder des Hubschraubers berührten den Boden, und der Lademeis-
ter gab uns das Signal zum Ausstieg: »Los! Los! Los!«
Ich sprang in die von den Rotorblättern aufgewirbelte Staubwolke hinaus
und lief auf einen schmalen Erdwall zu, um Deckung zu finden. Der
Hubschrauber hob sofort wieder ab, um zum Stützpunkt zurückzukeh-
ren und die britische Einheit abzuholen.
In der Gegend herrschte völlige Verwirrung. Überall standen gepanzerte
Mannschaftswagen von MECINF und leichte Fahrzeuge, deren Waf-

fen in alle Himmelsrichtungen zeigten. Maschinengewehre feuerten in Richtung Osten. Dort befand sich die abgeschnittene Infanteriegruppe. Die Soldaten in und um die Fahrzeuge schrien einander zu, und die Funker setzten laufend neue Meldungen über die feindlichen Bewegungen ab.

Kenneth wandte sich an einen der dänischen Offiziere, der gut informiert schien. Wir mussten die Zone nach Norden sichern. Wir bezogen in einem Halbkreis Position hinter einigen knorrigen Wurzeln, die den meisten Schutz boten.

30 Meter entfernt schlug eine feindliche Granate ein. Der hohle Knall erschütterte die Erde unter unseren Füßen, und wir drückten uns so fest wie möglich auf den Boden. Augenblicke nach der ersten Explosion schlugen zwei weitere Granaten noch näher ein, und die Fragmente sausten über unsere Köpfe. Hier gab es kaum Deckung. Wir mussten schnell von diesem Ort weg.

Unser Scharfschütze Hans schrie uns zu, wir sollten hinter einem der gepanzerten Mannschaftswagen Schutz suchen. Wir sprangen auf, rannten hinüber und warfen uns hinter einem der Fahrzeuge auf den Boden. Zwei weitere Granaten explodierten noch näher. Die Leute, die diese Mörser bedienten, verstanden ihr Handwerk.

Nach der Gewalt der Detonationen zu urteilen wurden wir mit 82-mm-Granaten beschossen, und offensichtlich hatten die Angreifer irgendwo einen Beobachter sitzen, der sehen konnte, wo die Granaten einschlugen. Wo immer er saß, er passte die Zielkoordinaten unserer Position an. In wenigen Minuten würde es Mörsergranaten auf die gesamte Landezone hageln. Das war auch der MECINF-Kompanie bewusst, und ihr Hauptmann schrie seinen Leuten zu, sie müssten den Platz sofort vorlassen. Die Männer rannten zum nächsten Fahrzeug und sprangen hinein, die Zugführer riefen nach ihren Leuten und versuchten sicherzustellen, dass alle an Bord waren. Ich warf mich auf die Rückbank eines Mercedes-Geländewagens, der mit Infanteristen gefüllt losraste.

Ich saß neben einem jungen Feldwebel, der mir Details über die Situation ins Ohr schrie. MECINF war am Morgen ausgerückt, um einer

zivilen dänischen Wiederaufbaueinheit, die ein Projekt in einer Dorf-
schule durchführte, Schutz zu gewähren. Als sich die MECINF-Einheit
zu Fuß durch das Dorf bewegte, wurde sie von einem Heckenschützen
attackiert. Einer der Soldaten wurde in die Brust getroffen. Seine Kameraden trugen ihn in ein Haus und wurden von der restlichen Kompanie
abgeschnitten. Bei dem Versuch, die Gruppe zu bergen, wurden sieben
Soldaten in einem gepanzerten Mannschaftswagen von einer am Straßenrand versteckten Bombe verwundet.

Es war gelungen, diese sieben Verletzten zu evakuieren. Jetzt ging es darum, die Gruppe mit dem schwer verletzten Soldaten zu bergen. Aber
anscheinend gelang es der dänischen Kompanie nicht, die Milizionäre
lange genug in Schach zu halten, um die eingeschlossenen Infanteristen
herauszuholen.

Wir rasten in zehn bis zwölf Fahrzeugen in nördlicher Richtung in eine
Wüstenebene hinaus. Die von der Kolonne aufgewirbelte Staubwolke
zeigte den Milizionären deutlich, wohin wir uns bewegten. Nach nicht
ganz zwei Kilometern bogen wir nach rechts ab und hielten hinter ein
paar Sandbänken an, die vermutlich vom irakischen Heer als Gefechtspositionen genutzt worden waren. Wir richteten alle verfügbaren Waffen auf das offene Gelände. Ich lief mit Søren, der mit einem H&K-
Schnellfeuerkarabiner bewaffnet war, zu einer nach Süden gerichteten
Sandbank. Die anderen suchten Deckung hinter ähnlichen Erdwällen.
Wir warteten darauf, dass der Feind es wagte, sich zu nähern.

Frederik und Christian halfen dabei, zwei der von der Bombe Verwundeten zu versorgen. Es waren der Fahrer und der MG-Schütze. Der eine
stand unter Schock, der andere hatte schwere Verbrennungen erlitten.
Frederik und Christian besaßen beträchtliche Einsatzerfahrung und versorgten die beiden kompetent.

Ich bemerkte Bizeps, der wie ein Hahn im Hühnerhof auf und ab stol-
zierte. In dieser kritischen Situation schien er in seinem Element zu sein.
Ich hörte seine Stimme aus meinem Ohrstöpsel. Mit Unterstützung der
Briten war es gelungen, die eingeschlossenen Infanteristen zu evakuieren
und zum Stützpunkt Basra auszufliegen. Leider war die Hilfe für den Sol-

daten, der vom Scharfschützen getroffen worden war, zu spät gekommen: Er war in dem Haus seiner Verletzung erlegen.

Die Situation schien außer Kontrolle geraten zu sein. Es war unklar, wer im Vorteil war, obwohl die Kompanie in der Zwischenzeit die Oberhand hätte gewinnen sollen. Stattdessen hatte es den Anschein, als würden sie mehr und mehr in die Defensive gedrängt. Als die Information eintraf, dass die Mahdi-Miliz wenige Kilometer südlich eine Streitmacht von 400 bis 500 Mann sammelte, wurde beschlossen, uns so rasch wie möglich aus dem Gebiet abzuziehen.

Ein kleines Aufklärungsteam wurde in einem Geländewagen losgeschickt, um eine geeignete Rückzugsroute zu finden, aber er hatte kaum die Deckung der Sandbänke verlassen, als er von einer Maschinengewehrsalve begrüßt wurde. Der Fahrer machte augenblicklich kehrt. Wir gaben ihm mit allen verfügbaren Waffen Feuerschutz.

Nach dem Schusswinkel zu urteilen kam das Feuer aus einer kleinen Siedlung einige Hundert Meter südlich. Ich holte mein kleines Zeiss-Fernglas hervor und suchte die Mauern, Fenster, Türen und Dächer nach den Schützen ab. Nichts.

Es war frustrierend. Ich lag wie ein Infanterist in Stellung, und der Feind hatte eindeutig die Oberhand im Gefecht. Wir konnten wenig tun, um zurückzuschlagen. Ich wollte wenigstens gemeinsam mit Søren, der die H&K hatte, die Häuser mit einem Kugelhagel eindecken, damit die feindlichen Kämpfer die Köpfe einziehen mussten. Aber das war offensichtlich nicht möglich. Ich konnte den Feind nicht identifizieren, und es war uns verboten, einfach aus Wut das Feuer zu eröffnen. Vor allem durften wir nicht auf eine Siedlung schießen, in der sich möglicherweise Frauen und Kinder aufhielten.

Einer der Kompanieführer schrie, wir sollten uns für die Evakuierung bereitmachen. Die Milizeinheiten näherten sich rasch. Wenn sie erst einmal 400 oder 500 zusätzliche Kämpfer zusammengezogen hatten, würden die Aussichten unserer Kompanie in der nächsten Nacht düster sein. Wir mussten uns sofort zurückziehen. Wenige Minuten später sprangen wir unter heftigem Beschuss in die Fahrzeuge und brausten auf einer breiten Schotterstraße davon. Nach einem Kilometer hielten wir an, um zu sehen, ob uns die Milizionäre folgten. Es war weit und breit nichts von ihnen zu sehen.

Bizeps brummte über Funk, dass wir uns nicht gemeinsam mit der Kompanie zurückziehen könnten. Wir hatten unseren Auftrag als schnelle Eingreiftruppe für unser Team in der Ziegelfabrik. Die Einheit hatte keine Unterstützung erhalten, da wir umgeleitet worden waren, um dem Bataillon zu helfen. Hier konnten wir nichts mehr tun, und Bizeps befahl uns, auszusteigen. Ein Haufen Infanteristen starrte uns an, als sich ihre Fahrzeuge in Gang setzten. Wenige Sekunden später verschwanden sie in einer Staubwolke.

Bizeps forderte einen Hubschrauber an. Es war ein Privileg der Jäger, dass sie einen Hubschrauber bekamen, wann immer sie einen brauchten.

Kurz darauf meldete sich der Pilot und kündigte an, dass er in zwei Minuten landen werde. Ich kniete mich hin und bereitete meine Rauchgranaten vor. Die Silhouette des britischen EH-101-Transporthubschraubers tauchte aus einer orangefarbenen Nachmittagssonne auf. Ich zündete eine der Rauchgranaten, um dem Piloten unsere Position zu zeigen.

Als wir wieder auf dem Stützpunkt landeten, reinigten wir unsere Waffen und bereiteten unsere Ausrüstung vor für den Fall, dass wir als schnelle Eingreiftruppe für das andere Jäger-Team eingesetzt würden.

Es war ein harter Tag gewesen. Vor allem die ungewohnte Hilflosigkeit hatte uns zu schaffen gemacht. Wir waren dafür ausgebildet worden, uns mit größtmöglicher Aggressivität zu wehren, wenn wir in die Enge getrieben wurden. An diesem Tag hatten wir alles andere als das getan. Wir waren vor einem Feind davongelaufen, der offenkundig die Kontrolle über das Schlachtfeld gehabt hatte. Das machte mich wütend. Wir hatten wie Hunde mit eingeklemmtem Schwanz Reißaus genommen!

Aber vor allem war es ein schwerer Tag gewesen, weil der 20-jährige Soldat Henrik Nøbbe getötet worden war. Ein weiterer, der Gefreite Jesper Hansen, hatte ein Bein verloren.

Wenige Tage vorher hatte ich mich noch mit Hansen unterhalten, der mir aufgefallen war, weil er trotz der brütenden Hitze jeden Tag laufen ging. Er war ein heiterer und freundlicher Bursche und erzählte mir, dass er ein Jäger werden wollte. Und diesen Wunsch äußerte er auch noch, als er vom Morphin benommen im britischen Feldlazarett auf dem Stützpunkt lag. Er hatte noch nicht begriffen, dass eines seiner Beine oberhalb des Knies abgetrennt war. Irgendwann ließ die Wirkung der Betäubungsmittel nach. Doch Jesper Hansen hatte bald ein neues Ziel: Er vertraute meinem Freund Claus an, dass er an den Paralympischen Spielen teilnehmen wolle.

KAPITEL 20: DIE GRÖSSTE EHRE

Die Task Force K-Bar und die Jäger erhielten große Anerkennung für ihre Einsätze in Afghanistan. Eine Truppe, die in der Lage war, die Bewegungen des Feinds laufend zu beobachten, war für die Amerikaner von unschätzbarem Wert.

In den Jahren vor Afghanistan stützten sich die Großmächte in erster Linie auf eine von fortschrittlicher Technologie abhängige Kriegsmaschine. Aber trotz aller technologischen Wunder brauchte das Militär Bodentruppen, Infanterie und Spezialeinheiten, die bessere Informationen über den Feind beschaffen konnten als alle elektronischen Geräte. Präzise, vor Ort gesammelte Information wird immer unverzichtbar bleiben, um die richtigen Ziele identifizieren und angreifen zu können. Die Amerikaner wussten das und erkannten den Wert unserer Einsätze an.

Dennoch war ich überrascht, als ich drei Jahre nach meiner Rückkehr aus Afghanistan in einem Konferenzzimmer im Hauptquartier der Jäger auf dem Luftwaffenstützpunkt Aalborg vor einem Foto stand, auf dem unser ehemalige Kommandant Oberstleutnant Frank Lissner dem amerikanischen Präsidenten George W. Bush die Hand schüttelte. Das Bild war am 7. Dezember 2004 entstanden und trug einen Text, der anscheinend etwas mit einer Auszeichnung für die Task Force K-Bar zu tun hatte. Es ging um den Presidential Unit Citation Award.

Ich wusste nicht recht, welchen Reim ich mir darauf machen sollte. Eine Online-Recherche schaffte Klarheit:

»Die Presidential Unit Citation wird seit dem 7. Dezember 1941 Einheiten der Streitkräfte der Vereinigten Staaten und verbündeter Nationen für

außergewöhnliche Tapferkeit im Einsatz gegen bewaffnete Feinde verliehen.
Voraussetzung für die Zuerkennung der Auszeichnung ist, dass die Einheit im
Einsatz unter extrem schwierigen und gefährlichen Bedingungen ein Maß an
Heldenmut, Entschlossenheit und Korpsgeist bewiesen hat, mit dem sie sich
von anderen am selben Einsatz beteiligten Einheiten abhebt.«

Ich war sprachlos, als ich begriff, dass mir ohne mein Wissen die höchste
amerikanische Auszeichnung für eine ausländische Militäreinheit verliehen worden war. Wir waren in Gesellschaft von Einheiten, die an der
Landung in der Normandie, am Koreakrieg und am Vietnamkrieg teilgenommen hatten. Seit dem Ende des Vietnamkriegs im Jahr 1975 war
keiner Einheit diese Ehre zuteilgeworden.
Ich habe nie viel für Medaillen, Auszeichnungen oder schicke Uniformen
übriggehabt. Aber diese Auszeichnung machte mich stolz. Als Mitglied
einer Eliteeinheit hatte ich Anteil am Kriegseinsatz eines kleinen Landes
gehabt. Gleichzeitig machte es mich wütend, dass die dänische Öffentlichkeit nicht davon erfahren hatte, dass wir diese wichtige Auszeichnung
erhalten hatten. Wir hatten Tausende Kilometer von der Heimat entfernt
tief in Feindesland unser Leben riskiert, und unsere Militärführung hatte
die Frechheit und Arroganz gehabt, uns diese Ehrung zu verschweigen.
Nicht einmal eine kleine Notiz in unserem internen Magazin *Jægernyt*
hatte das Kommando für nötig gehalten.
Ich war enttäuscht und wütend und sprach unseren Kommandanten darauf an. Er stimmte mir zu. Und so fand ein Jahr später doch noch eine
Parade auf dem Übungsplatz des Jäger-Korps statt. Wir erhielten eine
Ordensspange und wurden vom Militärattaché der amerikanischen Botschaft, Oberstleutnant Mike Schleicher, mit Lob überhäuft. Schleicher
wies wiederholt darauf hin, dass diese Auszeichnung nur bei seltenen Gelegenheiten verliehen wurde: Sogar er schien es sonderbar zu finden, dass
er nicht schon früher zu einer solchen Feier eingeladen worden war.
Ich hatte wirklich das Gefühl, dass wir diese Ehre verdient hatten. Unser
Einsatz war historisch gewesen, denn das Jäger-Korps war zum ersten
Mal Teil einer kombinierten internationalen Task Force gewesen. Und

wir waren nützlich gewesen: Wir hatten Informationen über den Feind gesammelt, Informationen, die in Einsätzen gegen die Taliban und al-Qaida verwendet wurden. Wir hatten Kommandoaktionen durchgeführt, schwer zugängliche Orte erkundet und feindliche Munitionslager gesprengt, um Verluste unter unseren Freunden und Verbündeten zu verhindern.

Meine Empörung über die mangelnden Führungsqualitäten unserer Kommandanten, die nicht in der Lage gewesen waren, den Wert unserer Leistungen anzuerkennen, wurde noch größer, als ich später erfuhr, dass die Amerikaner einem Teamleiter der Jäger namens JT für seine herausragende Führung unter schwierigsten Bedingungen die Army Commendation Medal verliehen hatten, ohne dass ihm das dänische Kommando offizielle Anerkennung dafür gezollt hätte. JT und sein Team hatten 14 Tage lang von einem Felsvorsprung, der so schmal war, dass sich immer nur ein Teil der Männer hinlegen konnte, die Bewegungen feindlicher Einheiten beobachtet. Im Schutz der Dunkelheit war es ihnen gelungen, vom Berg in ein nahe gelegenes Dorf hinabzuklettern und aus nächster Nähe Informationen über schwer bewaffnete al-Qaida-Terroristen zu sammeln.

Der amerikanische Verteidigungsminister Donald Rumsfeld hätte die Medaille persönlich überreichen sollen. Aber sein Flugzeug konnte aufgrund von Schlechtwetter nicht in Kabul landen, weshalb es der stellvertretende Leiter der Special Operations in Afghanistan, Oberst Mark V. Phelan, übernahm, JT auszuzeichnen.

***

Im August 2008 war der Zeitpunkt gekommen, mich vom Jäger-Korps zu verabschieden. Ich war mittlerweile 41 Jahre alt und würde nicht mehr lange an Einsätzen teilnehmen können. Körperlich konnte ich es noch einige Jahre mit meinen jüngeren Kameraden aufnehmen, dennoch stand mir eine höherrangige Tätigkeit hinter einem Schreibtisch bevor: Bald würde ich in der Mühle der Bürokratie arbeiten und täglich Ausflüge zur

Kaffeemaschine unternehmen, anstatt auf Berge zu klettern und durch Wüsten zu marschieren.

Ich war zu rastlos, um mich mit einem solchen Schicksal abzufinden. Ich wollte lieber einen ganz anderen Berufsweg einschlagen und entschied, aus dem Korps auszuscheiden. An einem sonnigen und ungewöhnlich ruhigen Sommertag auf dem Luftwaffenstützpunkt Aalborg räumte ich meinen Spind aus, gab meine Waffen ab, trug ein paar Kisten Bier und ein paar Tüten Snacks in den Versammlungsraum der Schwadron und fuhr mit Selma auf dem Beifahrersitz zum Haupttor hinaus.

Keine Ansprachen, keine Urkunden, keine Fragen oder Kommentare, kein Schulterklopfen. So endeten elf Jahre in den gefährlichsten Kriegsgebieten der Welt. Es war mir durchaus recht so. Ich hatte nicht viel dafür übrig, im Mittelpunkt der Aufmerksamkeit zu stehen.

***

Die Jahre bei den Jägern, dieser kleinen und exklusiven Einheit von Kameraden, waren die beste Zeit meines Lebens. Nichts von dem, was ich bisher erlebt habe, und nichts, was ich in Zukunft erleben werde, wird sich mit dem messen können. Nichts könnte sich mit der Unvorhersehbarkeit und der Intensität der Erlebnisse messen, die ich mit dieser Gemeinschaft von Elitesoldaten teilte, die alle denselben Werten und Zielen folgten. Wir hatten die Quälerei in der Ausbildung gemeinsam durchgestanden und waren in kalten Nächten aus Tausenden Metern Höhe Seite an Seite in die Dunkelheit hinausgesprungen, wir hatten gemeinsam tagelang auf einem Felsvorsprung im afghanischen Hochgebirge ausgeharrt und uns durch Abwasserkanäle im Irak gekämpft. All das schweißte uns auf eine Art zusammen, für die es keine Worte gibt. In einer Welt, in der viele Menschen ein Leben in Einsamkeit führen, war das ein großes Privileg.

Ich persönlich werde nichts mehr erleben, was mit der Erfahrung vergleichbar wäre, durch fremdes Feindesland zu ziehen, in dem überall der Tod lauert. Vermutlich hatte das etwas Masochistisches. Aber es war ein unvergleichliches Gefühl, dort draußen zu sein: Dort war ich wirklich lebendig. Ich glaube, es war das Bedürfnis, meine eigenen Grenzen immer weiter hinauszuschieben, ein Bedürfnis, das kaum zu erklären und zweifellos noch schwerer zu verstehen ist. Im Jäger-Korps fand ich, was ich suchte.

Jetzt werde ich nach vorne blicken und neue Träume suchen. Ich habe noch viele Abenteuer vor mir. Es gibt noch so vieles im Leben, das ich ausprobieren will. Ich habe nur noch kein klares Ziel für mein restliches Leben. Vielleicht werde ich meine militärische Ausbildung fortsetzen, vielleicht bleibe ich auch in der zivilen Welt. Ich möchte reisen. Ich könnte einmal mehr aufbrechen, um einen Bildband über die gefährlichsten Orte der Welt zu fotografieren.

Als Jäger habe ich mir körperliche und geistige Fähigkeiten angeeignet, die mir das Leben hoffentlich ein wenig erleichtern werden. Offenkundig kann ich nicht auf dem Wasser gehen – obwohl ich das glaubte, als ich ein Jäger wurde. Aber ich habe begriffen, dass ich, wenn ich einen Traum habe und ihn zu leben versuche, so erwartungsfroh und voller Hoffnung durchs Leben gehe, dass dies tatsächlich ein Gefühl erzeugt, auf dem Wasser gehen zu können.

Wäre ich nicht ohnehin ein rastloser Mensch gewesen, so wäre ich im Jægerkorpset zweifellos einer geworden. Ich bin immerzu auf der Suche nach neuen Herausforderungen. Natürlich nutzte ich meine Chance, als ich im Mai 2009 erfuhr, dass das Korps 65 Jäger nach Afghanistan entsenden würde. Ich rief sofort Bizeps an und meldete mich einmal mehr zum Dienst, denn es war mir klar, dass dies vielleicht meine letzte Chance war, in die Uniform zu schlüpfen. Aber das Team war bereits vollzählig. Wenige Tage später hob die C-130 ohne mich ab.

NACHWORT: DIE JÄGER-AFFÄRE

Die folgende Schilderung ist nicht als Rechtfertigung gedacht, denn es gibt nichts, für das ich mich rechtfertigen müsste. Es ist unerheblich, ob das dänische Militärkommando, das Verteidigungsministerium oder irgendwelche Politiker der Meinung sind, mein Buch gefährde das Leben dänischer Soldaten oder bedrohe »die Sicherheit des Staats und der Streitkräfte des Königreichs«. Denn sogar die Rechtsexperten des Militärs sind nach einer Untersuchung, die mehr als ein Jahr gedauert hat, zu dem Ergebnis gelangt, dass meine Arbeit die Sicherheit meiner Kameraden nicht im Geringsten beeinträchtigt.

Wer sich ein bisschen in der Welt der Spezialeinheiten auskennt, der weiß, dass alles, was ich in diesem Buch beschrieben habe, in frei zugänglichen Quellen zu finden ist. Außerdem ist es sehr kurzsichtig zu glauben, dieses Buch könne Dänemark und seinen Streitkräften schaden. Wenn überhaupt, so trägt es dazu bei, dem besorgniserregenden Mangel an Wissen über den Feind entgegenzuwirken, mit dem wir es in Afghanistan zu tun haben.

Die Öffentlichkeit ahnt nicht, wie schlagkräftig die Taliban und al-Qaida sind. Und dasselbe gilt für Teile der dänischen Militärführung und des Verteidigungsministeriums. Die Kommandeure der Taliban und die Führer von al-Qaida sind intelligente Widersacher, die zweifellos über das Vorgehen der dänischen Truppen und der anderen Koalitionsstreitkräfte im Bilde sind.

Dem dänischen Durchschnittsbürger kann kein Vorwurf gemacht werden, weil er sich in diesen Dingen nicht auskennt. Das kann nicht von ihm verlangt werden. Aber das Militärkommando und die politische

Führung sollten den Feind kennen, den die dänischen Soldaten in Afghanistan bekämpfen.

Aus diesem Grund machte mir die Kontroverse, die mein Buch auslöste, große Sorgen. Ich hatte keine Sorge um mich, ich fürchtete mich nicht vor den Konsequenzen, die die Affäre für mich haben könnte – darüber mache ich mir seit Langem keine Gedanken mehr. Ich machte mir Sorgen, weil die Dänen, die jeden Tag in der afghanischen Provinz Helmand ihr Leben aufs Spiel setzten, ein Recht auf die Unterstützung einer kompetenten Führung hatten, die sich auf das konzentrierte, was wichtig war: auf das Schlachtfeld. Dort war der Feind, der bekämpft werden musste.

In diesem Buch habe ich meine Erinnerungen geschildert, weil ich mit Leib und Seele Soldat bin; das Jäger-Korps wird für mich immer das Größte bleiben, was ich erreichen kann. Das habe ich bereits an anderer Stelle gesagt, und auf die Gefahr hin, kitschig zu klingen: Die elf Jahre, die ich im Jäger-Korps verbrachte, werden immer die besten Jahre meines Lebens sein. Ich habe nie eine vergleichbare Brüderlichkeit und solche Abenteuer erlebt und werde nie wieder so etwas erleben.

Gerade weil meine Liebe zum Korps so tief ist, war es mir so wichtig, ein Buch zu schreiben, das weder die Sicherheit meiner Kameraden in den Jäger-Teams noch die anderer dänischer Soldaten oder Mitglieder der Koalitionsstreitkräfte gefährden wird. Ich hatte gehofft, mit diesem Buch die Bemühungen zu unterstützen, junge Menschen zu motivieren, sich dem dänischen Militär anzuschließen. Und ich weiß, dass es diesen Zweck erfüllt und viele jener Menschen begeistert hat, die das Militär erreichen möchte. Seit das Buch erschienen ist, habe ich auf meiner Website und auf Facebook Tausende Botschaften von jungen Männern aus Dänemark, Schweden und Norwegen erhalten, die Jäger werden wollten, weil mein Buch sie inspirierte. Viele von ihnen haben mir Fragen dazu gestellt, wie ich es schaffte, mir einen Platz in dieser Elitetruppe zu sichern. Ich habe sie so gut ich konnte beraten und ihnen auf meiner Website Trainingsprogramme zur Verfügung gestellt. Es freut mich und erfüllt mich mit Stolz, dass mein Buch eine so große Wirkung auf viele junge Menschen gehabt hat.

Aber selbst wenn diese Leser die politischen Nachwehen der Veröffentlichung nicht mit meiner Geschichte verbinden, sind die Ereignisse als »die Jäger-Affäre« ins Gedächtnis der Öffentlichkeit eingebrannt. Als die Affäre im September 2009 begann, entbrannte rasch eine hitzige Debatte, und zu jener Zeit verzichtete ich darauf, mich öffentlich dazu zu äußern. Man sollte sich Ort und Zeitpunkt seiner Schlachten gut aussuchen, und manchmal ist es klüger, abzuwarten.

In diesem Kapitel, das eine Ergänzung zur ursprünglichen Version des Buchs darstellt, werde ich die 14 Monate meines Lebens beschreiben, die ich in selbst auferlegtem Schweigen verbrachte.

Offen gesagt: Es war, als würde ich mehr als ein Jahr lang in einem neuartigen Krieg kämpfen.

***

Um halb sieben Uhr morgens klingelte mein Wecker. Es war der 10. September 2009. Ich schaltete den enervierenden Glockenton aus, wobei ich wieder einmal dachte, dass ich endlich ein anderes Wecksignal einstellen musste. Mein Morgenritual begann: Ich legte die Hand auf die Fernbedienung des Fernsehgeräts und tastete nach dem Knopf für den achten Kanal. Auf TV2 liefen die Frühnachrichten. Ich blinzelte, weil ich das gelbe »Breaking News«-Banner am unteren Bildrand kaum erkennen konnte. Doch als das Bild wechselte, war ich plötzlich hellwach.

Das Umschlagfoto meines Buchs füllte den Bildschirm, und der Moderater erklärte: »*Jæger – I krig med eliten*, das Buch des ehemaligen Elitesoldaten Thomas Rathsack …« Ich saß kerzengerade im Bett und drehte den Ton lauter. Ein »Experte«, von dem ich noch nie gehört hatte, kommentierte mein Buch. Er behauptete, es enthalte anscheinend zahlreiche operative Geheimnisse und gebe heikle und aufschlussreiche Details über die Einsätze des Jäger-Korps in Afghanistan und dem Irak preis. Ich griff nach meinem Handy, das ich nachts immer stumm schaltete. Ich hatte 46 entgangene Anrufe und 27 Textnachrichten von großen Nachrichtensendern erhalten, darunter TV2 und das öffentliche dänische Fernsehen.

Auslöser des plötzlichen Medienrummels war ein Artikel, der unter dem Titel »Geheime Kampfeinsätze dänischer Elitesoldaten« in der Tageszeitung *Jyllands-Posten* erschienen war. Der Artikel enthielt im Wesentlichen Auszüge aus meinem Lieblingskapitel »Undercover«, in dem ich eine Mission beschreibe, bei der sich die Mitglieder meines Teams als Afghanen verkleideten und mit einem Geheimagenten in einer afghanischen Stadt operierten.

Ich bin kein Morgenmensch, und normalerweise brauche ich ein wenig, um in die Gänge zu kommen, aber es war klar, dass mir ein sehr hektischer Tag bevorstand. Ich sprang aus dem Bett, begrüßte Selma, hüpfte kurz in die Dusche, zog mich an und aß eine Schüssel Müsli mit Apfel- und Bananenstücken, während Selma ihr mit etwas Leberpastete und gedämpftem Gemüse angereichertes Trockenfutter verschlang.

Um halb acht verließ ich mit einem Notebook, Schreibzeug und einem Ersatzakku für mein Handy in der Tasche das Haus, um mit Selma die gewohnte morgendliche Runde durch den Park zu drehen. Mein Handy lief heiß: Es schien, als machten sämtliche Journalisten Dänemarks Jagd auf mich. Doch vor meinem inneren Auge blinkte ein kleines rotes Licht, und ich entschloss mich, ihre Anrufe nicht zu beantworten.

Mein Buch sollte in wenigen Wochen erscheinen und war bereits im Druck. Ich freute mich auf den großen Tag, wie ich mich als Junge auf Weihnachten gefreut hatte. Ich konnte es nicht erwarten, endlich das Ergebnis eines Jahrs frenetischer Arbeit in der Hand zu halten. Neben meinem Job bei der Armee hatte ich jede freie Minute dem Buch gewidmet. Ich hatte mich an meinen freien Tagen, im Urlaub und sogar am Neujahrstag mit meinem Mitautor zusammengesetzt. Und ich war sehr zufrieden mit dem Ergebnis.

Ich hatte mir die Woche freigenommen, um den großen Tageszeitungen, die über meine Enthüllungen berichten wollten, Interviews zu geben. Die Redaktion von *B. T.* sollte das Buch als erste bekommen, aber diese Zeitung verzichtete darauf, weil ihr das Thema nicht interessant genug schien, obwohl es der erste Erfahrungsbericht eines Jägers war, der Kampfeinsätze hinter sich hatte und unter anderem über den Krieg in

Afghanistan berichtete. Ähnlich geringes Interesse hatte die Redaktion des TV2-Programms *Go' Morgen Danmark* gezeigt, die meinte, sie werde mich »vielleicht« zu einem Interview einladen, wenn das Buch erscheine. Nun mangelte es den Journalisten nicht mehr an Interesse. Über Nacht hatte sich mein Buch in die Top-Nachricht der Medien verwandelt, und ich konnte es mir aussuchen, in welchen Zeitungen, Radio- und Fernsehsendungen ich dafür werben wollte.

Doch schnell eskalierte die Situation. Die Oppositionsparteien verlangten von der Regierung eine Erklärung zu den Einsätzen, die ich in meinem Buch beschrieben hatte. Die Militärführung beschuldigte mich, die nationale Sicherheit zu bedrohen und den internationalen Beziehungen Dänemarks zu schaden. Ich hatte keinerlei Kontrolle mehr über die Situation: Das Buch hatte sich bereits in einem politischen Skandal verwandelt. Ich musste entscheiden, wie ich reagieren wollte, und da ich in diesen Dingen keinerlei Erfahrung besaß, entschloss ich mich, auf jede Stellungnahme zu verzichten. Ich konnte mir nur schaden, indem ich den Mund aufmachte. Meine Lage war alles andere als angenehm: Ich wusste, dass ich dem Druck, der sich in den folgenden Stunden, Tagen und Wochen unvermeidlich aufbauen würde, allein nicht standhalten konnte. Ich brauchte einen sachkundigen Berater, und mir kam sofort eine Person in den Sinn: Ein halbes Jahr früher hatte ich das Glück gehabt, diesem klugen Mann vorgestellt zu werden – seine Initialen waren M. N., und um seine Privatsphäre zu schützen, werde ich ihn nur so nennen. Er erwies sich während der gesamten »Jäger-Affäre« als großer moralischer Rückhalt, und ohne seine Hilfe wäre es mir sehr viel schwerer gefallen, diese schwierige Zeit zu überstehen.

Ich rief ihn noch während des Spaziergangs im Park an. Ich wählte meine Worte sorgfältig. Wenn mich die Militärführung und das Verteidigungsministerium als Bedrohung für die nationale Sicherheit betrachteten, bestand die Gefahr, dass mein Telefon bereits abgehört wurde. Nicht, dass ich etwas zu verbergen gehabt hätte, aber bestimmte Dinge wollte ich nicht im Beisein der SIGINT-Abteilung des dänischen Geheimdienstes besprechen.

»Halten Sie den Mund, Thomas!«, sagte M. N. – offenbar war es wirklich ratsam, sich bedeckt zu halten. M. N. stellte sofort Kontakt zu einem guten Rechtsanwalt her, mit dem ich mich kurze Zeit später traf. Ich erklärte dem Anwalt die Situation, und wir einigten uns auf die Vorgehensweise für die folgenden Tage.

Ich rief meinen Verleger an. Im Verlag war die Hölle los. Der Kreativdirektor wirkte ein wenig angeschlagen: Die medialen Angriffe auf den Verlag setzten ihm zu. Er sagte mir, er habe sowohl mit der Militärführung als auch mit dem Verteidigungsministerium telefoniert, und zwei Vertreter der Streitkräfte, ein Oberstleutnant aus der Öffentlichkeitsabteilung und ihr Rechtsberater, hatten für denselben Nachmittag einen Besuch angekündigt. Obendrein hatte das Militärkommando die Verlagsleitung zu einem Gespräch im Hauptquartier der dänischen Streitkräfte zitiert.

Ich rief meine Eltern an, die ein wenig erschrocken waren, weil ihr Sohn plötzlich im Rampenlicht stand. Aber wie immer, wenn es darauf ankam, bewahrten sie die Ruhe und boten ihre Hilfe an. Ich wollte sie jedoch nicht in die Sache hineinziehen.

Ein paar Kameraden riefen mich an und fragten lachend, was das für ein Spektakel sei. Sie wussten seit Langem, dass ich an einem Buch arbeitete, und viele von ihnen hatten das Manuskript bereits gelesen. Ich erklärte ihnen die Ereignisse des Tages. Die extreme Reaktion unseres Arbeitgebers schien sie genauso zu überraschen wie mich.

Ich sagte ihnen, dass ich nicht verstand, was da über mich hereingebrochen war. Aber vermutlich war es nur ein »Sturm in der Suppenschüssel«. Sie reagierten gelassen wie immer, und wir plauderten ein wenig über unser Privatleben und über die Geschehnisse im Korps. Meine Kameraden waren den ganzen Tag auf dem Schießplatz gewesen und hatten neue Granatwerfer von Heckler & Koch ausprobiert. Ich vermisste dieses einfache und sorgenfreie Leben bereits.

Am Nachmittag war ich wieder mit Selma im Park. Als ich auf der Heimfahrt in meine Straße einbog, bemerkte ich einen großen weißen Lieferwagen mit einer Satellitenschüssel auf dem Dach. Es war ein Team von TV2. Sie hatten ihre Kameras auf die Fenster meiner Wohnung im zweiten Stock gerichtet.

Verdammt!

Ich war nicht bereit, mich zu der politischen Affäre zu äußern, und hatte keine Lust, in meinem Haus von Reportern belagert zu werden. Also hielt ich an, drehte um und parkte auf der Straße hinter dem Haus. Ich betrat das Haus durch die Hintertür und ging durch den Keller, um zu meiner Wohnung zu gelangen. Ich spähte durch die Gardinen aus dem Fenster. Das Kamerateam filmte weiter die anscheinend leere Wohnung. Nach etwa einer Stunde verloren die Reporter die Geduld, packten zusammen und verschwanden wieder.

Im Lauf dieses milden Septemberabends klopfte es viele Male an meiner Tür. Die meisten Besucher waren Journalisten, die mich um eine Stellungnahme baten. Ich antwortete ihnen allen, dass ich mich nicht äußern wolle, und sie zogen sich wieder zurück.

Der Tag hatte mich sehr mitgenommen. Als Soldat war ich an ganz andere Herausforderungen gewöhnt. Ich hatte gelernt, im Team zu arbeiten und alle Entscheidungen davon abhängig zu machen, was das Beste für die Gemeinschaft war, anstatt über mein persönliches Wohlergehen nachzudenken. Wir waren dafür ausgebildet worden, Situationen unter Kontrolle zu bringen und die Initiative zu übernehmen. Als Teil des Korps und in den Missionen an der Seite meiner Brüder fühlte ich mich fast unbesiegbar. Aber diesen Kampf musste ich alleine führen, in einer unvorhersehbaren Grauzone, in der die Kampfbedingungen vollkommen fremd waren. Ich setzte mich an den Computer und versuchte, meine Gedanken zu sammeln und einen Plan für die kommenden Tage zu entwickeln.

***

Am zweiten Tag, es war der 11. September, hatte ich mehrere Gesprächstermine. Unter anderem schaute ich im Verlag vorbei, wo ich auf eine Gruppe von Reportern stieß, die am Empfangstisch auf mich warteten und sich sofort auf mich stürzten. Ich sagte ihnen, dass ich keinen Kommentar abgeben wolle. Dann setzte ich mich mit dem Management und einigen Anwälten zusammen, die später mit dem militärischen Kommando verabredet waren. Ich traf mich auch mit Vertretern meiner Gewerkschaft (ja, die dänische Armee hat eine Gewerkschaft!), die mir ihre Unterstützung zusagten.

An meinem Arbeitsplatz bei der Heeresreserve in Kopenhagen ging ein vorgesetzter Oberst die Situation sorgfältig mit mir durch. Er schien wirklich bemüht, mir zu helfen, und machte sich unentwegt Notizen zum Entstehungsprozess des Buchs. Er brauchte Antworten auf die Fragen, mit denen ihn seine Vorgesetzten bald bombardieren würden. Er war ein Mann der Tat und wandte sich direkt an die Personalabteilung der Streitkräfte. Dort erfuhr er, dass ich bis auf Weiteres vom Dienst suspendiert sei und meine Sicherheitseinstufung widerrufen werde. Ich durfte nicht mehr arbeiten. Dem Oberst blieb nichts anderes übrig, als mich fürs Erste vom Dienst freizustellen.

Sie schickten mich nach Hause wie einen Schuljungen, der über die Stränge geschlagen hat.

Ich traf mich am gewohnten Ort mit M. N. Wir gingen verschiedene Möglichkeiten und Szenarien durch, und ich hörte mir seine Ratschläge aufmerksam an.

»Sagen Sie nichts«, schärfte er mir ein. Er erklärte mir, welche Schritte er in den nächsten Tagen unternehmen wollte. Wie immer war ich gelassen und zuversichtlich, als ich mich von ihm verabschiedete.

Auf dem Heimweg erhielt ich im Auto einen Anruf von einem meiner Kameraden aus dem Korps. Er war wieder auf dem Schießplatz und amüsierte sich gemeinsam mit dem Team über eine satirische Radiosendung, die aus den Lautsprechern ihres Toyota Land Cruisers im Hintergrund dröhnte. Die Moderatoren machten sich anscheinend über den nationalen Medienrummel lustig.

»Wir müssen weitermachen, Junge«, sagte mein Kamerad. »Müssen noch ein paar Zweihundertdreier abbrennen.« Er meinte einen M-203-Granatwerfer, mit dem 40-mm-Granaten abgefeuert wurden.

***

Das Gespräch meines Verlegers mit dem Militärkommando verlief im Sand. Die Reaktion der Streitkräfte bestand darin, am Montag, dem 14. September, einen Brief an die Chefredakteure aller dänischen Zeitungen zu schreiben und sie zu bitten, keine Einzelheiten oder Informationen aus meinem Buch zu veröffentlichen. Außerdem beantragte das Militär eine einstweilige Verfügung, um das Erscheinen des Buchs zu verhindern. Daraufhin entbrannte eine heftige Debatte in den Medien: Plötzlich war von Pressezensur und einer Einschränkung der Meinungsfreiheit die Rede. Besonders wütend reagierte *Politiken*.

»Wir werden die Forderung der Streitkräfte nicht erfüllen«, erklärte der Chefredakteur der Zeitung.

Die Verhandlung über die einstweilige Verfügung war für den 17. September angesetzt. Sollte das Gericht dem Antrag der Streitkräfte stattgeben, so wäre dies ein historischer Präzedenzfall. Der Gedanke an diese Möglichkeit erfüllte mich mit Wut. Jetzt war ich noch fester entschlossen, für mein Buch zu kämpfen.

***

Am Tag vor Beginn der Verhandlung nahmen die Dinge eine spektakuläre Wende. *Politiken* druckte mein Buch in einer extradicken Sonderausgabe mit einer Auflage von 124 000 Exemplaren ab. Sie war innerhalb weniger Stunden ausverkauft. Der Chefredakteur erklärte den Schritt der Zeitung so: »Wir haben es getan, um das Recht der Öffentlichkeit zu verteidigen, zu erfahren, was im Land geschieht, selbst wenn wir im Krieg sind und wenn es den Interessen des Staats nicht dient.«

Die Nation war gespalten. Die einen lobten die Zeitung dafür, dass sie die Meinungsfreiheit verteidigte, die anderen warfen ihr vor, sie wolle lediglich die Lage ausnutzen, um Werbung in eigener Sache zu machen. Ich persönlich war natürlich sehr verärgert über die Aktion von *Politiken* und die möglichen Konsequenzen ihres Schritts, aber ich überließ es meinem Verleger, sich mit der Zeitung auseinanderzusetzen.

Als das Verfahren über die einstweilige Verfügung am nächsten Tag begann, hatte ich Mühe, mir einen Weg durch die Reporterschar zu bahnen und ins Gerichtsgebäude zu gelangen. Ich war als Zeuge vorgeladen. Das Verfahren dauerte mehrere Tage, und schließlich zogen sich die Richter über das Wochenende zurück, um zu einem Urteil zu gelangen.

Am Montag, dem 21. September, saß ich am Vormittag in Erwartung des Gerichtsbeschlusses in einem Café, trank eine Cola und verfolgte auf meinem Smartphone die Medienberichterstattung über den Fall.

Dann kam eine Textnachricht von meinem Verleger. »Unglaublich!«, erklärte er. Die Richterin hatte den Antrag auf einen Unterlassungsbefehl abgelehnt. Sie war der Meinung, dass es insbesondere nach dem Schritt von *Politiken* keinen Sinn mehr habe, die Veröffentlichung meines Berichts zu verhindern. Mein Buch durfte gedruckt werden.

Als ich am Morgen darauf mit Selma im Park spazieren ging, klingelte mein Telefon.

»Hallo, Thomas. Sie haben ein tolles Buch geschrieben. Ich muss Ihnen jedoch mitteilen, dass Sie nach Paragraf 152 des Strafgesetzbuchs wegen Bruchs der Verschwiegenheitspflicht und nach Paragraf 31 des Militärstrafrechts wegen Preisgabe militärischer Geheimnisse angeklagt werden.« Der Mann am anderen Ende der Leitung war ein Mitarbeiter der Rechtsabteilung des Militärs. Er teilte mir mit, dass ich damit rechnen müsse, »zu einer Befragung« vorgeladen zu werden. Mir war vollkommen klar, dass dieser freundliche Herr nur seine Arbeit machte. Ich antwortete, dieser Anruf sei zweifellos nicht alltäglich, und fragte ihn, wann ich zu dieser Befragung erscheinen sollte. Er sagte, es werde wohl noch ein paar Wochen dauern.

Das konnte ich also auch in die Liste meiner Auszeichnungen aufnehmen. Jetzt wurden mir Verbrechen vorgeworfen, für die mir eine Gefängnisstrafe von bis zu acht Jahren drohte – aus denen sogar zwölf Jahre werden konnten, wenn das Gericht »eine besondere Schwere der Schuld« feststellte.

Um diese Nachricht verdauen zu können, musste ich sie am Abend mit ein paar Bierchen hinunterspülen.

***

Obwohl mir die Militärführung und das Verteidigungsministerium im Nacken saßen, kam ich nach einigen Wochen wieder zur Ruhe, denn ich fand mich damit ab, dass ich den Gang der Dinge nicht beeinflussen konnte. Und ich nutzte meine Erfahrung als Elitesoldat, um die Dinge richtig einzuordnen. Hin und wieder muss man einfach innehalten und ein wenig durchatmen.

Ich bemühte mich, in guter körperlicher Verfassung zu bleiben: Ich ernährte mich gesund, trainierte täglich und versuchte, genug Schlaf zu finden. In einer solchen Situation war es besonders wichtig, nicht in Selbstmitleid zu versinken und nicht träge zu werden, denn das kann leicht die seelische Gesundheit beeinträchtigen.

Die Menschen in meiner Umgebung fragten mich, ob ich nervös, besorgt oder wütend war, weil ich in der Öffentlichkeit als Vaterlandsverräter dargestellt wurde. Ich antwortete ihnen, dass mich das nicht berührte: Ich wusste, dass ich kein Verräter war. Im Gegenteil: Ich hatte meinem Land 16 Jahre lang als Soldat gedient und war zwei Jahre lang in Kriegszonen im Einsatz gewesen. Nun hatte ich ein Buch geschrieben, in dem ich meine ehemalige Einheit und meine Kameraden positiv beschrieben hatte. Ich bereute nicht eine Sekunde, was ich getan hatte.

***

Am 24. September – es war mittlerweile zwei Wochen her, dass die Hölle losgebrochen war – saß ich in meinem Auto, als ich im Radio die Nachricht hörte: »Das Buch *Jæger – I krig med eliten* ist ins Arabische übersetzt worden.«

Ich begriff nicht gleich, warum das eine Schlagzeile wert sein sollte. Dänemark hatte sich in Afghanistan militärisch engagiert, und fast die

Hälfte der afghanischen Bevölkerung sind Paschtunen, die kein Wort Arabisch sprechen. Die Meldung klang auch ein wenig theatralisch, so, als würde eine arabische Übersetzung plötzlich das Leben der dänischen Soldaten in Afghanistan gefährlicher machen. In Wahrheit würden die Taliban und al-Qaida nichts über die Bewegungen der dänischen Soldaten erfahren, sollten sie tatsächlich auf die Idee kommen, mein Buch zu lesen. Ich war mir ziemlich sicher, dass es – abgesehen vielleicht von Abscheu gegenüber einem ungläubigen Hundeliebhaber aus dem Westen – keinerlei Reaktionen der Extremisten provozieren würde.

Im Handumdrehen war die Übersetzung die Top-Nachricht auf allen Radiosendern. Der Verteidigungsminister meldete sich zu Wort und erklärte, die Übersetzung sei bereits im Internet zugänglich, was in seinen Augen bewies, wie gefährlich mein Buch für Dänemark war.

Die Show hatte begonnen.

Wenige Minuten später erschien die Nachricht auf der Homepage einer der größten dänischen Tageszeitungen. Aber nur eine Stunde später war sie wieder verschwunden: Die Redaktion hatte festgestellt, dass es sich um eine unverständliche Maschinenübersetzung handelte.

Einige aufmerksame Journalisten gingen der Sache nach und stellten fest, dass das Word-Dokument anscheinend von einem Programm ähnlich wie Google Translator übersetzt worden und anschließend von einer Person in der Militärführung der Presse zugespielt worden war. Die Militärführung erklärte, die Übersetzung stamme nicht aus ihrem Haus und das Dokument sei auf einer internationalen File-Sharing-Seite gefunden worden.

In den folgenden Tagen wuchs sich die arabische Übersetzung zu einem nationalen – und teilweise sogar internationalen – Skandal aus, dessen unfreiwillige Hauptfigur ich war.

Die Methoden der Militärführung und des Verteidigungsministeriums beunruhigten mich sehr, vor allem aber machten sie mich wütend. Ich gehörte dem Militär seit 16 Jahren an und wusste, dass diese Organisation viele fähige und loyale Männer und Frauen beschäftigte. Und diese anständigen Personen, die ebenso Vertreter der Streitkräfte waren wie die

Leute, die dieses Chaos heraufbeschworen hatten, würden sich jetzt für ihren Arbeitgeber schämen müssen.

Meine Gedanken galten vor allem den Soldaten und Soldatinnen, die jeden Tag in Afghanistan ihr Leben riskierten. Sie hatten es nicht verdient, mit Schande überhäuft zu werden. Ich dachte auch an meine Kameraden im Jäger-Korps, aber ich wusste, dass die von Schreibtischhengsten in einem Ministerium verursachten Skandale diese Männer kaltließen. Vermutlich ließ diese Schlammschlacht die Elitesoldaten vollkommen kalt, solange sie ungestört ihrer Arbeit nachgehen konnten.

***

Einige Tage später war ich bei meinen Eltern zu Besuch, und wir sahen uns gemeinsam eine Talkshow an, in der sich Verteidigungsminister Søren Gade den Fragen der Journalisten stellte. Auf die Frage, wer die Konsequenzen tragen müsse, sollte sich herausstellen, dass die arabische Übersetzung tatsächlich von jemandem im Militär fabriziert worden war, gab er eine Antwort, die berühmt geworden ist:

»Der Mann, der vor Ihnen sitzt. Schließlich bin ich der Chef.«

Im Lauf der folgenden Woche stieg der Druck auf die Militärführung und das Verteidigungsministerium unablässig, und am 1. Oktober wurde bekannt, dass der Leiter der EDV-Abteilung des Militärs für die Übersetzung verantwortlich war. Er wurde sofort vom Dienst suspendiert, und die Rechtsabteilung des Militärs leitete eine Untersuchung ein.

Am 2. Oktober gab der Leiter der EDV-Abteilung des Streitkräftekommandos im Verteidigungsministerium zu, die arabische Übersetzung an die Zeitung *B.T.* geschickt zu haben, und wurde ebenfalls suspendiert. Zwei Tage später gab der Leiter der Streitkräfte, ein Admiral, wegen des Übersetzungsskandals seinen Rücktritt bekannt. Kurze Zeit später erklärte der Verteidigungsminister, er habe nicht die Absicht, von seinem Amt zurückzutreten.

Der 2. Oktober war auch der Tag, an dem mein Buch erschien. Innerhalb eines Monats wurden mehr als 30 000 Exemplare verkauft, womit es auf den Spitzenplatz in der dänischen Bestsellerliste sprang. Drei Wochen früher wäre ich mehr als zufrieden gewesen, wenn es insgesamt eine Auflage von 10 000 Exemplaren erreicht hätte. Aber nach einem Jahr waren es 100 000 Stück, was auch den Übersetzungen zu verdanken war, die in Norwegen, Schweden, Finnland und Bulgarien erschienen. Bis 2014 waren wir bei mehr als 250 000 Exemplaren.

Das war ein großer Erfolg. Es war eine Genugtuung, dass mich mein Kampf für dieses Buch zum meistverkauften Autor des Jahres gemacht hatte. Die meisten Rezensenten bezeichneten es als »notwendiges Buch«. Am Ende des Jahres nahm es unter den 20 besten Publikationen des Jahres den zwölften Rang ein.

Doch trotz des Verkaufserfolgs standen wir vor einem Paradox: Das Buch wäre noch erfolgreicher geworden, wäre seine Publikation mit einer einstweiligen Verfügung unterbunden worden, denn Verleger in den USA, in Großbritannien, Deutschland und den Niederlanden standen bereit, um ein »verbotenes Buch« zu drucken.

Die Affäre rund um mein Buch wurde in all diesen Ländern registriert, und sogar am anderen Ende der Welt in Neuseeland machte sie Schlagzeilen – der Grund dafür war vermutlich, dass es dort einen ähnlichen Fall gegeben hatte. Im Jahr 2004 hatte der Elitesoldat Mike Coburn *Soldier Five* veröffentlicht, ein Buch, das sowohl die neuseeländische als auch die britische Regierung zu stoppen versuchten. Coburn hatte die Führung des Special Air Service (SAS) wegen eines fehlgeschlagenen Einsatzes kritisiert, bei dem drei neuseeländische Elitesoldaten getötet und vier weitere in Geiselhaft geraten waren. Die Mission hatten auch zwei andere Mitglieder der Einheit – Andy McNab in *Bravo Two Zero* und Chris Ryan in *The One That Got Away* – beschrieben, aber diese Bücher waren anscheinend vom britischen Verteidigungsministerium zensiert und abgesegnet worden.

Ich begann, mich auf das Verhör durch die Ermittlungseinheit des Militärs vorzubereiten. Ich wusste noch immer nicht, wann sie mich vorladen würden, wie lange die Befragung dauern würde, was sie von mir wissen wollten oder wie sie das Verhör in Angriff nehmen würden.

Das Wort »Verhör« klang für mich als Soldaten furchteinflößend, denn ich erinnerte mich noch an das Überlebenstraining mit dem britischen SAS, wo ich mit einem Scheinwerfer angestrahlt, geschlagen, bedroht und beschimpft worden war. Aber ich war einigermaßen sicher, dass die Leute von der Rechtsabteilung zivilisierter sein würden.

Für mein Buch hatte ich große Mengen an frei im Internet zugänglichem Material gesammelt, um sicherzustellen, dass ich keine militärischen Geheimnisse verriet, sondern nur Dinge beschrieb, die bereits in der Öffentlichkeit waren. Außerdem sammelte ich Informationen aus Büchern, Zeitschriften und Filmen, die meine Darstellung bestätigten, und bewahrte sie systematisch in einem Ordner auf.

Der Fall, der mittlerweile in der Öffentlichkeit nur noch als »die Jäger-Affäre« bezeichnet wurde und kafkaeske Ausmaße angenommen hatte, gab mir Rätsel auf. Verglich man die in meinem Buch preisgegebenen Informationen mit den im Internet sowie in Büchern und Zeitschriften veröffentlichten, so musste man zu dem Schluss gelangen, dass meine Darstellung so harmlos war wie ein Pfadfinderhandbuch.

Wie also hatte es so weit kommen können? Ging es nur darum, Veröffentlichungen von Militärangehörigen zu kontrollieren? Oder hatten die Militärführung und das Verteidigungsministerium einfach übertrieben reagiert? War es ein Zusammenstoß zwischen einer modernen militärischen Kultur und einem veralteten, konservativen Denken, das aus dem Kalten Krieg stammte? Oder war es ein wenig von allem?

Ich weiß es nicht und werde es vermutlich nie erfahren.

***

Gut zwei Monate nach Beginn der Farce fand am Morgen des 28. Dezembers meine Befragung durch die Ermittlungsabteilung des Militärs statt. Ich hievte meinen Koffer aus dem Kofferraum meines Autos und zog ihn über das vereiste Kopfsteinpflaster vor dem Gebäude. Der Koffer war mit meiner »Munition« für die bevorstehende Schlacht gefüllt: mit Unmengen an frei zugänglichem Material, mit dem ich beweisen würde, dass ich keinerlei militärische Geheimnisse preisgegeben hatte. Ich war mit der Wahrheit bewaffnet und hatte nichts zu befürchten.

Mein Anwalt saß an meiner Seite, und die Erinnerung an das grelle Scheinwerferlicht und den schlechten Atem jenes britischen Offiziers war rasch verflogen. Derselbe Rechtsberater, der mich seinerzeit während meines Spaziergangs im Park mit dem Hund angerufen hatte, begrüßte uns mit Kaffee und Obst. Die Befragung fand in einer entspannten Atmosphäre in einem Kellerbüro statt. Der Rechtsberater stellte mir einige Fragen zu Zusammenhängen und Passagen in meinem Buch, die nach Ansicht der Militärführung problematisch waren.

Die Fragen brachten mich nicht aus der Ruhe. Ich war gut vorbereitet und konnte erklären, warum mein Buch weder die nationale Sicherheit bedrohte noch dänische Soldaten in Gefahr brachte. Der Rechtsberater gab meine Antworten in seinen Computer ein. Die Befragung dauerte drei Tage und zog sich insgesamt etwa 20 Stunden hin. Sie war der einzige offizielle Kontakt, den ich seit Monaten mit dem Militär gehabt hatte. Mein Rechtsanwalt war sehr zufrieden mit meinem Auftritt.

Die Rechtsabteilung kündigte an, bis Februar oder März des folgenden Jahrs eine Stellungnahme abzugeben. Obwohl ich seit Monaten nichts vom Militär gehört hatte, war ich zu Beginn des neuen Jahrs durchaus glücklich. Abgesehen davon, dass ich Urlaub in Thailand und Kenia machte, erhielt ich auch ein Angebot für ein weiteres Buch.

Einige Monate lang arbeitete ich am Entwurf für ein neues Buch. Es war ein Roman, der natürlich in der Welt spielte, die ich kannte: in der Welt der Spezialeinheiten. Die Geschichte handelt von einem Jäger, der in Afghanistan an einer Mission teilnimmt, die furchtbar schiefläuft.

Ich vertiefte mich vollkommen in das Schreiben und vergaß beinahe, dass immer noch Vorwürfe gegen mich im Raum standen, die mich für zwölf Jahre hinter Gitter bringen konnten. Aber die Ungewissheit über das Ergebnis machte mir nicht zu schaffen. Mir genügte es zu sehen, wie der Verteidigungsminister im Februar zurücktrat, weil seine Position nach verschiedenen Skandalen, zu denen auch die »Jäger-Affäre« zählte, nicht mehr haltbar war.

Von da an ließen mich die Medien in Ruhe. Sie hatten schon vor geraumer Zeit begriffen, dass ich unter keinen Umständen Kommentare zu der Affäre abgeben würde. So konnte ich in Ruhe schreiben. Tatsächlich fühlte ich mich in meinem Alltagsleben nie eingeschränkt. Wenn mich Leute ansprachen, so äußerten sie sich positiv über mein Buch.

Der Sommer verging, aber auch als der Herbst begann, gab es immer noch keinen Hinweis darauf, wann die Untersuchung endlich abgeschlossen würde. Mein Anwalt und M. N. hielten mich auf dem Laufenden, aber ansonsten war ich mir selbst überlassen. Und mit meinem Roman hatte ich mehr als genug zu tun. Ich verbrachte fast den ganzen Sommer mit dem Studium des Paschtunwali, eines Ehrenkodex, an den sich die Mehrheit der afghanischen Bevölkerung hält.

Am 20. Oktober 2010 wachte ich um halb elf Uhr vormittags im Sommerhaus meiner Eltern mit einem Brummschädel auf, nachdem ich am Vorabend fast eine ganze Flasche Rotwein geleert hatte. Mühsam wuchtete ich meine Beine aus dem Bett. In dem Haus hatte ich mich in eine Klause zurückgezogen. Den Wein hatte ich mir genehmigt, weil ich ein weiteres Kapitel meines Romans abgeschlossen hatte.

Mein Telefon war wie immer über Nacht stumm geschaltet gewesen. Ich sah auf die Anzeige: Da waren einige entgangene Anrufe und Textnachrichten. Die erste Botschaft war um sieben Uhr morgens eingetroffen: »Hallo Thomas, rufen Sie mich sofort an. Grüße, H. J.«

Dies waren die Initialen des Mitarbeiters der Rechtsabteilung des Militärs, der mich fast zehn Monate früher befragt hatte.

Endlich.

Ich war mittlerweile seit 13 Monaten suspendiert. Ich war unfreiwillig zum Star eines Skandals geworden, der die dänischen Streitkräfte in Turbulenzen gestürzt und den Kommandanten der Streitkräfte und den Verteidigungsminister das Amt gekostet hatte. Und jetzt stand ich in der Unterhose da und rief diesen Typen an, damit er mir sagte, was mit mir passieren würde.

»Wir haben entschieden, die Vorwürfe gegen Sie fallen zu lassen«, sagte er in heiterem Ton. »Herzlichen Glückwunsch.«

Ich freute mich, aber eigentlich war ich nicht überrascht. Während dieser ganzen Tortur hatte ich immer die Gewissheit gehabt, dass mein Buch die nationale Sicherheit nicht bedrohte.

Die Rechtsabteilung gab eine Pressemitteilung heraus, in der es hieß, da keine Beweisführung und damit keine Verurteilung möglich sei, hätten die Militärbehörden die Vorwürfe gegen mich fallen gelassen. Der Kommandant erklärte, der Inhalt von Kapitel 14 meines Buchs – »Undercover« – stelle einen Verstoß gegen das Militärstrafrecht sowie gegen den Paragrafen 152 des Strafgesetzbuchs über die Weitergabe vertraulicher Informationen dar, aber das Militär habe keine Beweise, die für eine Verurteilung des Autors ausreichen würden.

Ich war verwirrt. Ursprünglich hatte das Militärkommando das Buch als gefährlich bezeichnet. Dann waren es nur noch einzelne Passagen gewesen. Und jetzt, nach einer Untersuchung, die 13 Monate gedauert hatte, beanstandeten sie nur noch das Kapitel 14. Aber auch dieses Kapitel war nicht problematisch genug, um tatsächlich Anklage gegen mich erheben zu können. Ich bin kein Jurist, aber ich weiß, dass das dänische Recht auf dem Grundsatz beruht, dass eine Person so lange unschuldig ist, bis ihre Schuld bewiesen ist. Also gelangte ich zu dem Schluss, dass der Leiter der Rechtsabteilung der Militärbehörde trotz seiner unklaren Aussage bestätigt hatte, dass ich nichts Falsches getan hatte.

Ich packte meine Sachen zusammen und verließ mit Selma das Sommerhaus. Jetzt würde mein Leben in eine neue und ganz andere Phase eintreten. Mein selbst auferlegtes Schweigegelübde galt nicht mehr. Ich hatte mich gewissenhaft auf diesen Tag vorbereitet und mir eine Strategie für die folgenden Tage zurechtgelegt, die ich im Medienzirkus verbringen würde. Ich rief meine Familie, meine Kameraden aus dem Korps, M. N. und einige Journalisten an, die die »Jäger-Affäre« verfolgt hatten. Wenige Stunden später hatte ich Interviewtermine mit den großen Zeitungen und Fernsehsendern vereinbart.

Einen Monat, nachdem die Vorwürfe fallen gelassen worden waren, wartete ich immer noch auf eine Erklärung der Militärführung. Würden sie mich wieder in ihren Reihen aufnehmen? Da mir nichts mehr vorgeworfen wurde, wäre es nur logisch, mich wieder zum Dienst zuzulassen, denn ich hatte immer gesagt, dass ich Soldat bleiben wollte.

14 Monate Regen sollten nicht 16 Jahre Sonnenschein ruinieren.

Am Montag, dem 22. November, erhielt ich die Textnachricht, die mein Schicksal besiegelte.

»Hallo Thomas, bitte rufen Sie mich an. Grüße, M. L.« Ich rief ihn sofort zurück. Er teilte mir mit, dass ich am folgenden Morgen wieder zum Dienst antreten könne, und beendete das Gespräch mit folgenden Worten: »Willkommen zurück.«

Ich war außer mir vor Freude. Endlich konnte ich die Uniform wieder anziehen. Ich kann meine Gefühle nur so beschreiben: Ich würde heimkehren.

Aber am selben Nachmittag fiel ein Schatten auf mein neues Glück. Ich erhielt einen Anruf von einem Journalisten von *Politiken*, der mich fragte, ob mir bewusst sei, dass die Personalabteilung des Militärs eine Disziplinarstrafe über mich verhängen wolle. Ich war vollkommen überrascht. Davon hatte der Mitarbeiter in unserem Telefongespräch nichts erwähnt.

Später erfuhr ich aus verschiedenen Quellen im Militär, dass meine Vorgesetzten tatsächlich über eine Disziplinarstrafe nachdachten. Aber eine Entlassung kam nicht infrage.

Sie wollten mich »verwarnen«. Das klang nicht sehr bedrohlich, und ich stellte mir ein freundliches Gespräch mit einem General oder Oberst vor. Aber als ich diese Verwarnung offiziell erhielt, schien sie sehr viel ernster, als ich zunächst gedacht hatte. Gemeinsam mit meinem Rechtsanwalt schickte ich eine Erwiderung an die Personalabteilung, in der Hoffnung, sie würden die Verwarnung zurückziehen.

Aber dass diese Sache noch nicht vollkommen ausgeräumt war, änderte nichts daran, dass ich überglücklich war, weil ich endlich wieder in die Kaserne im Zentrum von Kopenhagen zurückkehren durfte. Nur einen halben Kilometer entfernt war ich vor einem halben Jahr noch befragt worden. Als ich in die Kaserne heimkehrte, war Selma wie immer an meiner Seite. Sie lief schnurstracks in mein Büro und nahm den gewohnten Platz in ihrem Korb ein. Ich holte meine Uniform aus dem Spind und ging mit einer Schachtel Gebäck in die kleine Kantine hinüber, um meine Kameraden zu begrüßen. Viele von ihnen hatte ich seit mehr als einem Jahr nicht mehr gesehen. Wir plauderten über dies und das und über die Herausforderungen, mit denen die Streitkräfte in den kommenden Jahren konfrontiert werden würden.

Ich war wieder an dem Ort, an den ich gehörte.

Als ich am Freitag, dem 17. Dezember, nach Hause kam, fand ich einen Brief der Personalabteilung vor. Grundlage für die fünfseitige Verwarnung waren die »Anstandsregeln«: Das Militär erklärte, ich habe meine Funktion als Feldwebel erster Klasse nicht mit »Rücksicht und Loyalität« erfüllt und meine Verschwiegenheitspflicht verletzt. Daher wurde ich schriftlich verwarnt. Und das, obwohl die Militärjustiz alle Vorwürfe gegen mich hatte fallen lassen und meine Unschuld bestätigt hatte.

Man könnte sagen, dass es einfach eine kleinliche und kindische Reaktion der Militärführung war. Man könnte auch fragen, wer es in den vergangenen 14 Monaten an »Rücksicht und Loyalität« hatte fehlen lassen – ich oder das Militär?

Während meines abendlichen Spaziergangs mit Selma dachte ich über meine Situation nach. Ich war froh, wieder im Dienst zu sein, und wollte mit meinem Wissen und meiner Erfahrung zur Weiterentwicklung der Streitkräfte beitragen. Aber das wollte ich unter den richtigen Bedingungen tun – nicht unter dem Verdacht, gegen die Spielregeln des Militärs verstoßen zu haben, und mit dem Makel eines Disziplinarverstoßes behaftet. Wenn ich unter diesen Bedingungen im Militär blieb, konnte die Disziplinarstrafe meine Aufstiegschancen in den 17 Jahren bis zu meiner Pensionierung zunichtemachen. Ich konnte unmöglich eine so lange Zeit in einem Job verbringen, wenn mich meine Vorgesetzten nicht für vertrauenswürdig hielten. Außerdem hatte ich als Jäger gelernt, mich auf mein Gefühl zu verlassen. Und mein Gefühl sagte mir, dass es an der Zeit war, mich zu verabschieden. Daher fällte ich die einzig richtige Entscheidung, so schwer sie mir auch fiel.

Ich bin mit Leib und Seele Soldat, und ich weiß, dass ich mich in einer Uniform des Jægerkorpset am wohlsten fühle. Aber das Leben des Militärs muss ohne mich weitergehen.

DAS JÆGERKORPSET IM KRIEG: EINE CHRONIK

1995

Eine Jäger-Einheit wird nach Bosnien entsandt, um in der Umgebung des Hauptquartiers der UNO-Friedenstruppe in Sarajevo Heckenschützen zu bekämpfen. Es ist der erste Kampfeinsatz des Korps seit seiner Gründung im Jahr 1961.

1999

Ein Jäger-Team wird ins Kosovo entsandt, um an den Orten, an denen NATO-Stützpunkte eingerichtet werden, Objektschutz zu gewähren.

2002

Die aus 102 Soldaten des Jægerkorpset und des Frømandskorpset (Kampfschwimmer) gebildete »Task Force Ferret« wird nach Afghanistan entsandt, um die seit drei Monaten laufende »Operation Enduring Freedom« zu unterstützen. Ziel des von den USA geführten Militäreinsatzes ist es, die Verantwortlichen für die Terroranschläge vom 11. September 2001 auf das World Trade Center in New York und das Pentagon zu fangen, die Ausbildungslager der Terrororganisation al-Qaida zu zerstören und das Taliban-Regime zu stürzen. Dies ist der erste Einsatz des Jäger-Korps als eigener Verband.

2003

Dänemark beteiligt sich mit Bodentruppen an der von den USA geführten »Operation Iraqi Freedom«. Das Jäger-Korps führt Erkundungsmissionen in der Umgebung von Basra im Südirak durch. In den folgenden vier Jahren werden die Jäger in Bagdad und Basra als Personenschützer für den dänischen Botschafter und andere Regierungsvertreter eingesetzt.

2005

Ein Jäger-Team wird zur Unterstützung eines dänischen Bataillons ins Kosovo entsandt, wo Serben und Albaner miteinander kämpfen. Die Jäger führen Kommandoaktionen gegen hochwertige Ziele durch (darunter ein Anführer einer lokalen Miliz).

2006

Scharfschützen des Jäger-Korps eilen dänischen und britischen Soldaten zu Hilfe, die in Musa Qala in der afghanischen Provinz Helmand eingekesselt worden sind. Ein Jäger wird im Kampf verwundet.

2007

Die Jäger schalten in der Nähe von Basra Aufständische aus, die das Camp Einherjer mit Raketen angegriffen haben.

2009

Das Jäger-Korps entsendet eine Gruppe von etwa 65 Soldaten in die Provinz Helmand in Afghanistan, um Taliban und al-Qaida-Terroristen zu töten oder gefangen zu nehmen.

2010 – 2013

Es werden regelmäßig Jäger-Teams nach Afghanistan entsandt, wo sie sich an Kommandoaktionen der Amerikaner in der Provinz Logar beteiligen und die dänische Task Force in der Provinz Helmand unterstützen. Ein Jäger wird im Kampf verwundet, ein weiterer getötet.

Die »Jäger-Affäre«:

10. September 2009
Die dänische Tageszeitung *Jyllands-Posten* berichtet, dass die Opposition im Parlament von der Regierung eine Erklärung zu den Informationen in einem Buch von Thomas Rathsack verlangt, das in Kürze unter dem Titel *Jæger – I krig med eliten* erscheinen soll. Das Verteidigungsministerium beschuldigt den Autor, die Sicherheit Dänemarks und seine Beziehungen zu anderen Ländern zu gefährden.

14. September 2009
Admiral Tim Sloth Jørgensen, der Oberkommandierende der dänischen Streitkräfte, fordert die Chefredakteure der führenden dänischen Tageszeitungen in einem Schreiben auf, keine der in dem Buch enthaltenen Informationen abzudrucken. Das Militär fordert eine Anklage gegen den Autor.

16. September 2009
Die dänische Tageszeitung *Politiken* druckt eine Beilage zu *Jæger – I krig med eliten* in einer außergewöhnlich hohen Auflage von 124 000 Stück. Das Argument: Das Buch habe Fragen zur Pressefreiheit und zur Meinungsfreiheit aufgeworfen.

21. September 2009
Ein Gericht lehnt den Antrag auf ein Verbot des in *Politiken* und im Internet veröffentlichten Buchs ab.

22. September 2009
Das Verteidigungsministerium suspendiert Thomas Rathsack vom Dienst und beschuldigt ihn der Preisgabe militärischer Geheimnisse. Die Strafe für dieses Vergehen sind zwölf Jahre Gefängnis.

24. September 2009

Verteidigungsminister Søren Gade erklärt in einer außenpolitischen Sitzung und später im Fernsehen, im Internet kursiere eine arabische Übersetzung von Rathsacks Buch. Die Zeitung *B.T.* veröffentlicht die Übersetzung auf ihrer Website, nimmt sie wenige Stunden später jedoch wieder aus dem Netz, nachdem sich herausgestellt hat, dass es sich um eine unverständliche Maschinenübersetzung handelt.

25. September 2009

Das Verteidigungsministerium weist den Vorwurf zurück, die arabischen Übersetzungen seien der Presse von der Öffentlichkeitsabteilung des Militärs zugespielt worden.

1. Oktober 2009

Eine Oppositionspartei verlangt Aufklärung darüber, woher die arabische Übersetzung stammt. Wie sich herausstellt, wurde sie vom Leiter der EDV-Abteilung des Militärkommandos fabriziert. Er wird suspendiert und angezeigt.

2. Oktober 2009

Der Leiter der Öffentlichkeitsabteilung der Streitkräfte gibt zu, dass er der Presse die arabische Übersetzung zugespielt hat. Er wird ebenfalls suspendiert und angezeigt.

3. Oktober 2009

Wie sich herausstellt, wusste der Leiter der Öffentlichkeitsabteilung des Verteidigungsministeriums, dass die Übersetzung unbrauchbar war, setzte Minister Søren Gade jedoch nicht davon in Kenntnis.

4. Oktober 2009

Der Oberkommandierende der dänischen Streitkräfte tritt mit der Begründung zurück, er müsse die Verantwortung dafür übernehmen, dass den Streitkräften so großes Misstrauen entgegenschlage.

21. Februar 2010

Der Verteidigungsminister tritt zurück und begründet seinen Schritt mit der Jäger-Affäre sowie mit einem späteren Fall von »Indiskretionen« – ein weiterer Fall, in dem der Presse Informationen über den Einsatz von Jägern im Jahr 2007 zugespielt worden sind.

10. September 2010

Ein Kopenhagener Gericht spricht Jesper Britze und Lars Sønderskov schuldig, über ihre Kenntnis der arabischen Übersetzung von Rathsacks Buch gelogen zu haben. Die Verteidigung legt Berufung beim höchsten Gericht ein. Später werden beide unehrenhaft aus dem Militärdienst entlassen.

20. Oktober 2010

Die Rechtsabteilung der dänischen Streitkräfte beschließt, keine Klage gegen Thomas Rathsack einzureichen.

22. November 2010

Die Personalabteilung der Streitkräfte teilt Rathsack mit, dass er an seinen Arbeitsplatz zurückkehren kann.

17. Dezember 2010

Das Verteidigungsministerium teilt Thomas Rathsack in einem Schreiben mit, dass ihm eine Disziplinarstrafe droht. Rathsack entschließt sich, nach 16 Jahren den Militärdienst zu quittieren.

Das Jægerkorpset, eine dänische Elitetruppe

Dänische Spezialeinheiten:

Jægerkorpset, Heer

Frømandskorpset (Kampfschwimmer), Marine

Slædepatruljen Sirius (Sirius-Schlittenpatrouille), Marine

Geschichte des Jäger-Korps

In den 60er-Jahren erreichte der Kalte Krieg seinen Höhepunkt. Im Jahr 1961 wurde die Berliner Mauer errichtet. In dieser Situation entschlossen sich die dänischen Streitkräfte, eine Spezialeinheit aufzubauen, die in der sogenannten grauen Phase – der Phase vor einer militärischen Auseinandersetzung zwischen Warschauer Pakt und NATO-Informationen sammeln sollte. Am 1. November 1961 wurde das Jægerkorpset als Fernaufklärungseinheit ins Leben gerufen. In den Jahren nach dem Kalten Krieg (1992 – 1995) wurde das Korps in eine Spezialeinheit für Kommandoaktionen umgewandelt.

Das Jäger-Korps hat an Spezialeinsätzen auf dem Balkan (1992 – 1995), im Irak (2003 – 2008), in Afghanistan (2001 bis heute) und Afrika teilgenommen. Als Teil der Task Force K-Bar wurde das Korps für seine Beteiligung an Spezialeinsätzen in Afghanistan am 7. Dezember 2004 mit der »Presidential Unit Citation« der amerikanischen Regierung ausgezeichnet.

Die Zahl der Jäger ist geheim (aber viel zu gering).

Auswahlverfahren (insgesamt 18 Monate)

Aufnahmetest (2 Tage)

- Schriftliche Prüfungen (Autobiografie, Englisch, Mathematik)
- Psychologische Beurteilung
- Körperliche Eignungstests (Cooper-Test, Yo-Yo-Erholungstest, Substanztest)
- Medizinische Untersuchung

Grundkurs

- Grundkurs 1 (5-tägig; 6 Monate vor dem Selektionskurs)
  Die Kandidaten machen sich mit dem Inhalt des Selektionskurses vertraut und finden heraus, in welchen Bereichen sie sich verbessern müssen (Orientierung, körperliche Fitness, Schießen usw.).
- Grundkurs 2 (2-tägig; 4 Monate vor dem Selektionskurs)
  Vertiefung des Trainings und Beurteilung der genannten Bereiche.
- Grundkurs 3 (2-tägig; 2 Monate vor dem Selektionskurs)
  Vertiefung des Trainings und Beurteilung der genannten Bereiche mit strengeren Anforderungen.

Patrouillenkurs (8 Wochen)

Die körperlichen und psychischen Fähigkeiten werden getestet:
- Schießen
- Ein-/Ausschleusung mit dem Hubschrauber
- Ein-/Ausschleusung auf dem Seeweg (Schlauchboot)
- Orientierung (Technik, Theorie, Orientierungslauf/-marsch bei Tag und Nacht)
- Gewaltmarsch
- Kaltwassergewöhnung (7 bis 10° C)/Kampfschwimmen
- Laufen, Substanz
- Ingenieurs-/Pioniereinsätze
- Sanitäter
- Überlebenstechniken
- Test des Selbstvertrauens
- Patrouillenübungen
- Abschließend wird der Kandidat als »zufriedenstellend« oder »sehr zufriedenstellend« eingestuft. Voraussetzung für die Teilnahme am Selektionskurs ist die Bewertung »sehr zufriedenstellend«.

Selektionskurs (8 Wochen, beginnt eine Woche nach dem Ende des Patrouillenkurses)

Weitere Tests der körperlichen und psychischen Eignung:

- Schießen/Nahkampf
- Ein-/Ausschleusung mit dem Hubschrauber
- Ein-/Ausschleusung auf dem Seeweg (Schlauchboot)
- Orientierung (Technik, Theorie, Orientierungslauf/-marsch bei Tag und Nacht)
- Gewaltmarsch*
- Kaltwassergewöhnung (7 bis 10° C)/Kampfschwimmen
- Laufen, Substanz**
- Ingenieurs-/Pioniereinsätze
- Sanitäter
- Überlebenstechniken
- Test des Selbstvertrauens
- Patrouillenübungen

Fehler und Vergesslichkeit werden »belohnt«. Beispielsweise vergaß der Autor einmal den Schlüssel seines Zimmers und musste fünf Tage lang einen 1,70 Meter langen und 20 Kilo schweren »Schlüssel« mit sich herumtragen.

Den Abschluss des Selektionskurses bildet ein Test des Selbstvertrauens (Fall am Seil aus 18 Metern Höhe). Anschließend erhalten die Kandidaten das Abzeichen des Jægerkorpset.

Grundkurs Fallschirmspringen – Reißleine (2 Wochen)

---

* Im Patrouillen- und im Selektionskurs marschiert und läuft der Kandidat durchschnittlich 2000 Kilometer (abschließender Geländemarsch von 60 km mit 40 kg Ausrüstung, zu bewältigen in maximal 12 Stunden; sowie 2 mal 50 km mit 40 kg Ausrüstung, zu bewältigen in maximal 48 Stunden). Der Kandidat schwimmt durchschnittlich 45 Kilometer im Becken und/oder im Meer.

** Substanztest: Kniebeugen (max. 2 Min., 40 Wh., 50 kg), Barrenstützen (max. 1 Min., 8 Wh., 10 kg), Klimmzüge (max. 1 Min., 8 Wh., 10 kg), Statische Liegestütze (max. 2 Min., 120 Sek., 20 kg), Kreuzheben (max. 1 Min., 8 Wh., 100 kg).

Kampfschwimmer-Kurs (3 Wochen)
Durchgeführt vom Frømandskorpset der Marine (Kampfschwimmer). Nach Abschluss des Kampfschwimmer-Kurses erhalten die Kandidaten das burgunderrote Barett.

Grundausbildung Spezialeinheiten (52 Wochen)
- Mobilität (USA, Australien, Spanien)
- Arktische Kriegsführung (Schweden)
- Dschungelkriegsführung (Belize)
- Gebirgseinsätze (Schweiz)
- HAHO/HALO (Eloy/USA, Dänemark)
- Nahkampfschießen
- Spezialisierter Waffeneinsatz
- Spezialausbildungen (Sprengung, Sanitäter, Funk, Nachrichtendienst, Scharfschütze)

Jäger-Status (einsatzfähig)
Das Jäger-Abzeichen wird übergeben. Der Autor dieses Buchs begann seine Ausbildung mit 96 anderen Kandidaten. Er war einer von acht Bewerbern, die schließlich in das Jäger-Korps aufgenommen wurden.